ESTRATÉGIAS EMPRESARIAIS PARA PEQUENAS E MÉDIAS EMPRESAS

Grandes especialistas mostram os caminhos para vencer

Copyright© 2015 by Editora Ser Mais Ltda.
Todos os direitos desta edição são reservados à Editora Ser Mais Ltda.

Presidente:
Mauricio Sita

Capa e Diagramação
Candido de Castro Ferreira Jr.

Revisão:
Equipe da Editora Ser Mais

Gerente de Projeto:
Gleide Santos

Diretora de Operações:
Alessandra Ksenhuck

Diretora Executiva:
Julyana Rosa

Relacionamento com o cliente:
Claudia Pires

Impressão:
Imprensa da Fé

Dados Internacionais de Catalogação na Publicação (CIP)
(Câmara Brasileira do Livro, SP, Brasil)

Estratégias empresariais para pequenas e médias empresas / [organizador Mauricio Sita]. -- São Paulo : Editora Ser Mais, 2015.
Vários autores. Bibliografia. ISBN 978-85-63178-76-3
1. Administração de empresas 2. Estratégia empresarial 3. Negócios 4. Planejamento estratégico I. Sita, Mauricio.
15-04857   CDD-658.4012

Índices para catálogo sistemático:
1. Estratégias empresariais : Administração de
empresas 658.4012

Editora Ser Mais Ltda
rua Antônio Augusto Covello, 472 – Vila Mariana – São Paulo, SP – CEP 01550-060
Fone/fax: (0**11) 2659-0968
www.editorasermais.com.br

Sumário

1 Estratégias aceleradas para pequenas empresas
Adriana Palermo de Andrade & Wilson Nascimento................9

2 Transforme sua pequena empresa em um grande
negócio seguindo 11 estratégias poderosas
Alexander Gomes..17

3 A gestão de recursos humanos alinhada às
estratégias organizacionais
Andréia Silveira & Cristiane Fontana.........................25

4 Como uma pequena empresa chegou a prestar
serviços em 24 países
Antonio de Sousa..33

5 Governança corporativa como ferramenta de gestão
estratégica para PME
Bernadete Pupo..41

6 Coerência, o bem maior da organização
Carla Beck...49

7 Desperte a melhor versão da sua equipe em seis passos!
Caroline Fioravante...57

8 Qualidade nos relacionamentos: diferencial humano e
competitivo
Cristina Primieri...65

9 Perfis complementares (prós e contras)
Débora Gibertoni..73

10 O pulo do gato tão necessário nos dias de hoje
Dorival Alonso Junior...81

11 Gestão estratégica de estoques
Elissandro Sabóia...89

12 Planejamento estratégico de Tecnologia da Informação (TI)
Fabio Ota..97

13 A era da informação
Fernando Guillen Velasco..**105**

14 O processo de tomada de decisões estratégicas [PTDE] como ferramenta de gestão nas PMEs
Gerson Grassia..**113**

15 Como facilitar sua gestão empresarial – experimente um jeito inovador, colaborativo e lúdico
Gustavo Machado..**121**

16 Construtores da excelência e a "simplicidade" de Drucker
João D. Caetano de Oliveira..**129**

17 Estratégias para uma carreira, empresa e equipe de sucesso
João Vidal..**137**

18 Estratégia, estratégia, e mais estratégia = planejamento estratégico
Jorge Ruffini..**145**

19 Como definir e atingir objetivos empresariais
José Augusto Correa..**153**

20 Sou pequeno e me organizo como um grande!
Leandro do Prado de Almeida..**161**

21 A relação entre inovação e estratégia: avaliações e impactos para pequenas e médias empresas
Luiz Cláudio Ribeiro Machado..**169**

22 O poder do método PDCA*
Marcelo Miessi Mente..**177**

23 Pequenas empresas grandes problemas
Marcos Rabstein..**185**

24 As falhas do empreendorismo no Brasil
Marcos Roberto Buri..**193**

25 Líderes excelentes, empresas espetaculares
Mariana Boner Lacombe..**201**

26 Capital social: o motor de sua empresa
Nilson S. Leite..**209**

27 A qualidade dos seus serviços é visível? É sentida e
percebida pelos clientes?
Paulo Azevedo..**217**

28 Uma reflexão estratégica sobre o ambiente competitivo atual
e futuro. Como atingir resultados extraordinários?
Paulo Negrão Marim...**225**

29 O *coaching* como estratégia de desenvolvimento
humano nas pequenas e médias empresas
Pedro Prado Custódio..**233**

30 Competências pessoais: determinantes do sucesso empresarial
Plínio Sombrio..**241**

31 Estratégia do comportamento humano
Raquel Kussama...**249**

32 Sinergia: o vínculo que traz sucesso!
Regina Vera Dias...**257**

33 Estratégias para a boa convivência profissional
Reginaldo Sena..**265**

34 Método: VIOLÃO
Rodrigo Machado...**273**

35 Transformando o patrão em líder
Rodrigo Rodrigues Del Papa...**281**

36 Excelência com pessoas
Rosangela Mícoli...**289**

37 Estratégias para acelerar os resultados nos negócios
Rosina Franco..**295**

Apresentação

Pensar estrategicamente é uma atividade para quem se dispõe a trabalhar com o intuito de alcançar melhores resultados. Mas, para que estes sejam conquistados, o capital humano é a palavra-chave para o sucesso no mundo competitivo atual. Você concorda?

Oferecemos a você, caro leitor, e ao mercado como um todo, a orientação dos melhores especialistas do Brasil. Eles apontam aqui os caminhos para a estruturação, motivação e gerenciamento de pequenas e médias empresas de maneira estratégica.

O conteúdo deste livro certamente o ajudará com muitas ideias, sugestões e orientações. Todas de aplicação prática e imediata.

Todos os escritores, coautores desta obra, nos ajudaram a realizar o sonho de publicar o melhor e mais completo livro sobre o tema.

Boa leitura!

Mauricio Sita
Coordenação Editorial
Presidente da Editora Ser Mais

1

Estratégias aceleradas para pequenas empresas

Devido ao processo de modificações aceleradas no âmbito organizacional, as empresas às vezes estão no meio de uma mudança e, quando percebem, tantas outras já estão acontecendo. Diante dessa instabilidade e pressão, algumas não sobrevivem: A proposta deste artigo é municiar as pequenas empresas com poderosas ferramentas para que possam blindar e perpetuar seus negócios

Adriana Palermo de Andrade & Wilson Nascimento

Adriana Palermo de Andrade & Wilson Nascimento

Adriana Palermo de Andrade
Consultora organizacional, especialista em Administração e MBA, *master, executive, personal & professional coaching e master practitioner* em PNL. Participou de programas de formação no Disney Institute e de treinamentos nas áreas de Liderança, Formação Gerencial, Comportamento Organizacional e Relações Interpessoais. Consultora e *coach* de empresas e profissionais.

Contatos
www.consensustd.com.br
adriana@consensustd.com.br
(11) 3254-7400

Wilson F. Nascimento
Doutor em *Business Administration*, Mestre em *Arts in Coaching* pela FCU, MBA em *Coaching*, especialista em Gestão de Negócios e Empreendedorismo, pós-graduado em Marketing e Propaganda, administrador de empresas. *Master coach*, *trainer* em PNL. Participou do treinamento *Unleash the Power Within*, com Anthony Robbins. Professor convidado na Florida Christian University e docente da Uniesp-Unisuz.

Contatos
www.institutoevolutivo.com.br
wilson@institutoevolutivo.com.br

Adriana Palermo de Andrade & Wilson Nascimento

A o falar em estratégia, é provável que relacionemos o termo a estratégias de guerra. Essa associação não acontece por acaso: a palavra estratégia provém do grego *strategos* e, segundo o dicionário *Aurélio* (2004), significa o ofício do general (*estrata*: multidão, exército, e *agos*: condutor, líder).

Na aclamada obra *A arte da guerra*, de Sun Tzu, a estratégia é um dos elementos-chave para garantir a vitória em uma batalha. Para o autor, a conquista está mais relacionada a atacar a estratégia do inimigo do que partir para o embate físico no campo de batalha, pois, antes de ir para o combate, é preciso

> identificar a posição do inimigo; conhecer todos os caminhos por onde ele poderia escapar ou receber ajuda; munir-se de material necessário para a execução do projeto; aguardar que o tempo e as circunstâncias estejam favoráveis. (2008, p. 134)

Mas e quando os desafios da batalha surgem em outro campo? No campo do mundo empresarial? Será possível estabelecer e colocar em prática estratégias para acelerar os resultados da sua empresa?

Quando falamos de estratégias empresariais, partimos do princípio de que, independentemente do tamanho da empresa, mais cedo ou mais tarde aparecerão situações desafiadoras para o gestor solucionar.

Mas como uma pequena empresa, que em geral possui pequenas equipes e orçamento reduzido, pode definir estratégias eficazes para acelerar seus resultados?

Inicialmente, é necessário atentar para a qualidade da equipe. Por menor que seja, é imprescindível ter uma equipe de pessoas (talentos) com diferentes habilidades para solucionar variados desafios. Outro ponto importante é utilizar-se de ferramentas que auxiliem essa equipe a perceber em que momento a empresa se encontra, bem como seus pontos fortes e pontos de melhoria.

Certamente, antes de qualquer intervenção, faz-se necessário perceber qual a situação atual da empresa – isto é, onde estou, o que está acontecendo – e a situação desejada – ou seja, aonde quero chegar e o que solucionar. É dessa forma que age o médico quando diagnostica o que acontece com o paciente para depois passar a orientação, por exemplo, exames, intervenção, medicação, internação etc.

A etapa do diagnóstico é muito importante, pois possibilita identificar algumas características da empresa, dos gestores e dos colaboradores, características estas que muitas vezes não são percebidas no cotidiano, mas que, assim que identificadas, ajudam a

Estratégias Empresariais

prever comportamentos e facilitam o desenho de estratégias que permitirão melhor desempenho da equipe. Isso pelo conhecimento de suas características e habilidades, bem como das forças e dos pontos de melhoria da empresa.

Uma maneira simples de identificar o estado atual da empresa é localizando seus fatores críticos, como produtos rejeitados, custos elevados (CHIAVENATO, 2008, p. 374). Outro método sugerido por Chiavenato é perceber em que momento sua organização se encontra (seu estado atual) e o que ela espera para o futuro (estado desejado); a partir desse ponto, é possível "enxergar" as possíveis atitudes a serem tomadas em prol do desenvolvimento da empresa.

Após a identificação dos pontos de melhoria do estado atual, é preciso traçar uma estratégia para corrigir tais pontos.

Apresentaremos aqui o modelo Cynefin, que foi escolhido por ser bastante completo. Essa técnica pode ser utilizada para solucionar problemas de quatro contextos distintos, e cada um com uma abordagem de diferente solução, conforme demonstraremos a seguir.

Snowden desenvolveu o Modelo Cynefin em 1999, quando esteve na IBM. Ele dividiu as situações em simples, complicadas, complexas ou caóticas.

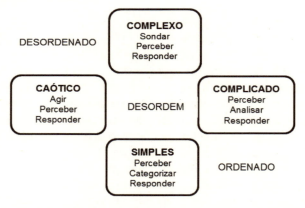

Modelo Cynefin (*Personal & Professional Coaching*, 2011).

As duas primeiras situações são consideradas ordenadas por terem uma relação de causa e efeito, ou seja, existe um fato visível, um problema que pode ser solucionado após ser percebido.

As duas últimas são classificadas como problemas desorganizados por terem sua solução alcançada por meio de medidas emergenciais baseadas em padrões e não apresentarem uma relação aparente entre causa e consequência.

Indiscutivelmente, o cenário poderá piorar e evoluir para a desordem, caso haja uma piora no cenário caótico.

O papel do líder nos diferentes cenários

Como já exposto, compreender o cenário é fundamental em situações problemáticas. O líder tem função primordial nessa etapa, pois é dele a responsabilidade de analisar o contexto antes de sugerir qualquer proposta que vise à solução do problema.

É determinante saber se a empresa se encontra em um contexto simples, complicado, complexo ou caótico, para então utilizar o modelo Cynefin na gestão da complexidade e auxiliar na tomada de decisão e resolução efetiva da situação.

Considere ainda que cenários diferentes são frutos de procedimentos e condutas específicas e, por isso, demandam atitudes de acordo com cada situação, a fim de gerar resultados positivos.

Cenário simples

No cenário simples, podemos observar eventos que se repetem como situações uniformes, sugerindo a relação de causa e efeito. São padrões que podem ser modificados com a utilização de práticas melhores. Nesses casos, existe a resposta certa para cada problema.

Nessa circunstância, o líder tem o papel de perceber a atual situação e garantir que os procedimentos necessários e eficazes sejam colocados em prática. Comunicar o processo de modo claro e objetivo à equipe também é fundamental para a resolução de eventos de caráter simples.

Perguntas poderosas diante do cenário simples

Existem soluções predeterminadas?
Que procedimento não foi cumprido?
Por que o procedimento não foi realizado?
Qual é o principal obstáculo que está impedindo a resolução desse cenário?
Que atitudes podem sanar essa adversidade?
Quem e quando serão realizados os ajustes para solucionar esse cenário?

Estratégias Empresariais

Cenário complicado

No cenário complicado há necessidade de aconselhamento com um especialista, pois não é incomum a falta de clareza entre a relação de causa e consequência e podem aparecer várias respostas corretas para cada situação, sendo prudente a opinião de quem entende melhor do assunto para definir o fato e a melhor decisão a ser tomada para solucionar a questão.

Nesse cenário, o líder deve compreender a necessidade da contribuição de um especialista, pois, apesar de a relação entre causa e efeito existir, muitas vezes ela não é percebida.

Perguntas poderosas diante um cenário complicado

As perguntas também podem auxiliar a liderança na contratação do especialista ou na identificação das habilidades requeridas para a resolução do cenário.

Alguém na equipe tem conhecimento específico e é capaz de olhar o cenário "de fora do problema"?

Que métodos serão utilizados?

Que dados serão coletados?

Em quanto tempo será possível resolver tal situação?

Cenário complexo

Muitas vezes será necessária a intervenção imediata de emergência no cenário complexo e dinâmico, em que existem muitos elementos envolvidos. Uma pequena intervenção pode não ter resultado algum, ou ter um resultado pequeno, médio ou enorme.

A liderança deve estar disposta a agir subitamente, pode se fazer necessário criar novas maneiras para solucionar o cenário, com métodos que propiciem a concepção de novas ideias, incentivando a participação e a diversidade, aumentando os níveis de interação e comunicação.

Perguntas poderosas diante do cenário complexo

Que habilidades específicas são necessárias frente a esse cenário?

Todas as possibilidades já foram colocadas em prática? Há alguma técnica que a equipe conheça que ainda não foi utilizada?

Há tempo suficiente para explorar mais de uma opção?

Todos os envolvidos foram ouvidos?

Toda a equipe está engajada e sabe seu papel na resolução do cenário?

Cenário caótico

Outro cenário é o caótico, em que as intervenções são emergenciais por também não existir relação clara entre causa e efeito. Ocorre muita turbulência, trabalha-se sob pressão e há necessidade de ação rápida; analisa-se o resultado e se faz nova intervenção, seguida de medição de resultado e novos planejamentos.

Agir é o primeiro passo da liderança quando se vê diante de um cenário caótico. Da Matta e Victoria (2011) afirmam que, nesse cenário, é preciso tomar medidas imediatas e eficazes, com o propósito de reestabelecer a ordem, buscando sempre manter a equipe informada sobre o que está acontecendo.

Perguntas poderosas diante um cenário caótico

Que ação você pode colocar em prática hoje para modificar esse cenário?

Qual é o maior desafio dessa situação?

Que falhas devem ser corrigidas para que a empresa continue avançando?

O que você fará a seguir?

Quais serão as novas medidas adotadas para que esse cenário não se repita no futuro?

As perguntas sugeridas aqui podem ser utilizadas para que o líder encontre estratégias capazes de resolver as situações de cada cenário, otimizando os resultados da empresa e acompanhando os processos e resultados, bem como garantindo sua manutenção pela verificação constante.

Novo cenário

Após a resolução dos desafios do cenário em que sua empresa se encontrava, faz-se necessário definir novos propósitos, pois nosso objetivo principal não é a resolução de conflitos, e sim o desenvolvimento contínuo da empresa e a aceleração de resultados.

O Grow é uma ferramenta de uso simples, que pode ser aplicada após a resolução dos cenários, de forma a manter o desenvolvimento da empresa e evitar os conflitos específicos anteriormente destacados.

Estratégias Empresariais

Essa ferramenta auxilia o processo de verificação dos objetivos da empresa, pois com ela é possível definir prazos e opções e conferir o cumprimento das tarefas que irão favorecer a realização do objetivo.

Segundo Whitmore (apud CATALÃO e PENIM, 2009, p. 117) essa ferramenta é muito utilizada, pois sua estrutura permite a interação e o desenvolvimento de forma organizada.

Grow é um acrônimo de *goal* (objetivo), *reality* (realidade), *options* (opções) e *what/wrap up* (o que/comprometimento). Cada palavra refere-se a uma etapa da ferramenta, como se descreve a seguir:

Goal – Estabelecer um destino.

Aonde se quer chegar, com que propósito e como saber que o atingiu?

Reality – Identificar seu estado atual.

Questionar-se para compreender de fato sua situação atual.

Options – Conhecer as opções para se chegar até o destino desejado.

Avaliar que ações é possível realizar e em qual delas você se sente mais motivado.

What/wrap up – Garantir o comprometimento para cumprir as metas e superar possíveis obstáculos por meio de um plano de ação.

Criar um plano, definir os passos com um cronograma e assegurar-se de que o plano será realizado.

No cenário global em que cada vez mais o ser humano e as organizações procuram novos caminhos e soluções, é possível, mesmo com um orçamento apertado, a pequena empresa tornar-se competitiva, pois o desafio de passar pelas turbulências organizacionais não depende do tamanho, mas da flexibilidade na busca de novas formas de superar os desafios.

Todos esses processos são conduzidos por um *coach* que procura ampliar a consciência dos empresários sobre a importância de concentrar sua energia nos resultados, gerando movimentos assertivos para a transposição de obstáculos. Esse *coach* é capaz de abrir portas interiores, acessar regiões internas que o empresário muitas vezes não sabe que possui, por meio de um processo intenso de autoconhecimento e alta responsabilidade, que resulta em decisões rápidas e precisas.

Referências

CATALÃO, J. C.; PENIN, A. *T. Ferramentas de coaching. 3.ed.* Porto: Libel, 2010.

CHIAVENATO, I. *Gestão de Pessoas.* Rio de Janeiro: Campus, 2008.

DA MATTA, V.; VICTORIA, F. *Personal & professional coaching* – livro de metodologia. Rio de Janeiro: SBcoaching, 2011.

FERREIRA, A. B. H. Novo dicionário Aurélio da língua portuguesa. 3.ed. Curitiba: Positivo, 2004.

SNOODEN, D; BOONE, M. A *leader's framework for decision making.* Harvard Business Review, 2007.

TZU, S. A *arte da guerra.* Porto Alegre: L&PM, 2008.

2

Transforme sua pequena empresa em um grande negócio seguindo 11 estratégias poderosas

Determinação, coragem, flexibilidade e vontade de aprender, essas são características do empreendedor que deseja ter sucesso em um mercado cada vez mais exigente e competitivo. Adotando-se estratégias corretas, qualquer pequeno negócio se transformará em um empreendimento próspero e rentável

Alexander Gomes

Alexander Gomes

Engenheiro mecânico pela Universidade Federal de Pernambuco-UFPE com especialização em Engenharia de Petróleo pela Universidade Petrobras e em Gerenciamento de Instalações *Offshore* pelo Instituto de Ciências Náuticas. *Coach* com formação em *Personal & Professional* e *Executive Coaching*, Membro da Sociedade Brasileira de Coaching, *Master Practitioner* em PNL. Trabalhou com desenvolvimento e auditoria interna de Sistemas de Qualidade Total, Programa 5S, Manutenção Produtiva Total, Ferramentas da Qualidade e Método de Análise e Solução de Problemas-MASP. Atua como *coach* executivo, de negócios e de vida, gerencia plataforma *offshore* de produção de petróleo pela Petrobras na Bacia de Campos, realiza palestras e cursos nas áreas de motivação, liderança e vendas. É autor do blog Atitude para Vencer.

Contatos
www.atitudeparavencer.com.br
alexandergomescoach@yahoo.com.br
atitudeparavencer@yahoo.com
facebook.com/AtitudeparaVencer

Alexander Gomes

O brasileiro é conhecido como um povo empreendedor por natureza e, muito provavelmente, depois da casa própria, seu maior sonho seja ser dono do seu próprio negócio, deixar de receber ordens de alguém e decidir seu próprio destino.

Porém, grande parte dos empreendedores em nosso país acaba seguindo esse caminho por pura necessidade, por não conseguir um emprego formal, e isso acaba gerando alguns problemas, como pouco conhecimento em administração e riscos associados à condução de uma empresa.

Os desafios para manter um negócio funcionando com retorno financeiro no Brasil realmente são muitos: carga tributária elevada, mão de obra pouco qualificada, incertezas sobre o cenário político e econômico, infraestrutura defasada, alto nível de corrupção, segurança pública deficiente, a lista é grande e tenho certeza que você mesmo poderia contribuir com outros itens.

Mas tudo está perdido? Claro que não, pois o empreendedor é alguém disposto a sempre superar obstáculos para obter algo a mais para sua vida, sua família e para a sociedade, desafiando a lógica, colocando em prática suas ideias, lutando pelos seus sonhos e por tudo aquilo em que acredita.

Mas para vencer em um cenário tão adverso é fundamental adotar estratégias adequadas, que venham a minimizar os riscos e maximizar o retorno dos recursos disponíveis, levando a empresa a altos patamares de eficiência, o que irá garantir sua permanência e crescimento constante no mercado.

O grande segredo de empresas bem-sucedidas começa pelo planejamento e adoção de práticas acertadas, aliados sempre a uma grande flexibilidade para se adaptar aos desafios que se apresentam e também aproveitar as oportunidades, que serão o grande diferencial e que levarão estas empresas a se destacarem em um mercado cada vez mais exigente e competitivo.

Estratégias poderosas

A seguir você encontrará 11 estratégias poderosas para o sucesso de sua empresa. Mas lembre-se que o simples fato de conhecê-las não irá garantir o sucesso que você e sua empresa desejam e merecem, atitude é sempre fundamental, por isso comece colocando em prática hoje mesmo:

Estratégias Empresariais

1. Defina a missão de sua empresa

Toda empresa tem um motivo para estar no mercado, uma missão a seguir, descobrir isso o quanto antes poderá ser fundamental para colocar a empresa no caminho do sucesso. Como muitas vezes as empresas nascem da necessidade do empreendedor, para seu sustento e de sua família, elas crescem sem saber direito por que existem e o diferencial que possuem para cativar seus clientes e se manterem no mercado.

Uma forma para preencher essa lacuna é o empreendedor se questionar com algumas perguntas do tipo: qual a razão para a existência de meu negócio? O que eu posso fazer para agregar valor à vida das pessoas, de meus clientes, tanto dos atuais como dos potenciais? O que é realmente importante para mim e para minha empresa? Como posso me diferenciar em um mercado competitivo e, além disso, deixar minha marca pessoal?

Respondendo estas simples, mas poderosas, perguntas será mais fácil planejar as ações necessárias para o alcance de cada um de seus objetivos.

2. Trace seu plano

Qualquer meta necessita de um plano estratégico para ser alcançada, somente dessa forma você poderá definir de forma clara e precisa os recursos necessários, o tempo que será investido e como irá agir para sair do ponto em que se encontra para o almejado.

É nessa fase que se definirá o tamanho do investimento necessário, e se será preciso contar com o apoio de terceiros.

E lembre-se sempre que as pessoas não planejam falhar, elas falham por que deixaram de planejar.

3. Defina indicadores

Uma empresa precisa de indicadores que mostrem o como está se comportando sua saúde financeira e seu desempenho no mercado, que sinalizem como ela se encontra e qual sua tendência ao longo do tempo, por isso é fundamental que um empreendedor defina quais indicadores irá acompanhar. Alguns deles poderão ser diários, como o total de vendas em determinada região de atuação, semanais, como o número de reclamações de clientes, ou ainda mensais, como faturamento e despesas gerais.

Uma boa definição de indicadores e a análise dos mesmos será muito importante para definir as ações necessárias para a manutenção e crescimento da empresa, ou ainda para a solução de problemas que possam vir a ocorrer e que comprometam seu desempenho.

4. Busque referências

Por que montar algo do zero se é muito provável que já exista algo similar ao que pretende executar? Para isso, é fundamental a busca por soluções que já estejam sendo adotadas em outras localidades, em outra cidade, estado ou até em outros países. Partindo do que já está sendo feito, é muito mais fácil para o empreendedor modificar e adaptar à sua necessidade e, principalmente, à de seus clientes.

Mas é preciso sempre que você retorne à estratégia 1 e verifique se a solução encontrada se aplica aos seus objetivos, pois o que é feito em outro país ou em outra região poderá não ser bem recebido por seu público-alvo. Exercite cada vez mais sua criatividade e adapte as ideias às suas necessidades e às de seus clientes.

5. Aprenda sempre

Uma característica fundamental do empreendedor de sucesso e para sua empresa é a necessidade de aprender sempre, aprender com seus próprios acertos e erros e, sobretudo, com os acertos e erros de outros empreendedores e de outras empresas.

Vivemos atualmente a era da informação, por isso existem várias formas de se adquirir conhecimento, como cursos, palestras, ou mesmo por meio do *networking*, o fundamental é que o empreendedor tenha a consciência de buscar esse conhecimento pelas ferramentas que lhe forem mais fáceis e agradáveis, pois os cenários no mundo de hoje se modificam a uma velocidade cada vez maior e estar desatualizado pode levar uma empresa a fracassar. Uma ferramenta que se torna cada vez mais prática hoje é a internet, pois possibilita desde a realização de cursos e seminários, à leitura de livros, revistas e artigos, ela nos possibilita ir a qualquer lugar do mundo virtualmente, economizando tempo e dinheiro.

Estratégias Empresariais

6. Melhore sempre como empreendedor

Todo dono de negócio precisa desenvolver suas competências como empreendedor, pois é dele que a empresa depende, não só no presente, mas também no futuro.

Lembre-se de que você precisa planejar o funcionamento da empresa para o médio e longo prazos, e não só se concentrar em manter a empresa em funcionamento. Ocupar-se com o lado operacional da empresa, até mesmo realizando tarefas que poderiam ser facilmente delegáveis, poderá deixar o empreendedor sem tempo para as tarefas mais nobres de seu negócio.

Para exemplificar, enquanto o empreendedor se dedica a realizar a tarefa de um empregado que saiu de férias ou que foi demitido, ele poderá perder o foco no crescimento e expansão da empresa ou até mesmo deixar passar oportunidades que podem estar batendo à sua porta.

Também deixará de investir seu tempo em sua capacitação como empreendedor, realizando cursos de aperfeiçoamento em áreas como liderança, negociação, marketing e gestão da qualidade, esquecendo-se até de analisar os resultados dos indicadores de seu negócio, o que poderá ser fatal.

7. Tenha disciplina com os gastos

A maior razão para uma empresa fechar suas portas não é a falta de vocação ou de paixão de seus donos, nem a falta de mercado ou mesmo de empregados capacitados, a grande razão que causa a quebra da maior parte das empresas é a falta de dinheiro, de não se conseguir cobrir os gastos com a produção ou prestação de serviços.

E quando não existe um controle adequado para garantir a manutenção dos gastos fixos e dos variáveis a patamares que possibilitem a entrega do produto ou serviço a preços competitivos, tudo mais começa a dar errado, a tal ponto que a única saída para o empreendedor é fechar as portas do negócio, de forma a não lhe trazer mais prejuízos.

O importante também, principalmente para pequenos empreendedores, é separar as contas de sua empresa de seus gastos particulares, muitas vezes gastos considerados pequenos, como gasolina e manutenção do automóvel, materiais de escritório e limpeza, poderão passar despercebidos durante a contabilização de despesas e causar um grande estrago nas contas do empreendedor e da empresa.

8. Mantenha sua equipe motivada

Ter uma equipe motivada é fundamental para que uma empresa tenha sucesso, e para isso é necessário que se crie um ambiente favorável, onde os empregados gostem de trabalhar, se sintam orgulhosos de fazer parte, onde o clima de harmonia e cooperação domine. Nessas empresas é muito mais fácil produzir resultados positivos, alcançar crescimento sustentável, e até a substituição eventual de algum componente da equipe é absorvida mais rapidamente.

Lembre-se de que para montar um time de alto desempenho, com pessoas eficientes e focadas no trabalho e no crescimento da empresa, é fundamental que além do dono ser um bom líder e que tenha líderes competentes, alguns outros aspectos contribuam para o alcance das metas, como: remuneração adequada à realidade do mercado (onde a empresa se encontra e também aonde ela quer chegar), programa estruturado de treinamentos, tanto internos quanto externos, pacote de bônus por resultado da empresa e também do time/setor, aliado sempre a metas claras e alcançáveis, pacote de benefícios, enfim, é fundamental criar um ambiente saudável e propício para que as pessoas se sintam seguras e desafiadas ao mesmo tempo.

9. Conheça sua empresa por completo

É comum, em uma empresa que nasceu pequena, que o empreendedor domine bem sua área técnica, e que muitas vezes não se preocupe o suficiente em conhecer outras áreas do negócio, como finanças, custos, jurídico, gestão de pessoas, vendas ou marketing. É necessário ao empreendedor de sucesso ter noções sobre todas essas áreas, não estou dizendo que você precisa se tornar um especialista em cada uma dessas disciplinas, mas que precisa conhecer os fundamentos básicos de cada uma delas, pois é necessário o mínimo de conhecimento ao debater com os especialistas internos ou contratados, sempre que houver necessidade. Isso irá garantir mais efetividade na tomada de decisões e com certeza irá evitar que o empreendedor seja ludibriado.

Estratégias Empresariais

10. Tenha um "plano B"

Você investiu todo seu tempo e seu dinheiro em sua empresa, ela vai bem, está crescendo, dando lucro, mas e se der algo errado?

Você poderia me perguntar: Estou apostando todas as minhas fichas em minha empresa, há algo de errado nisso? Claro que não. Você pode se dedicar de corpo e alma ao seu projeto, mas deve também sempre ter um "plano B", uma carta na manga para o caso de algo não sair do modo como você planejou. Há uma série de fatores que são incontroláveis, como: queda na demanda por seu produto ou serviço, surgimento de outro produto mais inovador e barato, reviravoltas na economia nacional e até mundial (lembra-se da crise de 2008 que começou nos EUA?).

Muitas vezes você não irá fazer nada com esse projeto alternativo, pode ser que ele fique somente dentro de uma gaveta, mas é muito mais fácil ter algo no papel bem pensado e analisado calmamente enquanto se está com o projeto principal em andamento e sendo bem-sucedido, do que ter que criar algo do zero no momento em que tudo começa a desandar.

11. Invista em você

Fazendo tudo de acordo com o que vimos até agora, é muito provável que sua empresa seja um grande sucesso, porém, antes de tudo, é preciso que você dê sempre atenção ao seu "eu", ao seu lado humano, aos seus momentos de recarregar as baterias, ao seu lado espiritual, sua conexão com o criador, e à sua família. De que adianta alcançar todo sucesso e ter uma grande empresa e ter perdido a saúde, ou a família e até os amigos, pois você não lhes deu a devida atenção?

Comece o quanto antes a dedicar parte de seu tempo para cuidar de seu corpo, de sua mente, de sua alma, de dar atenção a sua esposa/marido, aos seus filhos, a praticar um esporte, a tocar um instrumento, ou até mesmo escrever um livro, a viajar, conhecer novos lugares, pessoas diferentes, enfim, a ser um ser humano integral, pois somente neste caso vai ter realmente valido a pena todo o seu esforço para alcançar o sucesso, e sempre se lembre de comemorar cada conquista, com sua família, com seus amigos e com sua equipe, pois afinal de contas não há nada mais importante do que as pessoas que nos cercam, pois as empresas não são criadas com elas e para elas?

3

A gestão de recursos humanos alinhada às estratégias organizacionais

A busca constante em manter a consistência interna e externa nas práticas de gestão de pessoas é um grande desafio para as organizações que pode ser solucionado por meio do alinhamento. Mas por que tantas empresas ainda relutam em promovê-lo?

Andréia Silveira & Cristiane Fontana

Andréia Silveira & Cristiane Fontana

Andréia Silveira
Docente nos Cursos de Administração e Ciências Contábeis da Faculdade UNISUZ/UNIESP, Consultora em Gestão Estratégica de Pessoas, sócia-diretora da ID Gestão e Estratégia. Bacharel em Administração, Especialista em Gestão de Recursos Humanos e em Gestão por Competências.

Contatos
www.idgestaoeestrategia.com.br
andreia@idgestaoeestrategia.com.br
(11) 98463-8324

Cristiane Fontana
Coordenadora dos Cursos de Administração, Gestão Financeira e Marketing da Faculdade UNISUZ/UNIESP. Docente em cursos de pós-graduação e graduação na área de Gestão. Consultora em Gestão Estratégica de Pessoas. Mestre em Administração, Especialista em Gestão de Negócios e Bacharel em Administração.

Contatos
crisgcfontana@ig.com.br
crisgfontana@gmail.com

Andréia Silveira & Cristiane Fontana

Ao olhar para o seu negócio e para o mercado concorrente talvez você já tenha se perguntado: como é possível sobreviver num ambiente tão competitivo? Quais os impactos reais que as pessoas têm sobre o meu negócio? Tenho realmente que me preocupar com a gestão de pessoas? Qual a importância de alinhar estrategicamente minha empresa?

As respostas a essas e tantas outras questões são a busca constante de empreendedores que querem permanecer competitivos.

Segundo Campos et.al (2015) as pequenas e médias empresas (PMEs) representam cerca de 43% da renda total dos setores industrial, comercial e de serviços, o que equivale a 30% do PIB. Além disso, são responsáveis pelo emprego de aproximadamente 60% da força de trabalho e 42% da massa salarial.

Mesmo diante de tamanha importância das PMEs no mercado, ainda notamos que muitas vezes a prioridade do empresário está relacionada ao processo produtivo e à= qualidade do produto ou serviço, além de lidar com desafios referentes às quedas de demanda, altos impostos, problemas com infraestrutura e equipamentos, deixando para segundo plano as preocupações com seus recursos humanos.

No entanto, para atingirem um alto nível de competitividade, é fundamental a percepção de que o fator humano é o maior diferencial e principal gerador das mudanças quando se visa alcançar melhores resultados. Assim, se faz necessário aliar os investimentos em operações, produtos e serviços à formação de equipes de trabalho de alto desempenho, promovendo o engajamento e o comprometimento dessas pessoas, alinhando-as aos elementos norteadores da organização.

A ausência desse alinhamento poderá fazer com que os esforços da organização sejam mal empregados, criando uma cultura de descontinuidade de projetos, o que impactará negativamente na credibilidade dos colaboradores.

Outro problema refere-se aos investimentos em projetos que não trazem o retorno esperado pela empresa e atividades desatreladas dos objetivos traçados. O resultado? Desperdício de tempo e dinheiro!

Segundo Mietto e Jesus (2015) apenas cerca de 50% das organizações brasileiras estão plenamente alinhadas estrategicamente. Portanto, queremos destacar a importância do processo de alinhamento da Gestão de RH às estratégias organizacionais e exemplificar os principais passos a serem tomados em busca deste alinhamento.

Estratégias Empresariais

O que é alinhamento organizacional?

Alinhamento organizacional refere-se ao alinhamento de toda a organização, independente do nível hierárquico, em relação à missão, à visão de futuro, aos valores e objetivos estratégicos. De maneira objetiva, significa colocar todos da organização voltados à direção apontada pelos elementos norteadores.

Mietto e Jesus (2015) apontam que as razões para a falta de alinhamento de diversas empresas podem estar ligadas à falta de visão, falta de processos alinhadores ou à falta de disciplina. A falta de visão refere-se aos líderes do negócio que não percebem a importância do alinhamento estratégico. Já para a falta de processos alinhadores, há o interesse em realizar o alinhamento, todavia os processos mal desenhados ou inexistentes impedem que isso ocorra. Outro problema refere-se à falta de disciplina; o alinhamento acontece inicialmente, porém não é trabalhado, enfraquece e se acaba.

Promover o alinhamento entre a gestão de RH e as estratégias organizacionais fará com que a empresa atinja seus objetivos e melhore seu desempenho, trazendo resultados expressivos e duradouros.

Mostre o caminho

É surpreendente ainda nos depararmos com alguns dirigentes que não acreditam na importância de elaborar e compartilhar seus propósitos junto aos colaboradores. Falta a estes dirigentes a visão! Para eles essa é só mais uma tarefa, entre tantas que executam.

Muitas PMEs não possuem qualquer estabelecimento de elementos norteadores, talvez por não compreenderem sua importância para a organização.

Como resultado, vemos ações desarticuladas e comportamentos que muitas vezes não condizem com o esperado pela empresa. Não podemos culpar os colaboradores, pois quando não trabalhamos esses elementos, não deixamos claras as convicções, intenções e suposições que orientam as ações que esperamos.

É preciso mostrar para onde queremos conduzir nossa empresa e como pretendemos fazer isso.

Uma história muito contada e que ilustra o que queremos apresentar neste capítulo é a de Alice e sua conversa com o gato, no clássico "Alice no país das maravilhas". Alice ao se deparar com um caminho repleto de encruzilhadas fica indecisa sobre qual direção seguir. Um gato surge e lhe oferece ajuda. A menina diz que não sabe qual caminho tomar! O gato responde: - Isso depende do lugar para onde quer ir! Alice fala que não sabe. Então, o gato sabiamente diz: "para quem não sabe aonde vai, qualquer caminho serve".

Portanto, não saber aonde queremos chegar nos leva a qualquer lugar e não ao melhor lugar!

Compartilhe a missão

A missão estabelece o propósito ou as razões da existência de uma organização. Ela deve deixar claro o que a organização se propõe a fazer, como fará isso e para quem. Veja um bom exemplo de missão:

> *"Desenvolver, produzir e comercializar carros e serviços que as pessoas prefiram comprar e tenham orgulho de possuir, garantindo a criação de valor e a sustentabilidade do negócio."* **FIAT**

Questionamentos que podem ajudar na sua definição:

- Por que ou para que a empresa existe?
- O que a empresa faz e quem a empresa se destina a ajudar?
- Quais necessidades estamos atendendo?
- Que papel estamos cumprindo?

O papel da missão é guiar e inspirar. Não podemos nos esquecer que somos movidos por sonhos. Na história da humanidade grandes descobertas e realizações, sempre encontraram o sonho de alguém por trás, alguém que transformou seu sonho em realidade, mas nunca sozinho.

Um sonho quando compartilhado motiva as pessoas envolvidas a trabalharem por ele com paixão!

Defina a visão

A visão de uma organização deve representar sua perspectiva em médio ou longo prazo, ou seja, onde a empresa pretende chegar dentro de alguns anos.

Questionamentos que podem auxiliar na definição da visão:

- No que a empresa deseja se tornar?
- Para onde devem ser apontados os esforços?
- O que a empresa será?

Estratégias Empresariais

A visão deve conter uma descrição envolvente e detalhada do que deve ser atingido, deixando clara a direção desejada e como a empresa espera ser vista por todos. Como exemplo, podemos citar a visão do banco Bradesco:

> *"Ser reconhecida como a melhor e mais eficiente instituição financeira do País e pela atuação em prol da inclusão bancária e do desenvolvimento sustentável."*

A definição da visão deve conter a aspiração de alcançar algo, além de inspirar as pessoas do porquê esse "algo" é merecido e vale a pena ser realizado.

Propague os valores

Valores, crenças, filosofias, independente do nome atribuído pelas empresas, pode ser entendido como princípios que guiam a vida da organização.

Eles dão o tom de personalidade à organização, orientando as ações e os comportamentos de todos e, ainda, servindo de inspiração para as gerações futuras da empresa.

Questionamentos para a definição dos valores:

- Que valores irão orientar o comportamento de todos?
- Que valores são importantes para a empresa fazer o que faz, para quem faz e para o que ela quer se tornar?
- Como a empresa faz negócios e trata seus clientes?
- Como os empregados devem se portar individualmente e como se relacionam entre si?

Entenda a estratégia organizacional

> A estratégia é o comportamento utilizado pela empresa ou organização para lidar com situações inerentes a seu ambiente. (CHIAVENATO, 2004)

De maneira simplificada, podemos dizer que estratégia organizacional é a criação, implementação e avaliação de decisões dentro de uma organização, que lhe permitem atingir os objetivos e metas a curto, médio e longo prazo.

Andréia Silveira & Cristiane Fontana

> A estratégia organizacional não pode e não deve estar somente na cabeça dos dirigentes da empresa. Ela precisa estar "cravada nas mentes e corações" de todos da organização. (CHIAVENATO, 2008)

A análise de questões críticas fornece estrutura para formular estratégias adequadas:

- Quais são os propósitos e os objetivos da organização?
- Para onde a organização está indo no momento?
- Quais fatores ambientais críticos a organização está enfrentando atualmente?
- O que pode ser feito para alcançar os objetivos organizacionais de forma mais efetiva no futuro?
- Que estratégia deve usar?

Alinhamento organizacional x gestão de recursos humanos

A área de recursos humanos necessita repensar suas práticas e assumir o papel de parceira estratégica da organização. O alinhamento entre os elementos norteadores à gestão de RH, que deverá direcionar suas iniciativas às prioridades da empresa, será determinante para o alcance dos objetivos.

Algumas linhas de estudo defendem que a área de RH deve fazer parte do processo de planejamento estratégico organizacional, desenvolvendo as estratégias de sua área alinhadas às da organização, auxiliando a empresa a atingir seus objetivos. Outras entendem que devido à estrutura e recursos disponíveis nas PMEs, mesmo que a área de RH não participe de sua elaboração, deverá alinhar suas ações às prioridades estratégicas da organização.

De qualquer forma, a gestão de RH deve garantir a contribuição do capital humano na consecução dos objetivos e metas da empresa.

Ao realizarmos o alinhamento da organização às estratégias de RH devemos considerar (KOPS,2011):

- Como alinhar pessoas à cultura e à dinâmica da organização, sem desestimular o trabalho em equipe e sem apagar o brilho do talento individual dos colaboradores?
- Como envolver as pessoas de modo participativo nos processos de alinhamento?
- Como engajar os colaboradores e gestores?

Estratégias Empresariais

- Como desencadear programas de alinhamento organizacional fortalecendo o papel do RH como agente de transformação e mudança?

Conclusões

Como podemos observar, o processo de gestão de recursos humanos alinhado às estratégias organizacionais deve ser visto como decisivo para empresas que desejam se manter competitivas num mercado tão acirrado.

Promover o alinhamento não requer o uso de tecnologia de ponta, nem suntuosos investimentos. Trata-se de uma metodologia simples, baseada na elaboração adequada e na propagação dos elementos norteadores, no envolvimento das pessoas e na disciplina e entusiasmo dos dirigentes.

Preferencialmente o alinhamento deve ser realizado em toda a organização de modo amplo e sistêmico. Porém, devido à particularidade e complexidade de processos e recursos disponíveis em cada organização, pode não ser possível o alinhamento geral num primeiro momento. Neste caso, promova-o aos poucos, até atingir todas as áreas da empresa.

A implementação de todo o processo, geralmente, envolve meses intensos de trabalho, no entanto, esse investimento será revertido em ganho de desempenho, credibilidade, motivação e alcance de resultados para toda a organização.

Referências

CAMPOS, J; NISHIMURA, A; RAMOS, H; CHEREZ, R; SCALFI, V. *As pequenas e médias empresas no Brasil e na China: uma análise comparativa.* Disponível em: http://www.ead.fea.usp.br/eadonline/grupodepesquisa/publicações/Heidy/18.pdf. 2015. Acesso em: 25/03/2015.

CHIAVENATO, I. *Introdução à teoria geral da administração.* RJ: Elsevier, 2004.

_____. Gestão de Pessoas. RJ: Elsevier, 2008.

JESUS, A.; MIETTO, D. *Como promover o alinhamento estratégico nas empresas. Multitalento.* Disponível em: http://www.multitalento.com.br/download/Alinhamento_Estrategico.pdf. Acesso em 05/04/2015.

KOPS, D. *Alinhamento organizacional: sintonia fina nos processos de gestão de recursos humanos.* 2011. Disponível em: http://www.castelli.edu.br/site/admin/upload/publicacoes/arquivos-artigos/64_ALINHAMENTO ORGANIZACIONAL.pdf. Acesso em 25/03/2015.

LIMA, E. *Estratégia de pequenas e médias empresas: uma revisão.* REGE, São Paulo, v. 17, n. 2, p. 169-187, abr./jun. 2010.

4

Como uma pequena empresa chegou a prestar serviços em 24 países

O sucesso de uma PME depende,
entre outras coisas, de:
- visão;
- apoio;
- diferenciação;
- estrutura de custos;
- plano de carreira.

Be smart. Think Big.

Antonio de Sousa

Antonio de Sousa

Empresário, consultor, palestrante, *personal & professional coach*. Empreendedor desde os dez anos, quando viajava com seu próprio dinheiro. Certificado em Cobit e Itil Foundations. Sócio-fundador da Big Five Consulting e Big Five Solutions, especializadas em governança corporativa e de TI. Formado em Adm. de Empresas com ênfase em Análise de Sistemas e especialização pelas Universidades da Califórnia e de Toronto. Fundador e presidente da ISACA – Information Systems Audit and Control Association, no Brasil. Atuou como *Regional Information Security Coach* para América Latina e Caribe pela KPMG. Foi diretor e gerente de empresas multinacionais e membro da Subcomissão de Auditoria de Sistemas da Febraban. Professor dos cursos de MBA de TI e Internet da FIA-USP e Instituto Mauá de Tecnologia. Único brasileiro palestrante nos congressos Latino-Americanos da ISACA por dez anos. Criador da Revista *Líder Coach*.

Contatos
www.bigfive.com.br
(11) 3373-7537

Antonio de Sousa

Estratégia

No dia em que completamos dez anos de empresa, fomos comemorar em uma churrascaria chique de São Paulo. Éramos os sócio-fundadores e o pessoal técnico e administrativo com seus respectivos cônjuges ou pais. Após um almoço maravilhoso, em que todos ficaram muito felizes, fomos para a Oca ver a exposição de Dinossauros.

Um dos monitores me perguntou como um dinossauro pequeno poderia sobreviver ante os ataques dos *tyrannosaurus rex* de até oito toneladas atingindo velocidade de 48 km/h, visto este último estar no topo da cadeia alimentar. Simples, eu respondi. Sendo ágil na fuga.

Como a Big Five poderia competir com as reais Big Five[1]? Da mesma forma que os dinossauros pequenos: sendo ágil.

Outro de nossos diferenciais é a senioridade da nossa equipe técnica. Todos já fomos gestores, gerentes ou diretores em outras empresas nacionais e/ou multinacionais. Chegamos a prestar serviços em 24 países, em todos os continentes. Eu sempre digo que seria muito mais fácil para o cliente atravessar a rua e contratar qualquer uma das então Big Five, mas optaram pela nossa equipe, mesmo com os custos de viagens internacionais.

Visão

Por considerar-me empreendedor desde os dez anos de idade, quando viajava com meu próprio dinheiro, como descrito no minicurrículo no início deste capítulo, ter uma empresa com projetos internacionais foi questão de tempo.

Quanto antes vislumbrarmos o que queremos em um futuro distante, mais cedo atingiremos nossos objetivos.

Uma visão bem definida inspira a todos em torno de um objetivo comum. Deve orientar o sonho mais ambicioso da organização. Define o que se quer alcançar no longo prazo. Define para onde ir a partir de onde se está.

A visão tem como características mais marcantes ser concreta, específica, desafiadora, excitante, positiva e inspiradora.

---

1 Uma das então cinco maiores empresas de consultoria e auditoria do mundo. Hoje apelidadas de Big Four, após a saída da Andersen do mercado.

Estratégias Empresariais

Apoio e parceria

Em uma das minhas viagens mais recentes a Moçambique, conheci um provérbio africano que diz: "Se você quiser ir mais rápido, vá sozinho. Mas se quiser ir mais longe, vá acompanhado".

Desde que comecei a namorar a minha hoje esposa, tive seu apoio incondicional em tudo o que fazia. Desde estudos até a prática de esportes. Jogávamos tênis e pescávamos juntos. Comecei comprando uma raquete de alumínio e pegando emprestada uma de madeira. Avançamos tanto que, pelo menos ela, chegou a nº 1 na Federação Paulista de Tênis.

A 1ª vez que ouvi que "Por trás de um grande homem sempre há uma grande mulher" foi por ela. Eu pensei: "Uau! É com essa garota que eu quero me casar". Agora ela já mudou a frase para: "Ao lado de um grande homem sempre há uma grande mulher". Desde que a conheci, as minhas maiores realizações passaram pelo seu apoio incondicional. Logo que nos casamos, tive seu apoio para reduzir a 1/3 o meu excelente salário como técnico eletrônico. Para mudar para a profissão de administrador ou analista de sistemas, precisaria passar por um estágio na área. O próprio discurso na entrevista na Pfizer, onde fui o primeiro estagiário de análise de sistemas, foi: "Quem reduz o salário a 1/3 não virá aqui para brincar". Fui contratado, pois não haveria evidência maior de visão, persistência e comprometimento. Outro momento marcante foi dizer-lhe que alguns colegas do Banco Itaú, onde comecei a minha carreira de auditor de sistemas, estavam tirando férias e indo passear nos Estados Unidos. Eu lhe disse: "Vou me empenhar para que nossos filhos possam estudar no exterior". Na mesma hora ela disse: "Você tem consciência de que, você, pode estudar no exterior?". Aquilo foi como se o mundo me abrisse todas as portas. Daí fui fazer o curso de *Management for International Executives* na Universidade da Califórnia, depois fiz MBA na Business School São Paulo, em cooperação com a Universidade de Toronto, onde completei o curso *Managing in a Global Economy*.

Dentre outras conquistas ousadas e marcantes, fui o fundador da Isaca – Information Systems Audit and Control Association, no Brasil. Hoje, nossa empresa já prestou serviços de *coaching*, auditoria, palestras e treinamentos em 24 países.

As PMEs devem cercar-se de parcerias que possam levá-las ao topo de onde querem chegar.

Antonio de Sousa

Diferenciação

Como disse Charles Darwin, com toda propriedade, "não é o mais forte que sobrevive, nem o mais inteligente, mas o que melhor se adapta às mudanças". Em uma empresa enxuta, a tomada de decisão se dá de uma forma extremamente rápida. Não temos que conciliar agendas de tanta gente para endereçar e resolver problemas, quaisquer que sejam.

Uma vez, em uma conferência de Auditoria de Sistemas, um diretor, de uma das Big Five, ao nos apresentar para um dos sócios da sua empresa que viera do exterior, disse: "A Big Five Consulting é uma boutique de consultoria". O que caracteriza uma boutique é ser focada em um determinado nicho de mercado, oferecendo soluções de forma diferenciada aos seus clientes, e termos de oferta de produtos e na personalização do atendimento. Não é a maior oferta de serviços, mas a atenção individualizada que conta.

Em outra oportunidade, quando estávamos na tentativa de representar um software de governança de uma empresa multinacional, o cliente me questionou de forma muito incisiva: "Por que eu deveria adquirir a solução pela Big Five Consulting se eu posso adquirir diretamente do fornecedor?". Essa é uma daquelas oportunidades que você tem uma fração de segundo para dar uma resposta a um questionamento para o qual não havia se preparado. Esse também é um momento que diferencia os líderes *coaches* dos chefes. Pensei rápido e disse: "É como você estar numa loja de departamentos. Quer fazer uma pergunta e não tem ninguém a sua volta. Nós estamos sempre ao seu lado e podemos nos antecipar às suas necessidades". Bingo. O cliente se deu por satisfeito e contente com a renovação do nosso compromisso em melhor atendê-lo.

Estrutura de custos

Começamos nossas operações, literalmente, na sala de TV da minha casa. Como prestadores de serviços de auditoria e consultoria, nossos clientes raramente no visitam em nosso escritório. Nós é que vamos prestar-lhes os serviços *in loco*.

Quando concluímos uma parceria internacional para representação de um software de auditoria, tivemos que nos mudar para uma estrutura mais formal. Nem por isso fomos para uma grande empresa, em se considerando a estrutura física.

Estratégias Empresariais

Fui presidente e cofundador de uma Associação Internacional de Auditoria de Sistemas no Brasil – ISACA – Information Systems Audit and Control Association, com sede em Chicago.

Como todo capítulo nos mais de 160 países, a sede começa sempre no endereço residencial do presidente. À medida que o capítulo cresce, torna-se necessária a sua formalização. Então conhecemos a VBA Business Center.

Quando o Ernísio, fundador da VBA, no momento de nos apresentar o escritório, me disse: "Você está a três minutos da Paulista sem ter que pagar pelo preço da Paulista", eu lhe respondi: "Onde assino?". Pela experiência de sucesso da Isaca, aluguei uma sala em tempo integral com todo o serviço de apoio de recepção, telefonia, secretaria, serviços de impressão, copa e limpeza. A nossa sala só comportava três pessoas.

Confesso que, no começo, tinha vergonha de dizer que usávamos um escritório virtual. Depois soube que várias empresas de maior porte e mesmo multinacionais usam este tipo de serviço. Um cliente uma vez comentou: "Interessante a sua estrutura. Então vai nos passar os benefícios de redução de custos em sua proposta". Eu lhe disse: "Claro que sim!". Lembro que virei até uma espécie de garoto-propaganda da VBA com entrevistas na mídia especializada.

Trata-se do conceito de *pay per use*. Se tomar um café a mais, pago por ele. Mas, em compensação, os custos citados anteriormente são bem mais baixos que manter uma estrutura própria, ainda mais com os encargos de mão de obra e folha de pagamento, principalmente para quem esteja começando.

Os serviços são prestados por pessoal altamente qualificado, motivado, cortês, atencioso e prestativo. Sempre os considerei como parte integrante da minha equipe. Aproveito para agradecer a todos que por ali passaram e que ainda estão lá, pois fazem parte da nossa história ao longo de treze anos.

Muitos serviços foram criados a partir da nossa diferenciação.

Em resumo: comece pequeno, pense grande, aja rápido e cresça sempre.

Seleção e plano de carreira

Quando passamos a contratar *trainees*, estes passavam por uma análise de *curriculum vitae*, entrevistas técnicas e comportamentais e dinâmicas de grupo em que eram avaliados vários quesitos.

Antonio de Sousa

Tínhamos uma matriz com itens predeterminados para que pudéssemos avaliar o máximo de quesitos. Éramos pelo menos três avaliadores que acompanhavam todo o grupo o tempo todo. Enquanto um fazia redação, outro era entrevistado, e assim passávamos meio dia de atividades muito intensas. Uma vez li que, para se fazer um processo seletivo bem feito, seria interessante passar pelo menos um dia inteiro com os candidatos. Assim, poderíamos avaliar seu comportamento em situações de certa naturalidade, como o almoço ou em outros momentos mais informais, como durante um período ocioso, estrategicamente planejado.

No começo, não usávamos análise de perfil psicológico. Quando tivemos uma vizinha de escritório que fazia esse tipo de análises, ela foi contratada imediatamente, não apenas para avaliar o perfil dos novos candidatos, mas também o de quem já havia sido contratado.

Algumas situações que ocorreram: uma já funcionária ironizou o processo, dizendo: "Isso é para avaliar o nosso índice de loucura?". Naturalmente que, mesmo antes do teste, já ficou evidente que, por mais que tivesse competência técnica, seu perfil não se encaixaria para uma permanência mais longa, em que era esperado um comportamento de trabalho em equipe e de altruísmo em relação aos colegas da nossa empresa.

Em outra situação, o resultado do exame mostrou que um candidato demonstrava tendência à insubordinação. Foi a demissão que fiz no menor espaço de tempo em toda a minha vida. Ele fazia apenas o que era do seu interesse, sem pensar no conjunto da empresa. Sempre fui a favor de reverter as situações de demissão. Mesmo quando era gerente em outras empresas, sempre quis aproveitar os talentos existentes. Todos sempre temos talentos. Um bom líder *coach* pode enxergá-los até mais que o próprio colaborador em tal situação. Em uma empresa multinacional em que trabalhei, tive casos de pessoas que seriam demitidas e que eram enviadas à minha equipe numa espécie de "última chance". Ficava triplamente satisfeito: primeiramente, pelo desafio; depois, pela confiança que tinham em que eu acharia o meio de lapidar cada "diamante" que me fosse confiado; e, finalmente, por ver as pessoas promovidas ao final do processo de *coaching* comigo. Saber que, mesmo depois de eu ter saído da empresa, um ex-integrante da minha equipe, que chegara nesse tipo de situação, tinha chegado a *acting manager* é um dos troféus que carregarei pelo resto da minha vida.

Estratégias Empresariais

Em resumo deve-se, independentemente do porte da empresa, fazer uso da técnica de avaliação de perfis psicológicos, utilizando-se da análise de um profissional especialista.

Lembro-me bem do início da minha carreira, quando tive o *feedback* de uma psicóloga sobre a análise do meu perfil. Ela: "O Antonio é isso e isso e isso". Eu fiquei impressionado e lhe perguntei, na época: "Tudo isso você descobriu pela redação que escrevi e pelos desenhos que fiz?". "Sim", ela disse. A partir daí, me apaixonei por Psicologia, e sempre que posso leio livros e tento conhecer e aplicar mais e mais técnicas de avaliação de perfis. São ótimas ferramentas para aumentarmos sobremaneira a nossa margem de acerto. Distintamente de uma grande corporação, as PMEs não podem se dar o luxo de ter muita margem para erros. Isso pode ser fatal para sua existência.

Mais especificamente sobre plano de carreira, a capacitação de nossos *trainees* se dava por meio da participação em treinamentos internos e depois juntamente com os nossos clientes treinandos.

A promoção acontecia à medida que iam dominando uma parte cada vez maior dos treinamentos e que eram bem avaliados, até chegarem a instrutores. Naturalmente, tínhamos algumas sessões de ensaios e discussões sobre os temas mais críticos.

A carga horária como instrutor iniciava com trechos curtos, aumentando gradativamente, depois passava por ministrar treinamentos de forma assistida até que se sentissem confiantes o suficiente para apresentar sozinhos os treinamentos.

Lembro-me de um *case* interessante quando enviei um consultor para dar treinamento para um de nossos clientes fora de São Paulo. Um gerente que faria parte do treinamento, representando o cliente, me ligou e disse: "Antonio, você nos enviou um garoto para ministrar o treinamento, e justo o nosso CIO vai participar também". Eu lhe disse: "Deixa o rapaz falar e depois você me liga?". Algum tempo depois: "Antonio, o garoto é muito bom". "Claro. Você acha que eu queimaria a minha imagem e a da minha empresa se ele não tivesse sido preparado?", respondi.

Em resumo: valorize a sua equipe e dê a cada um deles o fardo que possam carregar. Dê-lhes também a oportunidade de novos desafios.

Promoção não se dá por tempo de casa e sim por competência, e aferível pela satisfação dos clientes. É natural, passado um tempo, alguém dizer: "Não me lembro disso", ou outras desculpas similares.

5

Governança corporativa como ferramenta de gestão estratégica para PME

Os fundamentos da governança corporativa podem parecer complicados, mas não o são de fato. Eles compreendem um conjunto de controles básicos por meio dos quais as empresas, independentemente do seu porte, são governadas com base no princípio da transparência, equidade, prestação de contas e responsabilidade corporativa sustentável

Bernadete Pupo

Bernadete Pupo

Consultora de Recursos Humanos. *Coach* certificada pela ICC Lambent. Certificada em PNL pela SLAC. Palestrante, professora e coordenadora de curso do Unifieo. Bacharel em Administração pela Universidade Anhembi Morumbi, mestre em Recursos Humanos e em Psicologia da Educação. Colabora com conteúdos para sites e outros órgãos que publicam matérias e informações sobre sua área de especialização.

Contatos
www.gestaoderh.com
bernadetepupo@hotmail.com
www.facebook.com/grh.com
Skype: Bernadete.pupo1
(11) 99806-0466

Bernadete Pupo

> O consultor em governança fiscal e financeira Edson Vieira Souza alerta que, para as empresas no Brasil, os princípios de governança corporativa e de responsabilidade social impõem um bom desafio para as organizações. O Brasil, nos últimos tempos, tem se preocupado com mais transparência e prestação de contas, o que ajuda a fomentar as melhores práticas de governança nos segmentos empresariais. Para o consultor, é necessário ainda assegurar a atualização tecnológica, a competitividade global, a relevância da transparência na divulgação das informações ao mercado e a ética nos negócios, o que, com certeza, ajudará a promover a evolução da governança, das pessoas e dos negócios.

Em se tratando de pequenas e médias empresas (PMEs), o desafio é ainda maior, vez que acabam enfrentando igualmente o acirramento da concorrência, resultante da globalização, do avanço tecnológico, dos sistemas fiscais e tributários implementados pelo governo e, como consequência, do aumento da incerteza.

As PMEs são tão importantes para a sociedade que ocupam 99% do mercado brasileiro (SEBRAE, 2011, p. 43) e, consequentemente, são consideradas importante fonte de emprego. Porém, a maior parte delas não tem vida longa. Segundo o próprio SEBRAE (2011, p. 14),

> tomando como referência as empresas brasileiras constituídas em 2006, a taxa de sobrevivência das empresas com até dois anos de atividade foi de 73,1%.

Estima-se que mais de 50% dessas empresas sejam familiares.

Essas estatísticas denotam que o novo empresário deve compreender com muita clareza as particularidades e etapas da abertura de uma empresa, bem como da área em que pretende atuar. Deve conhecer os aspectos legais e normativos e focar sempre na melhoria contínua dos negócios.

Por isso, é fundamental que os pequenos e médios empresários conheçam e utilizem ferramentas adequadas, que possam auxiliar a organização na identificação dos principais caminhos a serem seguidos e no planejamento de ações baseadas em comportamentos socialmente responsáveis, além de ferramentas voltadas para a correta prática da governança corporativa (GC).

Estratégias Empresariais

Com base nesse cenário, para que de fato a PME possa definir uma rota que a conduza para o resultado esperado, é necessário que o processo de gestão estratégica seja eficaz.

E é com base nesse ambiente de acirrada competição que um novo capítulo na história das empresas, independentemente do seu porte, passa a ser escrito: o eSocial, uma das vertentes do ambicioso projeto de integração das administrações tributárias, conhecido como Sistema Público de Escrituração Digital (Sped). O e-Social provocará alterações substanciais para todas as empresas do país, qualquer que seja o seu porte. Trata-se de um convite à profissionalização da gestão empresarial ou, em outras palavras, da rápida implementação da governança corporativa.

Agora, mais do que nunca, faz-se necessário incluir nas ações das PMEs formas de trabalho que comprovem a adoção de atitudes e políticas corretas, tanto no que se refere ao respeito às leis de direitos humanos e meio ambiente, quanto na sua relação com seus consumidores, funcionários e fornecedores (*stakeholders*).

Após a definição desse cenário de rápidas e emergentes mudanças na forma de gestão das PMEs, que ocupam expressiva parcela no desenvolvimento socioeconômico do país, apresenta-se a seguir uma reflexão sobre a contribuição da governança corporativa enquanto ferramenta de gestão estratégica, compreendendo as intersecções da responsabilidade social, a aplicabilidade da integração dos sistemas tributários e fiscais do governo e os ganhos desses conceitos no contexto das pequenas e médias empresas.

Para que possamos entender melhor o significado de governança corporativa, é preciso conhecer o seu significado e a sua origem.

A história da governança corporativa encontra-se intimamente ligada ao desenvolvimento do capitalismo. O conceito ganhou força com o surgimento de alguns escândalos, como o caso *Guinness*, na Inglaterra, e de algumas companhias importantíssimas que quase quebraram, como a IBM e a General Motors. Os escândalos no mundo dos negócios trouxeram à tona declarações de relevantes executivos que afirmavam "não ter conhecimento" dos fatos sobre atividades duvidosas praticadas por suas companhias, como participações não registradas em livros, receitas impróprias e diversos outros procedimentos incorretos. Em outras palavras, podemos dizer que a governança corporativa surgiu como um processo de conscientização do "dono do negócio" e, consequentemente, como uma ferramenta voltada para minimizar os conflitos e riscos existentes entre acionistas e executivos, de maneira a separar o controle operacional da gestão. E é nesse princípio que se fundamenta a governança corporativa, que visa, fundamentalmente, à adoção responsável de melhores práticas, tornando a administração mais transparente e minimizando riscos.

Quem pode adotar o sistema de GC?

Podem se beneficiar da governança corporativa as grandes e PME, porque é um sistema de gestão que facilita a administração dos negócios, independentemente de seu porte.

Por que é importante a prática da GC nas organizações?

A governança corporativa visa a proteger o capital da empresa com a adoção de políticas de controle. A melhoria dos controles internos, sem dúvida, propicia mais credibilidade e confiabilidade nas informações contábeis, no atendimento a normas e no cumprimento da legislação. Esse conceito já é largamente perseguido por grandes corporações em todo o mundo.

Como funciona o sistema?

A governança corporativa é um sistema de equilíbrio de poder, pois cada cargo de gestão corresponde a um órgão de controle da administração (definição da escala hierárquica via organograma).

Por que implementar a governança corporativa nas PMEs

Toda e qualquer organização necessita de um sistema de gestão, direção e monitoramento para tomada de decisão. Subentende-se que a GC propicia a criação de estratégias com visão empresarial, de maneira sustentável, a profissionalização do processo de administração da empresa e o estabelecimento de um processo sucessório mais claro e lógico.

A partir do momento em que ocorre essa integração entre operação, estratégia e gestão, já está assegurada parte da governança. É importante salientar que esse processo deve se adequar às necessi-

Estratégias Empresariais

dades e à complexidade de cada organização. Não existe uma receita pronta; porém, conforme já mencionado, independentemente do tamanho da organização, é certo que a GC torna-se uma ferramenta diferenciada de gestão estratégica para os empreendedores.

Quando uma organização se utiliza de uma gestão baseada na governança corporativa, a sua administração se torna mais simples, especialmente quando se leva em consideração que o empreendedor conhece os riscos próprios de sua operação e pode traçar estratégias para minimizá-los; que o negócio em si faz sentido, porque o empreendedor sabe aonde quer chegar com mais clareza; e que o empreendedor, por conhecer a dinâmica do setor, detém o controle em suas mãos, sem que para isso seja necessária a centralização do poder.

A governança corporativa e sua relação com a responsabilidade social

Friedman (1970) e Drucker (1981) examinam a responsabilidade social como uma área em que a empresa decide qual será seu papel na sociedade e estabelece seus objetivos sociais e suas metas de desempenho e de influências na sociedade onde atua. A grande função do empreendedor é perceber a essência da responsabilidade que tem nas mãos, em função da sua autoridade.

Nesse sentido, a responsabilidade social corporativa significa entender e agir em resposta a essa nova demanda da sociedade, aquela em que o valor gerado por uma empresa se reflita em benefícios não somente para seus acionistas, mas também para a comunidade onde está inserida e para o meio ambiente, respeitando sua cultura e agindo de forma ética e transparente.

Governança corporativa e sua ligação com os sistemas do governo

Partindo do princípio da governança, os empresários devem entender o Sped, o eSocial e demais programas de informações solicitados pelo governo não como um centro gerador de despesas, tampouco como burocratização dos processos, mas como um investimento cujo retorno se dá pela melhoria da produtividade, da transparência, da equidade, dos controles e das informações gerenciais para tomadas de decisão.

Bernadete Pupo

A adequação ao eSocial deve envolver diversas áreas de uma empresa, como recursos humanos, folha de pagamento, financeiro, fiscal, contábil, logística, tecnologia e medicina do trabalho. Por isso, é importante que a própria direção entenda os impactos dessa adequação e inicie uma mudança cultural, desenvolvendo a consciência de que o risco fiscal transcende a organização e incentivando a criação de grupos de trabalho, os quais envolvam responsáveis de diversas áreas.

Novas regras fiscais e contábeis exigem mudanças na cultura das empresas de todo o país, independentemente do porte

Isso significa que esse sistema provocará alterações substanciais para todas as empresas do país, de qualquer porte. A criação mais do que urgente da governança corporativa é um convite à gestão empresarial. Como sócio das milhões de empresas brasileiras, o governo federal, por meio do eSocial, vai mudar a forma como todas as empresas do Brasil lidam com as obrigações tributárias, previdenciárias e trabalhistas. Quando estiver em pleno funcionamento, o sistema vai unificar o envio dos dados sobre trabalhadores para o governo federal e permitir que as empresas prestem as informações uma única vez. A transmissão dessas informações será totalmente eletrônica, eliminando assim o volume de papéis gerado mês a mês com o fechamento de folha de pagamento. O eSocial será obrigatório para todas as empresas do Brasil, do microempreendedor individual (MEI) às pequenas, médias e grandes empresas. O projeto envolve a Receita Federal, o Ministério do Trabalho e Emprego (MTE), o Ministério da Previdência Social (MPS), o Instituto Nacional do Seguro Social (INSS) e a Caixa Econômica Federal (CEF). Queira ou não, o Estado está impondo um processo de governança às empresas brasileiras.

Todos os envolvidos devem ter consciência de que, se negligenciarem a entrada de dados, o risco fiscal para a empresa aumentará significativamente. Todas essas mudanças vão ao encontro das boas práticas de governança corporativa, que é enriquecida a partir do planejamento necessário para que as empresas possam cumprir as novas regras e atender aos novos padrões.

Conclusão

Esta reflexão teve como objetivo mostrar aos empreendedores, de modo geral, a importância da mudança de cultura que está sendo im-

Estratégias Empresariais

posta pelas políticas governamentais pelo projeto de integração das administrações fiscais e tributárias (Sped, eSocial e outras); pela exigência da prática de responsabilidade social corporativa, que se traduz pelo comportamento ético e transparente, de forma a contribuir para o desenvolvimento sustentável, incluindo-se aí a saúde e o bem-estar da sociedade; e, enfim, pela dinâmica que o mundo moderno passa a exigir cada vez mais da sociedade como um todo.

Todas essas exigências se traduzem na necessidade premente de uma gestão mais estratégica dos pequenos e médios empresários, que pode se concretizar pela prática da governança corporativa, e não em uma simples gestão operacional.

De início, pode ser que as pequenas e médias empresas não consigam implementar a governança como um todo; entretanto, é preciso pensar sobre isso, pois, enquanto você é pequeno, ninguém se importa, porém, quando você começa a crescer e incomodar os grandes, eles criam estratégias para incomodar você.

Pense nisso e boa sorte!

Referências

DRUCKER, P. F. *Fator humano e desempenho: o melhor de Peter F. Drucker sobre administração.* São Paulo: Pioneira, 1981.

FRIEDMAN, M. *The social responsability of business is to increase its profits.* New York Times Magazine. September 13: p. 122-126, 1970.

SEBRAE. *Anuário do trabalho na micro e pequena empresa* 2010/2011. 4. ed. São Paulo: Sebrae, 2011.

SOUZA, Edson Vieira (consultor em Governança Fiscal e Financeira). Local da entrevista - São Paulo, concedida em 06 jan. 2014.

6

Coerência, o bem maior da organização

A coerência do líder é a inspiração para a transformação tanto das pessoas quanto da organização.
A coerência como estratégia de desenvolvimento humano e organizacional influencia positivamente as organizações, sejam elas de pequeno, médio ou grande porte

Carla Beck

Carla Beck

Consultora em Desenvolvimento Humano e Organizacional, com mais de 20 anos de experiência. Graduada em Engenharia Química e Psicologia. Pós-graduada em Administração da Produção (PUC-RS) e Psicologia Transpessoal (Assevim/Unipaz/ICPG) e MBA Executivo Internacional em Desenvolvimento Humano de Gestores (FGV-SP e Ohio University). *Coach* profissional certificada pela ICC (International Coaching Community), *Master Coach* Sistema ISOR® em *Life, Self, Executive Coaching, Team Coaching, Mentoring e Holomentoring* pelo Instituto Holos e ICF (International Coach Federation). *Eneacoach* pela Escola de Eneagrama de Khristian Paterhan. Formação em Coordenação de Dinâmicas de Grupo pela SBDG (Sociedade Brasileira de Dinâmicas de Grupo), *Practitioner* em PNL (Metaforum, NLP (Society of Neurolinguistic Programming), IANLP (The International Association for NLP) e NLP – IN (International Association of NLP Institutes)).

Contatos
www.infinitaeph.com.br
carlabeck@infinitaeph.com.br
(19) 3325-5495

Carla Beck

No mundo corporativo, estamos constantemente buscando estratégias que nos permitam manter a empresa sustentável e próspera frente a uma sociedade altamente competitiva e globalizada. Entretanto, não paramos para pensar e rever o modo como estamos conduzindo as tarefas no dia a dia, como damos sustentabilidade a essas tarefas ou como inspiramos as pessoas a desejarem o todo da organização e se comprometerem com isso.

Você já se perguntou por que coisas simples muitas vezes não acontecem ou são deixadas de lado? O que contribui para que as pessoas não realizem tarefas, apesar de saberem como executá-las e que essa "falta de realização" corrobora para o insucesso?

Acompanho o mundo empresarial já há um bom tempo e venho constantemente observando essas questões. Pesquisando esse tema, observei que o sucesso e o desenvolvimento organizacional estão intimamente ligados à performance das lideranças. Aliás, muito mais do que ao desempenho e ao conhecimento técnico, estão vinculados à postura, à conduta do líder, à sua coerência.

Muito se fala hoje sobre coerência nas atitudes dos líderes, sobre o discurso não ser condizente com a sua prática:

> [...] Não adianta falar. Não adianta fazer discursos. Não adianta colocar faixas. Não adianta pregar quadrinhos nas paredes com frases de efeito e exortações para a [...]. Se os dirigentes não tiverem um genuíno comportamento e atitudes "exemplares", tudo ficará no discurso, na intenção e pouco ocorrerá de concreto, de efetivo dentro da empresa no dia a dia. Essa é a verdade nua e crua. (MARINS, 2012)

Então, qual o significado dessa palavra que implica uma série de discussões tanto no mundo corporativo quanto na nossa sociedade?

De acordo com o dicionário Aurélio, coerência é um substantivo feminino que significa congruência, estado ou atitude coerente, em que há coesão, ligação ou adesão recíproca.

Sabemos que cada indivíduo traz consigo toda uma história de vida, seus valores, crenças e, obviamente, nessa bagagem traz sua marca registrada, que deixa em tudo o que faz, por se tratar de algo intrínseco na vida de cada um. Porém, por meio da análise acima,

Estratégias Empresariais

podemos afirmar que ser coerente no mundo corporativo significa ser alguém que harmoniza os fatos ou as ideias, efetua uma conexão para o fim a que se destina.

O líder, segundo Blanchard (2011), é aquele que possui a capacidade de influenciar os outros pela liberação de seu poder e potencial para impactar o bem maior, liderar em alto nível, ou seja, liderar envolve ações que possibilitem aquilo que é melhor para todos os envolvidos.

Blanchard (2011) enfatiza ainda que líderes podem ser bem-sucedidos em curto prazo se focarem apenas na realização de objetivos. O que pode se perder pelo caminho são as condições da organização humana. Os líderes nem sempre levam o estado de espírito e a satisfação no trabalho em consideração – só os resultados contam. Esquecem-se do objetivo real. Não contam com um propósito mais nobre. Nas empresas, com esse tipo de liderança, em um instante tem-se a ideia de que a única razão de ser é ganhar dinheiro e de que é preciso fazer uma opção entre pessoas e resultados. Líderes acreditam, equivocadamente, que não podem focar nos dois ao mesmo tempo.

Quando se está liderando em alto nível, tem-se uma filosofia que inclui esses dois fatores: pessoas e resultados. O desenvolvimento de pessoas – sejam clientes, sejam colaboradores – é tão importante quanto o desempenho. O foco de liderar em alto nível está tanto em obter resultado em longo prazo quanto na satisfação humana. Portanto, é um processo para alcançar resultados que valham a pena. Aliado a isso, tratamos as pessoas com respeito, objetivando o desenvolvimento humano e organizacional.

Nesse contexto é que a coerência é introduzida, pois é pela ausência de contradição que o líder se mostra confiável e continente, inspira as pessoas a sua volta e as desenvolve.

Segundo pesquisa sobre esse tema, realizada por Beck e Ribeiro em 2013 com profissionais líderes ou não, a coerência entre o discurso e a prática do líder impacta positivamente no sucesso da liderança. Seus principais impactos são: ser um fator de credibilidade junto a colaboradores e clientes, confirmado por 97% dos participantes; ser catalisador na transformação de liderados em colaboradores extraordinários nas suas carreiras e na organização, com

Carla Beck

84% de concordância dos participantes; influenciar positivamente toda a equipe, acarretando ganhos para toda a organização, fator validado por 96% dos participantes; gerar ganhos para a organização, com 96% de validação; e afetar o comprometimento dos liderados junto à organização, com 68% de concordância.

Ao longo da pesquisa também foram observados aspectos que evidenciam que o senso de pertença dos subordinados é influenciado pela coerência do líder. Sendo assim, 96% dos participantes reconhecem que a coerência é fator de influência quando faz com que os liderados queiram dar o melhor de si pelo resultado de todos; 89% dos pesquisados concordam que o seu desempenho é superior quando confiam no seu líder; 84% admitem que a coerência do líder é essencial para transformar liderados em colaboradores extraordinários nas suas carreiras e na organização; e 96% concordam que o líder coerente produz ganhos para a organização, pois sua equipe está mais envolvida, se sente mais participativa.

Nesse contexto, evidencia-se que a coerência é o que define a autoridade moral do líder diante de sua equipe. É factível que uma equipe não busca um líder que tenha respostas prontas para tudo, mas sim que se permita errar, corrigir o caminho, se arriscar para obter sucesso.

> Normalmente, entende-se por coerência, uma harmonia que se manifesta em si mesmo, entende-se por ser coerente uma relação harmônica com as próprias ideias, sentimentos e ações. Isto é pensar, sentir e agir de maneira coesa. Sendo assim, quando vivemos em um estado dinâmico e coerente baseado no ideal humano transcendente, há fluidez, compreensão e possibilidades permanentes. (TAMAGNA, 2008, p. 25)

Dessa forma, verifica-se uma mudança no papel da liderança, que muda de uma questão de status e poder privilegiado, com um fim em si próprio, para um processo de longo prazo, mais complexo e participativo.

Sendo assim, a coerência destaca uma das grandes questões relacionadas à interdependência, ou seja, um indivíduo influencia e é influenciado, processo em que superamos interesses individuais,

Estratégias Empresariais

não nos submetendo aos outros, mas construindo espaços coletivos e colaborativos. Espaços onde verdadeiramente eu e outros nos tornamos nós.

> "Nós podemos fazer isso. Nós podemos cooperar. Nós vamos unir nossos talentos e habilidades para juntos criarmos algo maior." (COVEY, 1989, p. 52)

Aliás, em organizações de alto desempenho, o papel da liderança formal é radicalmente diferente daquele desempenhado em organizações tradicionais, e isso não tem a ver com o tamanho da organização, mas sim com a sua efetividade em realizar o que se propõe. Organizações de alto desempenho não dependem somente do culto a um líder carismático, mas do desenvolvimento de uma organização visionária que perdure além do líder.

Por meio desses paralelos, constatamos a importância do desenvolvimento humano nas organizações com o propósito de os líderes estarem preparados para todas as adversidades que a função impõe a eles. O objetivo da coerência é que a solidez se perpetue, independentemente do momento vivido pelas organizações.

Assim, observamos que as estratégias empresariais para pequenas, médias e grandes empresas precisam estar focadas em liderança de alto nível e desenvolvimento humano.

Desenvolvimento humano, no contexto empresarial, segundo Amorim (apud SLIVNIK; FURLAN; SITA, 2010), refere-se a um conjunto de experiências e oportunidades de aprendizagem proporcionadas pela organização e que apoiam o crescimento pessoal dos colaboradores. Visa ao indivíduo, proporcionando uma melhor consciência sobre si mesmo. O desenvolvimento humano habilita alguém a fazer algo de forma excelente, incentivando-o a buscar o seu melhor e a conquistar seus sonhos, mostrando a ele que é possível almejar e alcançar seus objetivos, saindo da zona de conforto e se reinventando sempre.

Por fim, as organizações sobreviverão com líderes que realmente valorizem as pessoas, possuam propósitos mais elevados e que sejam coerentes com tudo isso; dessa forma, seu exemplo impactará no seu sucesso e no de todos os que com eles se relacionam – um sucesso duradouro e sustentável.

Referências

BECK, Carla e RIBEIRO, Silmara H. de O. *Coerência – O bem maior da Organização – A liderança pelo exemplo*. 2013. 54 p. TCC (MBA em Desenvolvimento Humano de Gestores) – IBE-FGV, Campinas, 2013. [Orientador: Prof. Ruy Donald A.C. Guenzburger]

BLANCHARD, Ken. *Liderança de alto nível – como criar e liderar organizações de alto desempenho*. Porto Alegre: Bookman, 2011.

COVEY, Sthephens R. *Os 7 hábitos das pessoas altamente eficazes*. São Paulo: Best Seller, 1989.

DICIONÁRIO Aurélio online. Disponível em: <http://www.dicionariodoaurelio.com/>. Acesso em: mar. 2013.

GREENBERG, Herb e SWEENEY, Patrick. *O sucesso tem fórmula? Você pode superar os seus limites e vencer do seu próprio jeito!* Rio de Janeiro: Elsevier; Caliper, 2007.

MARINS, Luiz. *A liderança pelo exemplo*. Disponível em: <http://www.guiarh.com.br/pp45.html>. Acesso em: 10 out. 2011.

SLIVINIK, Alexandre; FURLAN, Jô; SITA, Maurício. *Ser mais com T&D: estratégias e ferramentas de treinamento e desenvolvimento para o mundo corporativo*. São Paulo: Ser Mais, 2010.

TAMAGNA, Alberto. *Os 3C – coerência, criatividade e coragem*. Porto Alegre: Alternativa, 2008.

7

Desperte a melhor versão da sua equipe em seis passos!

Como liderar e gerir pessoas para trazer resultados a sua pequena e média empresa quando os recursos são escassos? Aumente seu potencial de liderança em seis passos e alcance resultados surpreendentes! "Palavras envolvem, atitudes comprometem."

Caroline Fioravante

Caroline Fioravante

Coach certificada em *Wake up Coaching*, *Professional Coach* e *Trainer* pela ISPC – Lisboa - Portugal. Formada em Direito pela UFRN, com MBA em Gestão Estratégica de Negócios, além de cursos de Gerenciamento de Projetos, Técnicas de Melhoria de Processos pela FGV, Programa de Supervisão de Lojas – Grupo Freedman. Cofundadora do movimento Coaching- RN, é fundadora da Comminc, agência *online* de comunicação digital. Acumulou toda sua experiência profissional em empresas privadas. Desde 2008 exerceu cargos de liderança, em empresas nacionais e internacionais, nas áreas de planejamento e gestão, desenvolvimento de novos produtos, vendas, comunicação e gestão de equipes. Atua como consultora, *coach*, mentora, além de realizar palestras e treinamentos, sobre os mais diversos assuntos relacionados à liderança, gerenciamento, planejamento estratégico, gestões de equipes eficazes, vendas e *coaching*.

Contatos
www.carolinefioravante.com
contato@carolinefioravante.com
(84)9653-0847
Facebook: /carolinefioravante1
Instagram: caroline.fioravante

Caroline Fioravante

Pequenas e médias empresas normalmente possuem um quadro de colaboradores menor, exigindo-se ainda mais do desempenho de um líder. Quando este falha, pode de maneira direta afetar toda equipe de uma só vez, e por consequência os resultados do negócio.

Um dos diferenciais estratégicos de uma grande empresa em relação a uma pequena e média é sem dúvida o potencial de recursos financeiros que aquela investe no capital humano, tanto para capacitá-lo quanto para motivá-lo.

Das causas de mortandade das pequenas e médias empresas, a falta de colaborador qualificado, incluindo o quadro de lideranças, é uma das maiores queixas dos empresários. Entenda os casos mais comuns que encontramos como estratégia de liderança das pequenas e médias empresas:

- O próprio dono assume a liderança da empresa. Normalmente, um empreendedor que montou seu próprio negócio está começando, e não pode assumir salários maiores do que os de base.
- O empresário promove seu 'melhor' colaborador a gerente do seu negócio. Normalmente 'o melhor' é o colaborador 'de confiança'.
- Pelo mesmo motivo anterior, confiança, o empreendedor elege um dos familiares, para assumir a liderança do negócio.

Se você vive ou já se deparou com um destes casos, como falar em retenção ou desenvolvimento de talentos sem uma estratégia de recursos humanos, em uma pequena e média empresa?

Se você começou sem um plano de negócios, dificilmente parou para refletir qual a melhor estratégia para a sua gestão de pessoas.

Independente da estratégia de liderança que você tenha adotado para sua empresa, ou mesmo que esteja em uma das situações acima citadas, lembre-se do enorme desafio que é: liderar pequenas e médias empresas onde os recursos são escassos! A intenção é poder auxiliá-lo com seis dicas valiosas, que podem transformar a cultura organizacional de sua empresa e lideranças, mesmo que seja você o líder, e trarão resultados surpreendentes para o seu negócio! Aceita o desafio?

Estratégias Empresariais

#Dica 1: Seja um visionário!

Reflita sobre o futuro: aonde sua empresa quer chegar daqui a cinco anos? Qual patamar, quantos funcionários, qual faturamento? Isso é um planejamento ou só um sonho bem intencionado?

Se for apenas um sonho bem intencionado convido-o a dar uma pausa agora e escrever detalhadamente, como você quer que sua empresa esteja em cinco anos. Isso é extremamente importante! Entenda que a principal causa de desmotivação dos colaboradores de pequenas e médias empresas é a de encarar seu 'emprego' sem mobilidade, sem possibilidade de ascensão profissional. Ou seja, ele achar que o melhor que ele pode conseguir é a oportunidade de um emprego melhor na vizinhança.

Agora que você foi capaz de se imaginar no futuro, trace metas organizacionais que sejam coerentes com o objetivo principal. Crie ações para cada ano, semestre, trimestre que você irá percorrer até lá! Uma estratégia em longo prazo é realizada com várias ações e projetos de curto e médio prazo!

Existe uma ferramenta muito utilizada pelas empresas, chamada **S.M.A.R.T**, que pode auxiliá-lo para definir objetivos e metas:

1. *Specific* **(Específica):** qual é sua meta? Seu objetivo? Ele tem que ser específico. Ter qualidade de vida pode significar uma rotina para João, e outra para Maria, por exemplo.
2. *Measurable* **(Mensurável):** quer dizer que você deve quantificar a sua meta, para que você possa acompanhar os resultados positivos ou negativos, e se os mesmos estão proporcionais ao seu desempenho. A partir disso você pode planejar e acompanhar sua rotina (quantas vezes conseguiu? quantas vezes falhou?). Acompanhar os resultados irá ajudá-lo a alcançar sua meta!
3. *Attainable* **(Atingível):** sua meta é possível? Muitas pessoas acabam desistindo de criar metas que dificilmente conseguirão atingir, ou pela rotina, ou pelo excesso de rigor da meta. Isto pode fazer com que as pessoas se frustrem e abandonem suas metas. "As pessoas não falham, elas desistem".
4. *Relevant* **(Relevante):** por que atingir este objetivo é importante para você? O que ele traz de benefícios? O porquê de querer algo é importante também como fator de cons-

cientização de uma determinada ação. Estar mais consciente do que importa para você auxilia, e muito, a não desistir dos seus sonhos.

5. ***Time-bound* (Prazos):** crie datas de realização. Pode ser uma data início-fim, ou datas específicas (marcos) para reavaliar seu desempenho. Começa quando? Termina quando? É uma rotina? Você reavalia seu desempenho diário, semanal ou mensalmente? Criando prazos desenvolve-se uma pressão interna de realização dos seus objetivos.

Com metas bem definidas você tem, agora, uma visão mais objetiva do seu negócio, e o planejamento dos passos que o farão chegar até lá. Se você é o líder, será capaz de transmitir isso para sua equipe.

#Dica 2: Replique os objetivos da empresa

Com a mesma técnica empregada para construir suas metas a longo, médio e curto prazo, você deve criar metas para seus colaboradores que estejam alinhadas com os objetivos criados para sua empresa.

As metas podem ser quantitativas, relacionadas ao faturamento, quantidade de itens vendidos, assiduidade, horas de capacitação, etc. Ou qualitativas como, por exemplo, medir o grau de satisfação dos clientes, tempo de atendimento, tempo de entrega, e por que não grau de satisfação dos seus clientes internos (colaboradores).

Definindo metas para sua equipe, você deixa claro qual o objetivo da empresa, os padrões de crescimento e desenvolvimento exigíveis e as oportunidades que serão criadas dentro da própria expansão da organização, de acordo com que as metas sejam alcançadas. Isto cria um ambiente de esforço comum, onde todos estarão envolvidos para alcançar. Lembre-se que sua meta é alcançada por pessoas (sua equipe)!

Outro fator importantíssimo: depois de estabelecidas as metas é o acompanhamento dos resultados. Como diria a clássica frase da administração, 'quem não acompanha, não gerencia'. Mais do que acompanhar você deve sempre refletir sobre os objetivos, métricas, estratégias e estrutura para os seus colaboradores que criam um ambiente propício para atingir as metas. Isso posto, mais do que acompanhar e dar o *feedback*, é necessário que o empreendedor esteja criativo e receptivo a novas possibilidades sempre que necessário. Isso demonstrará competência para sua equipe, e os resultados positivos serão a garantia que precisa para o reconhecimento de sua liderança.

Estratégias Empresariais

#Dica 3: Treine sua equipe

É muito comum, mesmo em pequenas empresas, um distanciamento do setor estratégico (os donos) do operacional. O primeiro dia do novo colaborador, muitas vezes, é ao lado de outro mais experiente. E se sua empresa encontra-se com uma alta rotatividade, esta experiência adicional pode ser de apenas alguns meses, ou semanas a mais de trabalho.

Treine sua equipe, capacite-os para cumprir as metas. Trabalhe junto se for necessário. Organize e gerencie seu tempo para isso! Esta é uma parte importante que muitos líderes de pequenas empresas deixam de lado. Às vezes se tornam até 'colegas de trabalho' e esquecem que a expectativa do colaborador é ter alguém como líder, que oriente e conduza. Um líder é capaz de criar um ambiente de confiança e aprendizado, e isso envolve tempo para estar junto com a equipe, treinando, desenvolvendo, tirando dúvidas, dando *feedback* e celebrando os bons resultados.

Vestir a camisa do treinador faz do líder comum um líder *coach*, auxiliando sua equipe a atingir os objetivos individuais e os comuns da empresa.

#Dica 4: Motive sua equipe

Primeiro entenda que motivar a equipe não é simplesmente alegrá-la ou proporcionar jantares, festas e alguns momentos de confraternização. Vai muito além disso. A palavra motivação (motivo para ação) traz a responsabilidade de conhecer o que motiva cada um dos seus colaboradores a agir.

Você conhece os sonhos dos colaboradores? Quais são as grandes realizações que eles já tiveram? Quais são os valores que eles têm mais presentes na vida? Como o trabalho atual pode ajudá-los a atingir seus sonhos? O que posso compartilhar da minha experiência, é que pequenas ações podem trazer grandes resultados! Em um dos programas de desenvolvimento de gestores que implantei, numa das atividades propostas, um líder deveria conversar com uma pessoa de sua equipe e buscar respostas a estas questões. O resultado foi saber que o sonho de sua colaboradora era voltar a estudar... A empresa então fomentou o sonho dela, liberando-a mais cedo em um dia específico da semana para que pudesse pesquisar escolas possíveis, e as necessidades burocráticas para voltar à escola. Apenas duas horas de trabalho foram necessárias para motivar a sua colaboradora a realizar um sonho! Imagina o que isso pode representar na vida de uma pessoa? Em contrapartida, a empresa ganhou uma colaboradora muito mais produtiva, rápida, preocupada com a qualidade da empresa, e sim, mais sorridente também! Isso é motivar alguém, ajudá-la a encontrar motivos que a farão entender o quanto o trabalho dela na sua empresa pode trazer resultados para a vida pessoal e profissional.

#Dica 5: Responsabilidade

A proximidade de um líder em uma pequena empresa com todos os seus colaboradores e clientes é um fato! Porém, isso traz uma responsabilidade ainda maior no que tange à postura profissional e gestão do negócio.

Gerencie bem seu tempo, evitando chegar atrasado em compromissos, e reuniões em que seus colaboradores e clientes estejam envolvidos. Lembre-se que você é o espelho, e seu comportamento é que vai influenciar o comportamento da sua equipe. O velho ditado 'faça o que eu digo, não faça o que eu faço' tem resultados negativos, e isso fica ainda mais evidente com a nova geração que adentra o mercado de trabalho. Quer uma equipe atenciosa? Seja atencioso! Concentrada? Concentre-se! Que saiba vender? Domine as técnicas de venda. Entre tantas outras necessidades, lembre-se que você é um para acompanhar tudo e todos, porém todos para te observar. Vale a mesma reflexão que fez para o seu negócio na dica1, que líder você quer ser? Planeje seu desenvolvimento, potencialize seus pontos fortes e administre os fracos.

Outro fator que chateia muito as equipes tem a ver com má gestão financeira, que pode até surtir efeitos em negligências jurídicas e trabalhistas: atrasos de pagamentos, compra de férias, carteiras não assinadas, irregularidades nas folgas, e folhas de ponto.

Você pode até me dizer que as pessoas 'acordaram' isso, que preferem assim. Lembre-se que muitas pessoas aceitam isso, simplesmente por que precisam do salário no quinto dia útil! Desta forma você desenvolve um comprometimento numerário com sua equipe, ou seja, tão somente vinculado à remuneração. E se por um acaso, a remuneração atrasa, aí você está em maus lençóis: além de ter pessoas voltadas contra a empresa, ainda tem os riscos jurídicos trabalhistas, cujas indenizações podem simplesmente matar o seu negócio! Pare e pense, se o lucro da sua empresa existe por negligência jurídica e fiscal, algo está errado. Em um momento ou outro, para crescer você

Estratégias Empresariais

deverá 'arrumar' a casa, e neste momento pode descobrir que de fato sua empresa nunca deu lucro. Se sua empresa encontra-se nesta situação, busque um profissional qualificado para auxiliá-lo e traçar um plano de ação de legalidade que permita sobreviver neste mercado cada vez mais competitivo.

#Dica 6: Comunique-se!

A comunicação numa empresa tem muitas variáveis. Vai desde as estratégias de marketing e comunicação externas visando a atrair e reter clientes, às internas visando desenvolver e reter talentos.

Como nosso foco aqui é desenvolver líderes que levam sua equipe a produzir os resultados esperados pela sua empresa, quando falo em comunicação quero dizer: como você transmite tudo que foi elaborado nas dicas anteriores.

Quando o assunto é metas e resultados, lembre-se de comunicar por meio de reuniões, quadro de avisos ou de acompanhamento de metas. Não substitua uma boa conversa com sua equipe, por um e-mail bem redigido, ou aplicativos de comunicação instantânea do seu celular. Estes recursos podem até trazer benefícios quando o assunto são urgências e emergências, mas não são indicados quando o assunto é orientação e *feedback*.

Se você precisa gerenciar seu negócio à distância, visite-o sempre que possível, se não for possível use o telefone ou *skype* para orientar seu líder. Caso eu ainda não o tenha convencido saiba: apenas 7% da comunicação é efetivamente o que é dito, 34% a tonalidade de voz, e o restante é linguagem corporal. Se sua presença frequente não for possível, permita ligações, assim o seu colaborador pelo menos ouvirá sua voz, e entenderá melhor suas orientações.

Espero que estas dicas tenham despertado ideias que você possa implantar desde já! É indiscutível a importância e o diferencial que uma boa liderança pode ter no desenvolvimento de sua equipe e resultados do seu negócio. Tenho consciência que liderar não é um trabalho fácil, exige disposição e energia para, diariamente, orientar e motivar sua equipe.

O convite final é: que tal despertar a melhor versão da sua equipe?

8

Qualidade nos relacionamentos: diferencial humano e competitivo

Este artigo foi criado pensando em você que busca um diferencial capaz de agregar valor aos seus esforços em busca do sucesso para sua vida. Reflexões e ferramentas práticas sobre relacionamento interpessoal e comunicação, criados especialmente para potencializar os seus resultados

Cristina Primieri

Cristina Primieri

Psicóloga e *coach*. Instrutora de treinamentos abertos e *in company*. Palestrante. Diretora da Renova Gestão e Desenvolvimento Humano. Estudiosa do comportamento humano. Bacharel em Psicologia pela Unoesc-Joaçaba. Certificada pela Sociedade Brasileira de Coaching em *Personal & Professional Coaching e Executive & Business Coaching*. Graduada pela Dale Carnegie Training. Como atividades de base profissional, atuou na FGV – Fundação Getulio Vargas – conveniada MEB, na área de Marketing e Negócios e na Renova Consultoria com recrutamento e seleção, além de consultoria empresarial.

Contatos
www.renovagdh.com.br
cristina@renovagdh.com.br
(49) 3555-2302

Cristina Primieri

*"O mais importante ingrediente na fórmula do sucesso
é saber como lidar com as pessoas".*

Theodore Roosevelt

Sua empresa é como um tabuleiro de xadrez, cada peça é um setor, cada setor precisa ter uma estratégia, que invariavelmente precisa estar relacionada à tática do outro setor. Nos setores estão as pessoas, que se relacionam e se comunicam, que acertam e erram, que divergem e concordam. Nesse contexto precisamos fazer a diferença e nos mostrar competitivos e fortes. Conclusão: dirigir uma empresa, independente de seu tamanho, não é para qualquer um, é para aqueles que têm garra, que não têm medo do desafio e que estão dispostos a recomeçar a cada dia.

Logo no início do seu expediente, você precisa conduzir uma reunião importante e nesta ocasião decisões estratégicas precisam ser tomadas.

Agora, projete-se para alguns instantes antes de sair de sua casa.

Situação 1: você toma um belo café da manhã com sua família, recebe abraços e beijos e sai de sua casa agradecendo a Deus por ter uma família tão maravilhosa.

Situação 2: você discute, debate e precisa usar de grosseria logo no início da manhã, sai de casa estressado e prevendo que o dia será cheio de problemas a serem resolvidos.

Muito provavelmente, você já experimentou as duas sensações e poderá se lembrar de como se sentiu.

Fato: a forma como nos sentimos altera o modo de reagirmos diante das circunstâncias.

Não é novidade nenhuma dizer que, se estamos bem no campo pessoal, nosso trabalho fluirá melhor e o inverso também é verdadeiro. Somos influenciados a todo momento por nossos sentimentos e pensamentos.

Se estamos com um problema pessoal, somos capazes de utilizar nosso potencial máximo no trabalho?

Já questionei milhares de pessoas em minhas palestras, e a resposta sempre foi unânime. Todos sabem que uma briga familiar, um filho doente, um problema com os pais ou amigos, nos fazem sair do eixo; nosso emocional é abalado e assim podemos dizer que a qualidade dos nossos relacionamentos equaliza o nosso bem-estar para que tenhamos harmonia e, assim, liberemos nossa melhor performance.

O que quero ampliar neste artigo é a autopercepção do leitor para com seus comportamentos, para que entenda na prática e aja

Estratégias Empresariais

de maneira favorável ao que lhe é realmente importante: estar bem para enfrentar as adversidades.

Se entendemos que nossos relacionamentos são importantes, por que não tratamos de cultivá-los da forma que eles merecem, com a sua devida importância?

Criei uma ferramenta para avaliarmos nossos relacionamentos, ela é autoaplicável, se for conduzida por um *coach* você poderá tirar ainda mais proveito.

Relacionamentos pessoais/profissionais

Como você tem administrado seus relacionamentos?

Escolha algumas pessoas que são muito importantes para você e questione-se em relação ao relacionamento que você tem.

Preencha as colunas baseado nos seus comportamentos, independente da contrapartida do outro. Evite os pensamentos que sugerem erros por parte do outro. É uma autoavaliação, concentre-se nos seus comportamentos.

Nome	EX: João (esposo)				
Comportamentos assertivos	Conversar Ouvir				
Comportamentos nocivos	Discussão				
Qualidade do tempo juntos	Média				
Sentimento ao perder essa pessoa	Sofrimento Culpa				
Novos comportamentos	Parceria Carinho				
Data limite	30/06/15				
Resultado esperado	Mais satisfação e harmonia				

- Quais serão as evidências de que atingi meus objetivos em melhorar a qualidade dos meus relacionamentos?

- Por que vale a pena me dedicar nessa causa?

- De que forma irei lembrar ou me policiar para alcançar meu objetivo?

CRIADO POR CRISTINA PRIMIERI - PSICÓLOGA CRP 12/11054 & COACH ®

Cristina Primieri

Pois bem, o relacionamento por si só já é complexo, entretanto, muitas pessoas além de conviverem juntas, trabalham juntas... E aí? Como separar "as coisas"?

No Brasil, temos mais micro e pequenas empresas familiares do que as formadas por sócios sem vínculos relacionais, dessa forma, podemos afirmar que administrar os relacionamentos profissionais que muitas vezes são também com os mesmos atores de nossos relacionamentos pessoais não é uma tarefa muito fácil, pois as divergências são, na grande maioria das vezes, ampliadas para as duas áreas, ou seja, se houver um desentendimento no trabalho segue-se o "clima" para casa, da mesma forma o contrário, se houver uma divergência pessoal o desempenho profissional estará prejudicado.

Seguem algumas dicas úteis para evitar indispor-se com seus familiares, amigos que venham a ser seus colegas de trabalho.

1. Sua empresa é seu chefe: se você não trabalhar a contento, fazendo por merecer seu salário ou pró-labore não fará sentido estar inserido nessa organização. Todas as decisões deverão ser tomadas com o objetivo de viabilizar o negócio em detrimento a contentar as pessoas.

2. Use a empatia: quando algo for realizado de forma errada coloque-se no lugar do outro e dê um *feedback* assertivo perguntando (em tom de voz suave) o que aconteceu, logo após explique a consequência desse erro. Então mostre como deveria ser feito (o que deve ficar claro que é a regra) e encoraje a pessoa a fazer da forma certa, sem humilhá-la ou fazer com que ela se sinta inferior.

3. Comunique-se: não tenha medo ou receio de dizer o que não o agrada, os comportamentos irão se harmonizar através da franqueza e maturidade de vocês caso falem sobre isso. Se você não criar uma oportunidade para deixar claro o que não admite, terá de fazê-lo no momento em que acontecer algo desagradável e talvez se torne desastroso. Proponha momentos onde vocês possam desabafar e falar o que lhes incomoda, seus colegas, subordinados, amigos, irmãos, enfim, independente do cargo ou do grau de parentesco sempre terão algo para dizer em relação ao seu trabalho, assim como você terá o que dizer do trabalho deles. Garanta que as pessoas falarão sobre isso, troquem informações e percepções, não dando espaços para descontentamento e fofocas.

Essas dicas poderão se tornar mantras, desde que você as trate como tal. É comum as pessoas de nosso convívio pessoal imaginarem que terão alguma regalia ao trabalharem conosco. O ideal é deixarmos claro logo na contratação dessas pessoas que o foco será na viabilidade da empresa, e que a relação pessoal é distinta da

Estratégias Empresariais

profissional, assim as pessoas se prepararam para encarar o trabalho sem expectativas equivocadas.

A comunicação é um fator bastante relevante para a saúde dos relacionamentos.

Utilize essa ferramenta para avaliar a sua comunicação e assim visualizar as melhorias que pode fazer para potencializar ainda mais os seus relacionamentos.

Renova

Comunicação

Como você percebe sua comunicação?

Avalie sua *performance* para comunicação, 0 se a resposta for "nunca", 10 se a resposta for "sempre". Pode ainda usar todas as notas entre 0 e 10.

Meu **tom de voz** é calmo e agradável

0 _____ 10
Nunca — Sempre

Sou considerado **grosseiro(a)** pelas pessoas

0 _____ 10
Nunca — Sempre

As pessoas **fazem** exatamente da forma que eu **peço**

0 _____ 10
Nunca — Sempre

Percebo que as pessoas **recebem bem** minhas **críticas**

0 _____ 10
Nunca — Sempre

Normalmente falo de uma forma **direta e objetiva**

0 _____ 10
Nunca — Sempre

Costumo ceder em relação às minhas ideias, sou **flexível**

0 _____ 10
Nunca — Sempre

Avaliar cada resposta e identificar uma *evidência* para sua avaliação, questionar:

- O que especificamente posso melhorar em minha comunicação?

- O que está me custando hoje não ter essa habilidade?

- O que irá acontecer quando eu conseguir melhorar minha comunicação?

- Qual o primeiro passo a ser dado?

Meta:_____ Data:__/__/__

CRIADO POR CRISTINA PRIMIERI - PSICÓLOGA CRP 12/11054 & COACH ®

Cristina Primieri

A autopercepção é a melhor, e talvez a única forma de nos conduzirmos rumo à mudança assertiva, pois, assim, iremos dar foco para aquilo que nós mesmos elencamos por meio de nossas convicções e crenças. É isso que o processo de *coaching* proporciona, uma ampliação na percepção, além de nos motivar para a mudança focada no alcance de um objetivo específico.

Por fim, não me cabe a pretensão de dizer a ninguém como fazer, mas me sinto na obrigação de afirmar que há muito o que fazer. Informações e ferramentas estão disponíveis e em todos os níveis das organizações as pessoas estão sedentas por inovação, reconhecimento e qualidade de vida. Faça a sua parte, ofereça o melhor de si às pessoas e fique em paz consigo mesmo. Eu espero, sinceramente, que este texto tenha despertado em você o desejo de melhorar em seus relacionamentos e consiga também ampliar a qualidade de sua comunicação, que aproveite o seu potencial ao máximo.

9

Perfis complementares (prós e contras)

Ser empreendedor é uma característica intrigante, não é mesmo? Os desafios fazem parte da rotina, os pensamentos são turbulentos durante as 24 horas do dia, vivemos com a emoção à flor da pele e, mesmo assim, seguimos em frente, procurando mais e mais desafios. É um círculo vicioso! Mas afinal, qual é o grande desafio na vida de um empreendedor?

Débora Gibertoni

Débora Gibertoni

Master Coach. Formada em Comunicação Social, Diretora Administrativa do Grupo Comercial Rh e da KLA Educação Empresarial. Profissional das áreas de planejamento e gerenciamento estratégico, especialista em implantação de processos e gerenciamento de projetos. Membro da Sociedade Brasileira de Coaching, certificada Internacionalmente pelo BCI (Behavioral Coaching Institute/EUA Reino Unido e Austrália), Certificada em PNL e Excelência Humana, Gestão Empresarial.

Contatos
www.grupocomercialrh.com.br
debora@grupocomercialrh.com.br
Skype: deboragibertoni
(11) 99469-6061
(11) 98961-6363
(11) 4574-0990

Débora Gibertoni

Qual é o maior desafio na vida de um empreendedor? Qual é o ponto mais delicado que você acredita existir na vida de um empreendedor?

Para muitos, o grande desafio é encontrar um sócio ou parceiro de negócios que tenha, além do empenho e paixão necessária para o sucesso, um perfil que realmente contribua para o negócio.

Nos negócios é essencial conhecer todas as áreas da empresa, entender como funcionam, desenvolver processos que dinamizam o dia a dia, acompanham o cotidiano, ter olhar clínico, desde o financeiro, a produção, o comercial, a logística, porém sabemos que ter excelência em todas as áreas é algo impossível, mesmo porque o que nos leva a abrir um negócio próprio pode vir de uma paixão por algo específico, por uma atividade que desenvolveu prática no decorrer dos anos em outras empresas ou mesmo por ser um negócio de família. Sendo assim, você com certeza se desenvolveu ou se identificou muito mais com uma área específica e é nela que terá a sua mente e coração por completo.

Encontrar um sócio para o sucesso do seu negócio pode ser fundamental, às vezes é a única saída que se tem em determinado momento. Muitas vezes esse "aliado" pode ser a peça que faltava para criar condições para o negócio alavancar, seja por questões financeiras, para aprimoramento de produtos e serviços ou mesmo para um crescimento que o mercado está sinalizando que é necessário.

E esse pode ser um momento muito desafiador para o empresário, pois não envolve somente questões de mercado ou desenvolvimento da empresa, mas principalmente entrarão em cena questões comportamentais e de valores pessoais que irão envolver os sócios.

E para você olhar para o outro, buscar o sócio ideal para o crescimento do seu negócio, existe um primeiro desafio que é o autoconhecimento, ou seja, para começar a pensar em procurar uma outra pessoa para trilhar o mesmo caminho que o seu, é primordial que se autodesenvolva, o primeiro passo é saber quem você é!

Autodesenvolver-se é o aumento das capacidades e das possibilidades, implica em romper com padrões usuais, renovando comportamentos. No processo de autodesenvolvimento se assume a responsabilidade pela evolução e melhoria contínua, buscar ques-

Estratégias Empresariais

tionamentos e novos caminhos, refletindo em ações conscientes e congruentes, fazendo com que as suas atitudes sejam bem interpretadas e bem entendidas por todos.

O autodesenvolvimento deve estar alinhado com a sua missão, visão e seus valores. Os valores direcionam a missão e visão, dirigindo as decisões e escolhas, principalmente na busca da realização pessoal e nos negócios, intensificam o potencial, a partir do momento que o autoconhecimento atinge um grau elevado e a concentração da energia desprendida traz resultados tangíveis.

Essas novas descobertas levam você a pensar na empresa estrategicamente, a buscar opções para atingir a excelência na gestão e pode ser o momento da busca por um sócio e o desenvolvimento de uma equipe de ponta, porém não é apenas tê-los ao seu lado, mas sim buscar identificar o perfil de cada pessoa envolvida e destacar o melhor de cada uma. No caso de sócios, alguns pontos devem ser olhados com muita atenção, deve-se ter uma visão de 360° no que diz respeito à busca dessa pessoa e de tudo que interliga essa relação, exige cuidados e atenção em alguns pontos, o primeiro deles no que diz respeito ao perfil complementar.

Perfil complementar

O ideal é que os perfis sejam complementares, onde os conhecimentos e experiências sejam em áreas diferentes.

Ter como sócio um profissional da mesma área, com os mesmos conhecimentos faz com que áreas importantes de uma empresa fiquem à deriva, sócios arquitetos possivelmente não possuem competências para responder com excelência pela área comercial ou financeira da empresa, já sendo um sócio arquiteto e o outro administrador, as chances de excelência na execução do trabalho e na administração do negócio aumentam consideravelmente.

O empreendedor deve buscar alguém que complemente os seus conhecimentos, experiências, talentos e habilidades, que possa responder com propriedade na área de especialidade, caso contrário estará navegando em suas zonas de conforto e isso causa grandes buracos e problemas em áreas que vocês não dominam.

O empreendedor precisa levar em conta que ter pessoas com mais conhecimentos do que ele em determinadas áreas ou mesmo

Débora Gibertoni

com perfis diferentes torna a jornada muito mais intensa e com possibilidades de acertos. Assim ele tem uma composição de pessoas que conseguem diversificar opiniões, debater um ponto de vista, tenham atitudes e comportamentos que se complementam e realmente venham para agregar, somar valores.

Isso tudo gera comprometimento de todos os envolvidos, pois ao se permitir conscientemente de que ter uma equipe com perfis complementares faz a diferença, gera automaticamente a abertura para opiniões, explanações e discussões importantes para o desenvolvimento saudável da empresa, faz com que o engajamento de cada um seja maior.

A soma de tudo isso traz a possibilidade de abrir o filtro para outras opções, novos caminhos, reduzir riscos e custos, de efetivar ações que sozinhos levariam muito mais tempo e como consequência os resultados possam aparecer com mais rapidez.

Além de o empreendedor se permitir a aceitar pessoas diferentes do seu perfil ou até mesmo de aceitar pessoas melhores para andar ao seu lado, aflora uma característica que além de engrandecer a si mesmo, passa uma imagem que é muito bem vista aos olhos dos outros que o cercam, a humildade.

O empreendedor que tem pessoas com perfis diferentes e melhores ao seu lado demonstra que tem um ideal, um objetivo, que tem uma missão direcionada para o sucesso de todos os envolvidos, que busca a concretização de um objetivo maior e que tanto a caminhada quanto a vitória será compartilhada.

Ainda demonstra que não tem uma atitude centralizadora e está aberto para o novo e esse posicionamento de ouvir o outro, e abrir mão pelo outro (pois isso é necessário) demonstra que não é o dono absoluto da verdade, e que abrir mão faz parte de dividir nossos dias, estratégias, conquistas e negócios.

Valores

Existem outras questões de muita importância que envolvem a busca pela "cara metade" nos negócios, a avaliação de caráter, valores e objetivos.

Os valores são quase uma nova digital, cada valor que temos possui critérios que diferenciam aos olhos de cada um.

Estratégias Empresariais

Você pode encontrar um sócio nos negócios com perfil totalmente complementar ao seu, os valores podem até ser iguais, porém os critérios desses valores podem ser totalmente contrários e isso pode trazer grandes problemas, tanto na administração do negócio como no convívio e consequentemente no futuro das duas partes.

Vejamos alguns cenários.

Sócios sem perfil complementar e com valores e critérios iguais.

Essa parceria pode dar certo, valores e critérios iguais, a certeza do caminho a ser tomado fica muito clara, porém será necessária uma atenção especial e a tomada de decisões, como por exemplo:

— Quem responde por determinada área/departamento?

— Existe alguma área/departamento que ficou totalmente descoberta, vamos buscar um profissional para responder por ela?

— Existe algum ponto em cada sócio que precisa ser desenvolvido para que a execução na área/departamento seja administrada com excelência?

Sócios com perfil complementar, mas valores e critérios totalmente contrários.

Existe o comum acordo de que cada um irá desenvolver o seu trabalho naquilo que faz de melhor e principalmente na área/função que ama e se sente completo e realizado (essa é uma das chaves do sucesso), porém existem os valores contrários que podem causar grandes transtornos e prejuízos nessa parceria se os riscos não forem muito bem analisados e calculados.

Os valores sendo contrários, não quer dizer que a parceria não dará certo, mesmo porque os valores contrários podem ser totalmente complementares, assim como o perfil dos sócios, por isso que é necessário realizar um diagnóstico dos valores e identificar onde cada valor pode agregar ao negócio e principalmente se os valores de cada um podem vir a bater de frente com o do outro.

Esse sim é um ponto com alto risco e que deve se ter uma atenção e o resultado sendo positivo, ou seja, existindo valores contrários que ferem um determinado valor do outro, a chance de desenvolver grandes problemas no negócio é altíssimo.

Sócios com perfil complementar, valores e critérios iguais.

Esse é o sonho de qualquer empreendedor. Imagine a sua empresa funcionando de forma redonda, os sócios desenvolvendo o

Débora Gibertoni

negócio, cada um na sua especialidade e transbordando de paixão pelo seu negócio e função, com a certeza que existe outro alguém tão empenhado quanto, buscando a excelência. Você pode dormir toda noite tranquilamente sabendo que qualquer atitude que venha a ser tomada, estando ciente ou não estará de acordo com os seus valores, com a forma que encara a vida e todos a sua volta.

Concordamos que achar a "cara metade" nos negócios não é uma tarefa nada fácil e além do que já falamos neste capítulo, existe um talento, um dom que está dentro do verdadeiro empreendedor que é ter "estômago empreendedor" e que de nada adianta achar um sócio com perfil complementar ao seu e valores iguais se o sangue empreendedor não estiver circulando pelas veias dele, não, de nada adianta!

10

O pulo do gato tão necessário nos dias de hoje

"Caminhante, são tuas pegadas
o caminho e nada mais;
Caminhante, não há caminho,
se faz o caminho ao andar
Ao andar se faz o caminho
E ao voltar a vista atrás
Se vê a senda que nunca
Se há de voltar a pisar
Caminhante, não há caminho
Somente marcas no mar"
(Antônio Machado)

Dorival Alonso Junior

Dorival Alonso Junior

Diretor, consultor organizacional e palestrante da empresa Amessis – Desenvolvendo e direcionando talentos. Psicólogo com mestrado em Psicologia Clínica pela PUC de Campinas. Formado em Coaching, Mentoring & Holomentoring – Foco em *Life, Self & Professional Coaching* do Sistema Isor®. Presidente do GERHE – Grupo de Estudo em Recursos Humanos Estratégico. Professor de graduação, pós-graduação e MBA na área de Psicologia e Administração. Eterno aprendiz, procurando inspirar os outros a encontrar sua voz interior.

Contatos
www.amessis.com.br
dorival@amessis.com.br
(17) 3021-4095
(17) 99745-9500

Dorival Alonso Junior

Quando falamos em "pulo do gato", qual é o significado dessa ação para você? Para que possamos nos entender, é importante falarmos a mesma língua, concorda? E não é o caso de usarmos uma linguagem "felina", certo? Minha intenção é trazer para nosso dia a dia essa ação que faz a diferença na sua empresa.

O pulo do gato, aqui, traz a ideia do "aha, como não pensei nisso antes?"; "caramba, é essa a saída!"; "essa era a peça que faltava, agora sim!", e por aí vai.

É poder traçar novas ideias, poder inovar, reviver, trazer vida para os negócios.

Daí, fui buscar reforço com dois autores, sendo o primeiro Otto Scharmer, criador da teoria U, que se resume no seguinte: "A atenção que se presta a uma situação determina a forma como ela evoluirá"; e acrescenta uma frase de que gosto muito, que diz:

> Quanto maior a mudança interior e exterior, mais você se verá obrigado a reduzir a velocidade e abrir não só sua mente, mas também seu coração. (SCHARMER, ano 2009, p. 97.)

A teoria U trabalha a questão da mente aberta, do coração aberto e da vontade aberta. Esse processo é desenvolvido em três fases que envolvem sete capacidades; cada uma dessas fases – sentir, presenciar e criar – envolve a criação de um ambiente específico para apoiar um tipo de aprendizagem em particular.

Podemos refletir sobre o que Scharmer está nos dizendo e traçar programas individuais e coletivos para buscar, em profundidade, o que realmente está acontecendo – o prestar atenção, conectar-nos de maneira mais profunda com o fenômeno que está sendo observado, sem deixar que as aparências nos iludam, buscar o máximo da totalidade desse algo que se mostra. Nem tudo que se mostra de forma tão óbvia é tão óbvio como se mostra. E num nível mais profundo é que surgem inovações originais. A água cristalina e pura está na fonte.

O segundo autor que quero mencionar é Stephen R. Covey, que primeiro nos presenteou em 1989 com os sete hábitos (seja proativo; comece com o objetivo em mente; primeiro o mais importante; pense ganha-ganha; procure primeiro compreender para depois ser

Estratégias Empresariais

compreendido; crie sinergia e afine o instrumento); em 2004, veio o oitavo, que representa o caminho para o lado promissor da realidade dos dias de hoje.

> A voz – que é o significado pessoal e único – significado que se revela quando nos deparamos com nossos maiores desafios e que nos coloca à altura deles. (COVEY, 2005, p.7.)

Na apresentação de seu livro, podemos ver a seguinte citação:

> O 8º hábito é o caminho para encontrar nossa voz e paixão. É um verdadeiro guia para as pessoas em qualquer nível de uma corporação ampliarem seu desempenho e influência, e uma ajuda insubstituível para inspirar o restante da equipe e organização a fazer o mesmo. (COVEY, 2005, prefácio)

O pulo do gato hoje está no pensamento desses dois autores, e com certeza no de tantos outros que nos dão a dica de buscar soluções no potencial humano. De buscar o *insight*, a luz no meio da escuridão.

Vou mostrar como trabalho essas ideias aqui apresentadas. Meu método está fundamentado no sistema Isor, que foi desenvolvido pelo instituto Holos, do qual tomei conhecimento por meio de minha formação em *coach* em 2010.

Por meio de nove encontros, individuais ou em grupo, de duas horas por semana, vamos refletindo sobre cada agenda do programa.

Na agenda I – Visão de mundo – Cosmovisão – Ampliação da mentalidade: a intenção é trazer para os participantes reflexões sobre seu mundo, suas limitações, o que é preciso ampliar nesse momento da vida para trazer o sucesso para si e, automaticamente, para a empresa.

Na agenda II – Relacional e atitudinal: vamos pensar sobre estar "focado" e seu oposto, "desfocado", sobre a importância de cultivar os focos, conduzir relacionamentos e atitudes pessoais de modo que o "desfocado" deixe de surgir na mente. A ideia é refletir sobre o quanto se está focado ou desfocado e sobre como isso vem interferindo na sua vida pessoal e profissional.

Na agenda III – Gestão de mudanças: tudo tem começo, meio e fim. Mas esse fim pode ser um momento de "reformulação" para o início de um novo ciclo, mas fortalecido. É nosso objetivo observar suas reformulações como uma forma de sair do impasse, sendo esse impasse um fator que pode levar as pessoas à desmotivação, que afeta sua produtividade e, automaticamente, sua vida como um todo.

Na agenda IV – Evolução e tempo atual: o que a vida pede a você hoje? Essa é a pergunta central desse encontro. Vamos entrar em contato com os condicionamentos aprendidos e ajudar a revê-los e pensar a liberdade pessoal a partir dos desapegos que muitas vezes estão "travando" o crescimento.

Na agenda V – Clima e centramento: conceito de tensor. Que tipo de tensor estamos emitindo a todo momento? Gero um tensor ou deixo que o ambiente me contamine? A proposta é ajudar as pessoas a se conscientizarem do papel que vêm executando em sua vida hoje. Se é uma pessoa pessimista, ajudá-la a rever esse seu momento, o que a está prendendo nessa condição e refletir sobre o tempo que ela quer manter esse processo. Mostrar que a ordem dos acontecimentos é governada por esse tensor. Movimento rítmico gera tensor harmônico.

Na agenda VI – Estrutura mental: você é operacional, intuitivo ou racional? Como essa "tendência mental" tem ajudado ou prejudicado sua vida? É importante que esses campos estejam integrados, atingindo assim um equilíbrio para agir frente aos desafios da vida.

Na agenda VII – Mentalidade: reflexão sobre a forma como conduzimos nossos pensamentos por meio dos referenciais estabelecidos, o quanto nos "engessamos", não dando oportunidades para o nosso crescimento. Aqui podemos reencontrar nossa "voz" interior, nosso verdadeiro "eu".

Por exemplo: as coisas são assim e pronto (caso do dogmático). Dentro dessa visão paralisante, a pessoa deixa de crescer e, auto-

Estratégias Empresariais

maticamente, dependendo do seu papel dentro da empresa, esta também fica paralisada.

Na agenda VIII – Processo decisório: como você vem tomando suas decisões? Segue algum roteiro? Aqui, vou mostrar um referencial que pode ser usado como "pano de fundo" no dia a dia para a tomada de decisões, tanto pessoais quanto profissionais e, assim, poder errar menos nesse processo de risco diário.

E na agenda IX – Administração de conflito: onde está o "centro" dos seus conflitos atuais? Como se forma a raiz dos conflitos e como você vem agindo frente a eles? Ver o mundo como realmente ele é significa pacificar-se, e pessoas pacificadas podem ajudar na construção de um mundo melhor.

Vejo a importância desse material que foi tão bem formatado pelo Instituto Holos, mas vejo também a necessidade de explorar o potencial de cada pessoa envolvida nesse processo. Cada encontro é uma oportunidade de crescimento, cada comentário é uma lasca que se tira dessa pedra bruta em busca do verdadeiro diamante.

Vale ressaltar aqui o modo como trabalho, ou seja, a metodologia. Cada agenda é formada por quatro momentos:

1. No primeiro, explico o objetivo da agenda com *slides*;
2. No segundo, exibo filmes e projeto *slides* que reforçam o entendimento da agenda;
3. No terceiro, são colocadas algumas perguntas para a pessoa refletir, ou para o grupo discutir (por meio de duplas ou trios – sempre alternando as pessoas envolvidas – promovendo assim a integração da equipe);
4. No quarto momento, que acontece mais no caso de ser um grupo, cada dupla ou trio faz uma síntese sobre a agenda em questão (no trabalho individual, esse momento ocorre na terceira etapa).

Cada momento desses é trabalhado em no mínimo duas horas.

É claro que esse trabalho não se encerra nesses nove ou dez encontros, não é esse o meu propósito; quero acreditar que esse é apenas o começo, um "chute inicial" para o crescimento desse ser. Minha intenção maior é que cada pessoa encontre sua voz interior e inspire os outros a encontrar a deles. Que cada um encontre uma "razão" para sua existência. A verdade não está lá fora, está dentro de cada um de nós. Precisamos aprender a buscar na fonte, e se aprendermos o caminho, o nosso caminho, seremos muito mais felizes.

Referências

COVEY, Stephen R. *Os 7 hábitos das pessoas altamente eficazes.* Tradução: Alberto Cabral Fusaro, Márcia do Carmo Felismino Fusaro, Claudia Gerpe Duarte; consultoria Teresa Campos Salles. 50ª ed. Rio de Janeiro: BestSeller, 2014.

_____*O 8º Hábito: da eficácia à grandeza.* Tradução: Maria José Cyhlar Monteiro. – Rio de Janeiro: Elsevier; São Paulo: Frankley Covey, 2005 – 10ª reimpressão.

SCHARMER, C.Otto. *Teoria U: Como liderar pela percepção e realização do futuro emergente.* Rio de Janeiro: Elsevier, 2010.

HSM Management 72, janeiro-fevereiro, 2009. p. 94 a 98.

11

Gestão estratégica de estoques

O estoque é o resultado da relação compras x vendas. Se o comprador não observar os indicadores e parâmetros da forma correta para tomar sua decisão, poderá incorrer em falta ou excesso de produtos, nas duas situações não há benefício à empresa, somente perda de dinheiro. Estoque é dinheiro!

Elissandro Sabóia

Elissandro Sabóia

Coach, membro da ICF – International Coach Federation, Administrador com MBA em Gestão de Marketing. Consultor, palestrante e facilitador no desenvolvimento de pessoas, realiza treinamentos e palestras nas áreas de comportamento, vendas, liderança, marketing, empreendedorismo e inovação. Como Gerente de Vendas, Marketing e Projetos na AMBEV, foi responsável pela implantação, multiplicação e gestão dos processos de pessoas, vendas, marketing, projetos, programa de excelência, programa de fidelização, diretrizes estratégicas, política de preços e Logística. Facilitador do Seminário para Empreendedores - EMPRETEC - ONU/Sebrae e do curso de Gestão de Estoque no Varejo. Atuou como consultor sênior do Programa Agente Local de Inovação - Sebrae/CNPq.

Contatos
www.saboiaconsulting.com.br
esaboia1@gmail.com
(66) 9227-3737 / (66) 3424-0081

Elissandro Sabóia

Todas as áreas dentro de uma empresa possuem sua parcela estratégica, para que os objetivos sejam alcançados e, para isso, muito dinheiro, tempo e energia são investidos. A área de vendas constantemente é convidada para capacitar-se e entender melhor o cliente e oferecer soluções mais adequadas às suas necessidades. O pessoal de gestão de pessoas sempre está em busca de ferramentas que possibilitem um melhor desenvolvimento do clima organizacional, aumentar a retenção de talentos e melhorar a qualidade de vida dos colaboradores. Com a tecnologia surge a área de TI – tecnologia da informação, sua *expertise* conecta as mais diversas áreas, diminuindo o tempo de comunicação e possibilitando melhores análises de desempenho e tomada de decisões mais assertivas. Enfim, quase todas as áreas mudaram para melhor, na busca pelo resultado positivo. Por que digo quase todas? Vejo que há uma parte na gestão organizacional que precisa ser mais bem compreendida como realmente estratégica para o negócio, a gestão de estoques.

Certa vez ouvi de um empresário, "agora resolvi meu problema com estoques, já contratei um menino para cuidar do depósito". Ora, primeiro, o estoque não é para ser problema, e sim, a solução, uma vez que os clientes querem comprar um produto, é fundamental tê-lo para que a venda seja concretizada. Segundo, não dá mais para ter "um menino" para receber e organizar as caixas, pensar que apenas ter uma pessoa para arrumar o estoque é suficiente, isso sim é um problema. É preciso um profissional para realizar uma análise do fluxo das mercadorias, por meio do diagnóstico de parâmetros e indicadores.

Todo empresário sabe, ou pelo menos deveria, entender sua empresa como um sistema integrado, pois o desempenho de uma área/setor ou colaborador pode afetar toda a organização.

É muito comum nas lojas de varejo a realização de compras das mercadorias sem verificar qual a real demanda para os próximos meses. Como é possível comprar uma determinada quantidade sem saber quanto irá ser vendido? Muitos empresários fazem isso, acredite.

O estoque é o resultado da relação compras x vendas. Se o comprador não observar os indicadores e parâmetros da forma correta para tomar sua decisão, poderá incorrer em falta ou excesso de produtos, nas duas situações não há benefício à empresa, somente perda de dinheiro.

Na área financeira os empresários utilizam o fluxo de caixa projetado como instrumento gerencial para entender as movimentações do dinheiro (entradas e saídas de valores) de um dado período, assim conseguem prever (pré-ver, enxergar antes) o fluxo de recursos financeiros disponíveis da organização no período futuro.

Estratégias Empresariais

De igual modo é estratégico ter uma visão antecipada da movimentação do estoque, suas entradas (compras) e suas saídas (vendas), sendo a resultante dessa relação o saldo de estoques.

Inicialmente para ter uma eficiente gestão do estoque é necessário orientar-se por conceitos que favorecem a gestão, como:

1. Ter definido e estar organizado o espaço próprio para o estoque da loja, por menor que seja, demarcar tal espaço, organizando o ambiente e facilitando o acesso aos produtos.
2. Avaliar a necessidade de modificar o portifólio de produtos disponíveis. É sempre saudável verificar a viabilidade de trabalhar com as marcas e produtos solicitados pelos clientes.
3. Ter uma programação de compras, de acordo com a real necessidade: avaliar o melhor momento de comprar, conforme estoque atual e as projeções de vendas.
4. Realizar inventário do estoque.
5. Mantenha acesso restrito ao depósito, vendedores não precisam ficar entrando e saindo toda hora do estoque.
6. Eleja o "dono" do estoque.

Muitas empresas ainda não possuem um sistema informatizado, e a gestão é feita seguindo o clássico *teorema de chutágoras*, o que não permite uma gestão profissional e mesmo quando existe um sistema implantando, não utilizam todos os recursos disponíveis, pelo simples fato de desconhecerem como fazer a leitura dessas informações.

Então vejamos alguns pontos que você deve estar atento ao fazer a gestão de estoque de sua loja: vamos supor que um determinado produto de sua empresa possua venda média de 200 (duzentas) caixas, e sua projeção de aumento de demanda (vendas) para o próximo mês seja de 10% (dez por cento), logo a demanda projetada é de 220 (duzentas e vinte) caixas. Essa projeção pode ser expandida para dois ou três meses, ampliando assim seu horizonte de observação.

Levantada a demanda, é hora de calcular o estoque de segurança, também conhecido como estoque mínimo, aqui cabe uma observação, em muitos sistemas informatizados existe essa informação, contudo é necessário que o empresário ou a pessoa responsável digite a quantidade mínima que deseja ter para cada produto. Contudo, o mercado é muito dinâmico e há uma série de produtos que vendem mais em determinadas épocas do ano do que em outras, por exemplo, uma empresa que em seu portifólio venda mangueiras para irrigar jardim, é natural que o estoque de segurança seja maior no período de seca (agosto a outubro), e na estação das chuvas (dezembro a março) esse estoque e segurança pode ser menor. Com essa variação se faz necessário alterar manualmente essa informação do estoque mínimo dentro do sistema. Seria fácil, se essa fosse a única análise a ser feita e se esse fosse o único produto a ser comercializado, sem contar que esse valor de segurança é uma estimativa, sem um cálculo que permita ter a certeza se é esse o valor do estoque mínimo ideal. Mas o que fazer quando se tem quatrocentos, três mil ou mais de dez mil itens na loja? Pode-se fazer o seguinte cálculo para achar o estoque de segurança de um determinado produto:

> **Estoque de segurança (ES) = demanda projetada (DP) x tempo de reposição (TR).**

Tempo de reposição (TR) é o tempo necessário que você utiliza para fazer a cotação do produto, negociar, mais tempo para receber a mercadoria. É importante considerar nessa conta o tempo que se leva para fazer a checagem das quantidades em nota com a quantidade física recebida, bem como sua entrada no sistema e finalmente estar disponível para venda. Contudo, é muito comum em lojas de varejo a mercadoria chegar e mesmo antes da conferência e entrada da nota no sistema, o pessoal de vendas querer pegar um produto para realizar a venda para um cliente, isso não é aconselhável, pois pode ser o início de uma gestão de estoques deficitária.

Considere um dia a mais em seu tempo de reposição, assim o estoque de segurança calculará alguns produtos a mais e não haverá falta de produtos e o pessoal do estoque poderá trabalhar com mais calma e eficiência. Vamos, por exemplo, definir que o tempo total de reposição seja de quatro dias, agora já temos o tempo de reposição em dias e sua demanda projetada para o mês. Para podermos realizar o cálculo, devemos ter as duas informações na mesma unidade de medida, assim precisamos transformar esses dados em semana: logo, 220 (duzentas) caixas por mês, dividindo por quatro semanas, temos a necessidade de 55 caixas por semana. Dividindo nosso tempo de reposição de quatro dias, por sete (quantidade de dias de semana), achamos que nossa TR é de 0,57 semanas aproximadamente, então:

> **Estoque de segurança (ES) = demanda projetada (DP) x tempo de reposição (TR).**
> **Estoque de segurança (ES) = 55 x 0,57 = 31,35 caixas.**

Estratégias Empresariais

O cálculo mostra que o estoque de segurança é de 31,35 caixas, como não se pode rasgar uma caixa em três partes, admite-se que o estoque de segurança seja de 32 caixas para cobrir o estoque diante de ocorrências imprevistas.

Com o cálculo do ponto de compra (PC) sabemos o momento certo de realizar a compra, assim não se investe dinheiro antes da hora, melhorando seu fluxo de caixa, bem como não se corre o risco de ficar sem produto ao passar o momento certo de repor as mercadorias. Para descobrir o PC multiplica-se o estoque de segurança por dois. Vamos utilizar como base o estoque de segurança que calculamos há pouco:

> **Ponto de compra (PC) = estoque de segurança (ES) x 2. Ponto de compra (PC) = 32 x 2 = 64 caixas.**

Conforme o cálculo, quando o produto chegar ao ponto de 64 caixas em estoque é o momento ideal para iniciar o processo de compra considerando os quatro dias (0,57 semana) como tempo de reposição necessário para ter mais produtos à disposição para a venda.

Mas quanto comprar? Qual o volume certo, qual o tamanho do lote de compra (LC), afinal você não quer investir muito dinheiro em produtos para ficarem parados no estoque, mas creio que também quer atender todos os clientes que procuram sua loja, certo? Para isso basta utilizar o seguinte cálculo, considerando compras quinzenais, ou seja, duas compras no mês:

$$\text{Lote de compra (LC)} = \frac{\text{Demanda mensal (DM)}}{\text{Frequência de compras no mês}}$$

$$\text{Lote de compra (LC)} = \frac{220}{2} = 110 \text{ caixas}$$

Considerando compras quinzenais, cada lote de compra (LC) deverá possuir 110 caixas.

Resumindo, em nosso exemplo, o produto tem tempo de reposição de quatro dias, considerando uma demanda projetada para o próximo mês de 220 caixas, a empresa deverá ter 32 caixas como estoque de segurança (estoque mínimo), sendo que o ponto de compra ocorrerá quando o estoque alcançar 64 caixas. Assim, nesse instante deverá iniciar o processo de compra de mercadorias e conforme decidido que realizará compra quinzenalmente, o lote de compras será composto de 110 caixas, que quando chegarem irão ser somadas ao estoque de segurança, totalizando o estoque máximo (EM) representado pela equação:

Elissandro Sabóia

> **Estoque máximo (EM) = Lote de Compra (LC) + Estoque de Segurança (ES)**
> **Estoque Máximo (EM) = 110 + 32 = 142**

Após realizados os cálculos dos parâmetros do estoque, podemos ter o relatório de movimentação de estoques projetado conforme o modelo abaixo:

Empresa Modelo Papelaria Ltda.　　　　　　　　　　**Rua Modelo, No. 123**
CNPJ.: 123.456.789/0000-00

Relatório de Fluxo de Mercadorias Projetado

Código	Descrição	Saldo atual	Ponto de compra	Estoque de segurança	Lote de compra	Estoque máximo
123	Papel A4 Modelo	95	64	32	110	143
456	xxx	xxx	xxx	xxx	xxx	xxx

Figura 1

Observo que a maioria dos gestores de estoques utiliza seu sistema de gestão de estoque para analisar a média de estoque passada, quanto se tem no estoque, qual a média de saída de produtos, enfim o olhar é sempre para trás.

Responda-me o seguinte, para que serve o retrovisor e o para-brisa do carro? Quando você está dirigindo seu carro, você fixa seus olhos por mais tempo no para-brisa ou no retrovisor? Você quer conduzir seu carro à frente, qual dos dois é mais seguro você prestar atenção para tomar suas decisões?

Lógico, os dois têm sua utilidade, o retrovisor é importante sim para servir como referência daquilo que já ocorreu e nos distanciamos cada vez mais daquele ponto, contudo é olhando para frente, observando o que há de vir que podemos tomar as melhores decisões.

Mas acredite, a maioria dos gestores "dirige" seus estoque olhando pelo retrovisor, e utiliza muito pouco para tomar decisões à frente.

Entretanto é possível olhar as informações que calculamos há pouco e criar um "para-brisa" para o estoque que permite olhar para o horizonte à frente e conseguir enxergar melhor o caminho a ser percorrido.

Para ajudar a entender melhor o fluxo futuro (projetado) do estoque você pode criar um relatório em seu sistema que permita visualizar a projeção de entradas e saídas de mercadorias, assim como ocorre num fluxo de caixa projetado, veja o seguinte exemplo:

Estratégias Empresariais

Código | Descrição	Julho				Agosto			
123 | Papel A4 modelo	S1	S2	S3	S4	S1	S2	S3	S4
Estoque inicial	114	46	109	61	114	58	9	52
Venda projetada	68	47	48	57	56	49	67	48
LC - Entrada	0	110	0	110	0	0	110	110
Estoque final	46	109	61	114	58	9	52	114
Ponto de compra	Sim	Não	Sim	Não	Sim	Sim	Sim	Não
Lote de compra a realizar	110	0	110	0	0	110	110	0

Figura 2

Utilizando o relatório é possível ter mais clareza do que virá acontecer com seu estoque ao se confirmarem as projeções de demanda, cumprimento dos prazos de entrega e assim poder tomar decisões com mais tranquilidade. Podemos dizer que ao utilizar o relatório você está "dirigindo" seu estoque olhando para frente por meio de seu para-brisa.

No modelo de relatório (figura 2), a venda projetada durante as semanas dentro de cada mês seguiu uma curva sazonal, cada negócio possui uma, você deve prever qual será a venda por semana para o seu negócio. Na primeira semana de julho veja que o estoque final ficou abaixo do ponto de compra que calculamos anteriormente, assim já é momento de comprar o lote de mercadorias, calculada anteriormente em 110 caixas. Na semana seguinte, veja que o estoque está acima do ponto de compra, assim não há necessidade de nova compra. Agora preste atenção à primeira semana do mês de agosto, apesar de o sistema informar que já está em ponto de compra, a mesma não é realizada por decisão do gestor ou por ter esquecido, o que fez com que o estoque diminuísse consideravelmente, chegando a utilizar parte do estoque de segurança, nas semanas seguintes o estoque foi regularizado acompanhando as indicações de compra do sistema.

Obviamente existem muitos outros parâmetros, mas você já pode começar a utilizar estrategicamente seu estoque para tomar decisões para o futuro, são vitais, para que de posse do fluxo da movimentação do estoque projetado, tenha claro como a movimentação de entrada e saídas de estoque irá impactar seu fluxo de caixa, afinal, estoque é em última instância dinheiro aplicado em produtos, logo seu retorno se dará quando for vendido e recebido na integralidade.

Lembre-se, estoque é dinheiro, assim como se faz um fluxo de caixa para verificar entradas e saídas, é estratégico realizar o fluxo de estoque.

Sucesso e boas vendas!

12

Planejamento estratégico de Tecnologia da Informação (TI)

Uma das grandes dificuldades para as pequenas e médias empresas é estruturar a área de TI. Apesar de todos entenderem a necessidade de TI, é complicado para o empresário selecionar um profissional ou uma consultoria para estruturar essa área. Trabalhei durante anos em grandes instituições e, mesmo assim, levei um tempo para entender a estrutura da área de TI para pequenas e médias empresas

Fabio Ota

Fabio Ota

Especialista em Gamification - 2014 pela University of Pennsylvania (offered through Coursera). MBA em Gestão Estratégica de Tecnologia da Informação pela FGV-SP. Tecnólogo em Processamento de Dados pela Fatec-SP. Consultor e palestrante em Planejamento Estratégico de TI e Gamificação. Profissional com mais de 20 anos de experiência em Tecnologia da Informação. Atuou como diretor de TI, gerente de Sistemas, gerente de Projetos, analista e programador em grandes empresas nos segmentos Industrial, Bancário, Imobiliário e de Consultoria. CEO da Isgame – International School of Game.

Contatos
www.isgame.com.br
ota.fabio@hotmail.com
ota.fabio@isgame.com.br
br.linkedin.com/pub/fabio-ota/0/374/b99/

Fabio Ota

Fui chamado para dar consultoria a médias empresas durante alguns anos, mas os projetos e ações que propunha não eram aceitos pelos empresários por causa dos custos.

Levei um tempo para entender a estrutura da área de TI para pequenas e médias empresas. Percebi que muitas técnicas utilizadas nas grandes empresas, e até algumas boas práticas de governança, não eram viáveis para as pequenas e médias empresas devido ao alto custo.

Recentemente me encontrei com um empresário que já tinha recebido e rejeitado uma proposta minha para reestruturação da área de TI de sua empresa. Conversamos e verifiquei que sua empresa estava crescendo muito e que a atual estrutura já não atendia mais suas necessidades, porém ele não achava tão importante a contratação de um executivo de TI.

Desta vez, fiz uma proposta diferente: um consultor de TI compartilhado. Para melhor entendimento, seria um consultor trabalhando duas vezes por semana na empresa, amenizando o impacto do valor financeiro e otimizando o trabalho, passando as orientações aos analistas e ao gerente de TI, que já estava há dez anos na função (entrou como estagiário e conhecia muito tecnicamente, mas não tinha experiência em governança e em novas técnicas utilizadas no mercado).

O case da Indústria Sanomoto

Comecei o desafio de estruturar a área de TI entrevistando o presidente da empresa, que por sinal é meu amigo.

– Sr. Akira, o que espera desse meu trabalho?

– A minha empresa está crescendo, e todos falam que é preciso investir na governança em TI, utilizar o Scrum, implantar um ERP, CRM, BI, BPM e outras técnicas avançadas. Leio vários artigos, mas não sei nem o significado desse monte de letras, que dizem ser essencial para TI – explicou ele, com uma expressão de dúvida.

– Entendo. Essa é uma grande dificuldade para os empresários. Várias técnicas e metodologias surgem a todo momento e as empresas começam a utilizar, mas não fica claro qual o ganho para elas – falei, tentando explicar um pouco.

Estratégias Empresariais

– Exato, Fabio, participo de vários comitês e encontros entre presidentes de médias empresas, e a maioria tem a mesma preocupação.

– É, trabalhei em grandes instituições financeiras e, como nesse segmento a TI é fundamental para o negócio, sempre são implantados métodos e técnicas para se tentar otimizar e organizar os processos. Pelo que vi nesses mais de 20 anos de consultoria, muitas instituições financeiras investem um alto valor e nem sempre analisam o ROI – disse eu para o Sr. Akira, tentando deixá-lo mais tranquilo.

– E o que você pode fazer para nos ajudar?

– Bem, já iniciei o trabalho com essa nossa conversa. É importante alinharmos sua vontade com o entendimento sobre TI, suas metodologias e técnicas –respondi, e comecei uma pequena apresentação sobre o significado do "monte de letras" que o incomodavam.

BI – *Business Intelligence* – A Inteligência de Negócios, resumidamente, dá a possibilidade de analisar dados coletados de diversas fontes de forma organizada, para que se tornem informações relevantes para as tomadas de decisão.

Scrum – É uma metodologia ágil para desenvolvimento de projetos.

ERP – *Enterprise Resource Planning* – É o Sistema Integrado de Gestão Empresarial. Seu objetivo é ter todos os sistemas da empresa integrados, otimizar os processos e melhorar os controles sobre as operações da empresa. Exemplo, não exaustivo, de módulos de um ERP: Contas a Pagar, Contas a Receber, RH, Controle de Produção, Estoque e Contabilidade.

CRM – *Customer Relationship Management* – É o Gerenciamento do Relacionamento com o Cliente. As soluções de CRM ajudam no gerenciamento da satisfação e fidelização do cliente, nas áreas de atendimento, marketing e vendas.

BPM – *Business Process Management* – Gerenciamento de Processos de Negócios – É um conceito para o entendimento, controle e melhoria dos processos de negócios da empresa.

O Sr. Akira se anima com a apresentação e age como a maioria dos empresários:

Fabio Ota

– É disso mesmo que precisamos, pode providenciar o planejamento e a implantação de tudo.

– Eu imaginei que o senhor falaria isso, a maioria dos empresários quer implantar as boas práticas de mercado, mas temos que ter atenção nos investimentos necessários e retornos a serem obtidos.

– Mas essas não são as melhores práticas de mercado? –pergunta o Sr. Akira.

– Eu diria que são boas práticas, pois, para serem consideradas as melhores, teríamos que conseguir avaliar todas as outras, o que normalmente não é possível. Existem custos indiretos que não aparecem quando as apresentações são feitas. Por exemplo, a implantação de um ERP não se limita aos custos das licenças e customizações, é preciso investir em infraestrutura (equipamentos, softwares etc.) e treinamento, o que pode até dobrar o valor inicial previsto.

– Mas, com a implantação do ERP, resolveremos todos os nossos problemas, certo? – analisou ele.

– Esse é um dos conceitos que quero lhe explicar melhor. Tenho visto, ao longo da minha carreira, várias empresas que compram um ERP e, quando acabam de implantar, ficam decepcionadas com o resultado final. Toda empresa tem uma forma de trabalhar, e o ERP tem todo um processo já pré-definido. Normalmente se tem dois caminhos para a implantação:

1. a empresa implanta o ERP sem nenhuma customização e altera seu processo interno para se adaptar a ele;
2. a empresa customiza o ERP para que sejam seguidos os processos internos já definidos.

– E qual é o melhor? – perguntou o Sr. Akira.

Peço a ele 30 dias para levantar os processos internos e conhecer as pessoas. Passado esse tempo e concluído o trabalho, volto a me reunir com o presidente.

– Sr. Akira, no caso de sua empresa, aconselho a utilizar a primeira opção: implantar o ERP sem customização.

– Mas terei que mudar meus processos internos? Sempre fizemos assim, a empresa cresceu e nunca tivemos problemas – diz ele, não concordando muito com minha opinião.

Estratégias Empresariais

– Entendo sua preocupação e vou lhe explicar o porquê da minha posição. A empresa tem ótimos profissionais, que conseguem resolver todos os problemas específicos que ocorrem.

– É, a maioria foi escolhida por mim mesmo. Veja o caso da Rita, resolve todos os problemas de pedidos de vendas.

– Exatamente, ela é uma ótima profissional, mas o processo passa todo pela mão dela. Vou apresentar um caso que levantei. O pedido de um hipermercado sempre vem com um código de produto em branco e com a quantidade detalhada na área de descrição. A Rita lê essa descrição e coloca no sistema o código e a quantidade correta do pedido. Isso sempre funcionou assim e não chega ao seu conhecimento, pois o cliente está satisfeito.

E continuo explicando:

– Mas, com o crescimento da empresa, é necessário que exista um processo bem definido para utilização de códigos corretos e não haja dependência da Rita. Veja, para a empresa atender todos os hipermercados e supermercados no Brasil, é importante que não seja necessário que a Rita coloque o código no pedido, este já precisa vir correto. Além de otimizar o trabalho dela, mitigamos um possível erro operacional. Este é apenas um exemplo que levantei sobre como os processos estão sendo feitos manualmente e com vários ajustes dependentes dos profissionais envolvidos.

Sr. Akira se ajusta na cadeira, se inclina para a frente e diz:

– Quer dizer que é melhor mudarmos todo o processo?

– Não todo processo, mas as partes que dependem das pessoas e que podem ser automatizadas – respondo. E continuo:

– Pode parecer muito trabalho, mas é extremamente necessário, e no final vai custar menos para a empresa. Ao adotar os processos pré-definidos do ERP, a sua empresa pode conhecer e seguir procedimentos que vêm sendo trabalhados em várias outras.

– Resumindo? – diz o Sr. Akira.

– Resumindo, a empresa ganhará mais, primeiro ajustando seus processos e depois implantando o ERP sem customizações, ou pelo menos com bem poucas. O investimento necessário será bem menor.

Continuo explicando para o Sr. Akira, que ouve atentamente.

– O treinamento e engajamento dos usuários é muito importan-

Fabio Ota

te, pois de nada adiantará a implantação do ERP se eles não informarem os dados corretamente. Um dos problemas com que teremos que nos preocupar também é a "rádio peão".

– "Rádio peão"? O que é isso? – questiona o presidente com ar de espanto e um sorriso discreto.

– Quando se fala em mudança de processo e implantação de um ERP, é normal começarem a falar em cortes e outros comentários contra o projeto. E isso é feito nos corredores, extraoficialmente.

Expliquei ao Sr. Akira que seria necessária uma comunicação formal, mostrando que a empresa está crescendo e que, para atingir um novo patamar, seriam necessárias todas as mudanças propostas.

Ele concordou e, na semana seguinte, reuniu todos no meio da fábrica e falou sobre o crescimento da empresa e da importância de se começar a otimizar os processos para que a empresa continuasse crescendo sustentavelmente. Essa conversa franca foi importantíssima para o bom andamento do projeto e o engajamento de todos os funcionários.

O projeto foi implantado em cinco meses, sendo dois destinados à revisão dos processos, dois para a implantação dos módulos e um para o treinamento dos usuários.

A empresa hoje já está no patamar de grande empresa e se encontra bem estruturada para o crescimento contínuo.

Após a implantação do ERP, fiquei três meses acompanhando os processos e percebi que, na conclusão da implantação, os usuários tiveram um pouco de dificuldade somente no primeiro mês. A partir do segundo, começaram a perceber melhoras na rotina de trabalho e, no terceiro, percebia-se que a maioria já estava adaptada e produzindo bem mais.

No final do terceiro mês de acompanhamento, fui conversar com o Sr. Akira. Ele me aguardava em sua sala:

– Ótimo trabalho, Fabio, estamos em um novo patamar e quero agradecer pela consultoria. Agora já podemos falar sobre o BI?

– Podemos sim, pois agora as informações estão estruturadas e podem ser extraídas para análise. Antes seria dinheiro jogado fora – falei, agradecendo os elogios também.

Estratégias Empresariais

– Uma pergunta: e a segunda alternativa, que era customizar o ERP de acordo com nossos processos, não teria dado certo?

– Poderia ter dado certo sim, mas a um custo muito maior e com um prazo que eu não saberia prever. Hoje vimos que vários procedimentos não tinham um processo bem definido, e ajustar o ERP a isso teria um custo muito alto, correndo o risco de não ficar bom. Somente se a empresa já tivesse os processos bem definidos essa opção seria viável – concluí.

As boas práticas no mundo de TI nem sempre servem para todas as empresas. Tudo depende do negócio, de quão bem definidos os processos internos estão, do porte da empresa, do investimento que se pode fazer etc. É importante a presença de um consultor de TI com vasta experiência em planejamento estratégico e, principalmente, vivência prática para auxiliar o executivo da empresa na estruturação da área.

Mas, o ponto principal de análise é: quanto a TI vai agregar de valor ao negócio da empresa?

O caso que relatei é verídico. Somente troquei os nomes da empresa e do presidente.

13

A era da informação

Atualmente, muitas pessoas tentam conquistar a sua liberdade financeira. Paralelo a isso, a procura por informação que seja relevante e precisa na resolução de problemas está crescendo exponencialmente ao redor do mundo. É aí onde surge um novo tipo de empreendedores, os que entendem a nova lógica dos negócios na Era da Informação. Aprenda como é possível transformar o seu conhecimento em dinheiro, e gerar uma renda passiva fazendo o que você mais ama fazer num formato *online*!

Fernando Guillen Velasco

Fernando Guillen Velasco

Consultor, Palestrante e *Coach* pela Sociedade Brasileira de *Coaching*. Graduado em Engenharia de Sistemas pela Escola Militar de Engenharia, em La Paz, Bolívia. MBA em Administração de Empresas pelo Instituto Tecnológico e de Estudos Superiores de Monterrey, do México. Doutorado em Liderança pelo *Wagner Leadership Institute*, em Pasadena, Califórnia. Certificado internacionalmente pelo *Lifeforming Leadership Coaching*. Como *Trainer* e Palestrante nacional e internacional, oferece treinamentos na área de Liderança, Desenvolvimento de Pessoas, Empreendedorismo, Perfil Comportamental, Formação e Potencialização de Equipes, Gestão de Pessoas, Performance & Inteligência, cerca de dez anos. É o fundador do Programa *Coaching* de Convergência, CEO da Editora Se7e Montes, Chanceler para a América Latina do Wagner Instituto de Liderança, Presidente do Global AC7ION Centro de Integração, e catalizador da visão dos Se7e Montes para a América Latina.

Contatos
www.fernandoguillen.com.br
www.institutowagner.com.br
www.centroaction.com.br
www.setemontes.com.br
drfernandoguillen@institutowagner.com.br
Twitter: @apostologuillen
Facebook: www.facebook.com/apostolofernando
(31) 3213-4170

Fernando Guillen Velasco

A era da informação

Em cada um dos três últimos séculos, podemos ver o domínio de um determinado tipo de tecnologia. O século XVIII se destacou pelos grandes sistemas mecânicos industriais, a chamada era industrial. O século XIX foi a invenção da máquina a vapor, e o século XX, o início da era da informação.

A era da informação, também conhecida como a era digital, é o nome dado ao período posterior a era industrial, mais especificamente após a década de 1980, embora suas bases tenham começado particularmente na década de 1970 com invenções tais como o microprocessador, a rede de computadores, a fibra óptica e o computador pessoal.

Vivemos realmente um momento de muitas transformações, e associado a isto, temos testemunhado vários avanços tecnológicos em diversas áreas. Duas delas têm causado significativo impacto sobre o estilo de vida das pessoas neste século: a computação e as telecomunicações.

Neste cenário de avanços tecnológicos, deparamo-nos com uma carga de informações cada vez maior. A pergunta é: como podemos tirar proveito dessas tecnologias que colocam a nossa disposição um volume cada vez maior de informações?

A melhor maneira é por meio do processo de customização da informação, ou seja, poder transformar um volume de informações numa forma mais adequada para o interesse particular de uma pessoa.

Muitas pessoas que ainda estão em busca de emprego vivenciarão as angústias atuais da era industrial, entretanto, muitas outras querem empreender justamente para fugir desses dilemas do assalariado, o empregado que exerce uma função em uma empresa que não é sua.

Porém, se você não gosta dessa visão da era industrial, vai ser atraído pela era da informação. A era que mudou o seu modo de se relacionar com o mundo, seja com seus familiares e amigos, seja na forma de procurar emprego, por exemplo. Mudou a maneira como viaja e como lê e compra um livro. Mudou até a forma como dorme, come e se diverte. Muitas pessoas passaram a dormir mais tarde porque precisam responder às mensagens de e-mails e redes sociais. Muitas pessoas buscam referências de restaurantes ou receitas de comida na internet. Essa é a era do acesso interativo online, onde o usuário, conectado a internet, tem a possibilidade de navegar e acessar os mais diversos tipos de informações.

Outra grande contribuição da era da informação foi a ampliação das suas chances de se tornar um empreendedor. Com todas as informações disponíveis na internet, você não pode fazer as reclamações típicas do empreendedor do passado.

Estratégias Empresariais

Durante a era industrial era praticamente impossível transformar informação em algum tipo de negócio, reduzindo o valor financeiro praticamente a lixo. Já com a era da informação tem-se criado várias oportunidades de negócios, assim como um novo modelo de negócios, de onde nasceu uma nova tendência de empreendedores, conhecidos como os infopresários ou empresários de informação.

O que é um infopresário?

Um infopresário é um empresário que é especialista em informações. Ele fornece, promove e distribui o conhecimento, geralmente dentro de um nicho de mercado. Pessoas em todo o mundo de todas as idades, origens, educação, estão aprendendo como pode ser fácil ganhar dinheiro extra de maneira online. É uma pessoa que usa seu conhecimento, armazena e transforma as informações em produtos que são vendidos pela internet.

Você já sabe que a internet pode ser uma boa fonte para encontrar informações. Agora, é possível ganhar dinheiro por fornecer informações de qualidade para os outros. As áreas mais rentáveis são geralmente as que envolvem o "como fazer", onde você ensina ou demonstra como fazer alguma coisa.

Aprender a vender a informação online é uma ideia de negócio na internet que a maioria das pessoas pode considerar. Por meio do infoempreendedorismo, suas paixões, conhecimentos, interesses e experiência de vida têm o potencial para se tornar uma fonte satisfatória de renda.

Nicho de mercado

O que você pode criar, explicar, demonstrar ou pesquisar e pode ser de interesse para os outros? O que você sabe fazer muito bem? Seu "conhecimento comum" é incomum ou de alta demanda em outro lugar no mundo?

O Comitê Gestor da Internet no Brasil (CGI.br) divulgou em junho a pesquisa TIC Domicílios. Ela apresenta números de tecnologia e comunicação da população brasileira. A notícia mais importante dessa nova versão é que no ano passado, pela primeira vez, mais da metade dos brasileiros foram classificados como usuários de internet. Outro ponto importante é que 42,5 milhões de brasileiros acessam a internet usando celulares.

Na pesquisa divulgada, 51% dos entrevistados haviam acessado a internet nos últimos três meses. Esse é um parâmetro usado internacionalmente para definir alguém como usuário de internet. O

Fernando Guillen Velasco

número bruto, portanto, é de 85,9 milhões de usuários de internet no Brasil. Tomando como base pelo menos um acesso à internet na vida (mesmo que anterior aos três meses anteriores à pesquisa), a fatia sobe para 58%. A porção de pessoas que nunca entraram na internet, portanto, fica em 42%.

A pesquisa também extrai números sobre domicílios — os números anteriores eram sobre indivíduos. De acordo com a pesquisa TIC 2013, 49% dos domicílios brasileiros têm um computador em casa. Nessa categoria estão computadores de mesa, notebooks ou *tablets*.

A presença de computador é muito maior nas regiões urbanas, com 53% de casas com computadores. Nas áreas rurais, 21% das casas contam com uma máquina. O número bruto de domicílios com computadores no Brasil é de 30,6 milhões de casa.

A pesquisa TIC foi realizada entre setembro de 2013 e fevereiro de 2014. As entrevistas foram realizadas em 16,887 domicílios de 350 municípios brasileiros.

Celulares

A pesquisa também focou em uso de telefones celulares. De acordo com os números, 82% dos brasileiros têm um aparelho celular. São 137 milhões de brasileiros que têm um celular. Desses, 31% usaram internet no celular nos últimos três meses. Isso representa um total de 42,5 milhões de brasileiros acessando a internet usando um dispositivo móvel.

As principais atividades feitas usando um celular são sem a necessidade de acesso à internet, como fazer ligações, enviar mensagens SMS, tirar fotos e ouvir músicas. Mas, algumas que figuram entre as principais usam conexão à internet. Acessar redes sociais é uma atividade feita por 30% dos donos de celulares. Navegar em sites é algo feito por 23% deles.

De todo esse número gigantesco de usuários, você se depara com as seguintes perguntas: quantos deles poderiam estar interessados nas mesmas coisas que você está? Você consegue se ver escrevendo sobre algo que gosta ou tem conhecimento sobre? Que tal pesquisar sobre um assunto que há uma demanda? Você poderia demonstrar algo visualmente ou fazer uma gravação de áudio que iria interessar para os outros?

Público-alvo

Esse método abrange a maioria de pessoas que se interessariam nesse determinado tipo de negócio. Pessoas de todas as idades e origens estão construindo empresas de internet rentáveis.

Estratégias Empresariais

Uma coisa boa sobre como iniciar um negócio de produto de informação é que, ao contrário de muitos outros negócios baseados em casa, é um investimento de baixo custo para começar. Com, praticamente, nenhum risco e custos de arranque mínimos, o maior investimento é o seu tempo, e não o seu dinheiro. Se você sempre quis ter seu próprio negócio ou simplesmente deseja mais controle sobre o seu rendimento e tempo, tornar-se um infopresário pode ser algo a considerar seriamente.

Dez razões principais para tornar-se um infopresário

1. Baixo risco com excelente potencial de renda

Ganhar dinheiro online com informação tem um fator de risco muito baixo e alto potencial de lucro. Com a abordagem adequada, infoprodutos ou produtos de informação podem gerar receitas de todo o mundo. Normalmente o que as pessoas têm mais em jogo é a sua reputação como um fornecedor de informações de alta qualidade. Um infopresário transforma o seu conhecimento em produtos de informação, que são vendidos online o tempo todo. Literalmente, ele ganha dinheiro enquanto dorme!

2. Custos iniciais mínimos

Se você já tem um computador, então o seu maior investimento será seu tempo, e não o seu dinheiro. Se você não tem um computador ou conexão à internet em casa, as chances são de que você pode acessar um facilmente em um café, centro comunitário, ou na casa de um amigo.

3. É viável para a maioria das pessoas

Pessoas de todas as idades e origens estão aprendendo como iniciar um negócio *online*. Com a ajuda que está prontamente disponível, você tem o potencial de criar uma renda saudável, mesmo com conhecimento limitado de computadores ou internet.

4. Capacidade de gerar renda passiva

Fazer o trabalho uma vez, fazê-lo bem, e ser pago para a vida. A renda passiva, também conhecida como renda residual, é o dinheiro que é gerado a partir da mesma fonte de uma e outra vez, com pouco esforço para mantê-lo, ou seja, um valor residual a longo prazo. Renda

proveniente de aluguel de imóveis e *royalties* de canções de sucesso ou livros *best-sellers* são exemplos comuns. Agora é possível para
qualquer pessoa gerar renda passiva fazendo o que ama.

5. Ajudar os outros e fazer a diferença

Hoje, as pessoas estão buscando a internet para procurar informações, aprender coisas novas e/ou tentar encontrar maneiras de
resolver um problema. Se você pode, legitimamente, ajudar os outros com o seu conhecimento, cria-se uma situação vencedora. Uma
coisa é certa: você não terá sucesso se a qualidade do seu trabalho
ou produto não é percebido como útil e valioso. Alguém disse uma
vez que a vida é um enigma, e que cada um de nós tem um pedaço
para contribuir e ajudar a criar um todo maior.
Este é o lugar onde você, como um infopresário, entra. Embora esteja montando um negócio para ganhar dinheiro, o seu foco
principal deve ser sobre como pode ajudar as pessoas que estão
desejando o que você sabe.

6. Possuir o seu próprio negócio

Muitas pessoas alcançam a liberdade financeira pelo desenvolvimento de um negócio próprio bem-sucedido. Enquanto algumas
são felizes a ganhar algumas centenas de reais a mais por mês,
outras pessoas definem como alvo substituir sua renda atual do
emprego.
O produto que você constrói é uma parte crucial do seu negócio.
Você não pode ganhar dinheiro, a menos que tenha produtos e serviços que as outras pessoas queiram e/ou precisam comprar.
Embora leve tempo, trabalho, e os ganhos não sejam imediatos,
o potencial é alto. Você pode implementar múltiplos fluxos de renda.
Nota: como este tipo de negócio pode ser cultivado de forma
flexível em seu tempo livre, é recomendável que você mantenha seu
trabalho atual até que sua receita atinja um nível sustentável.

7. Acesso a um mercado em todo o mundo

O produto de informação que você criar precisa fornecer uma
solução para o problema que o seu público enfrenta, de tal maneira
que as pessoas estejam dispostas a pagar por essa solução.
Teoricamente você pode se conectar com cada pessoa no mundo que usa a internet - cerca de 1,6 bilhões de pessoas a partir de
2008. E não é preciso nem sair de casa!

Estratégias Empresariais

8. Trabalhar em casa

Você tem o luxo de ser capaz de trabalhar em casa - ou em qualquer outro lugar no mundo com uma ligação à Internet (incluindo a praia que você sempre sonhou...).

9. Ganhar dinheiro 24 horas por dia, automatizando o processo de encomenda

A maioria do trabalho administrativo em matéria de encomenda e entrega agora pode ser automatizado. Como resultado, é possível receber e processar pedidos de produtos 24 horas por dia, sete dias por semana, sem estar perto do computador.

10. Não precisa pagar funcionários

Funcionários são um ativo muito grande na empresa, e talvez você irá precisar contratá-los com o crescimento da empresa. Mas, ao mesmo tempo, eles são uma grande responsabilidade, e quando se está iniciando um negócio, o alvo principal é o de minimizar custos para gerar lucro suficiente para sobreviver. Uma das maiores vantagens de ter um negócio online é que você pode realizar a maior parte das atividades, ou terceirizar, contratando pessoas para fazer determinadas tarefas, se as exigências tornam-se muito para você.

Há uma abundância de sites dispostos a revelar os segredos de como fazer dinheiro online, mas poucos oferecem um conteúdo genuíno gratuitamente. Desconfie de sites, ou e-mails que exageram em suas maneiras fáceis de ganhar dinheiro online. Muitas vezes, eles afirmam ter todas as respostas, mas não permitem que você veja as informações reais até após a compra. É claro que alguns são legítimos, mas com todas as opções disponíveis hoje em dia, é sábio fazer sua pesquisa antes de fazer uma compra nesse nicho particular.

Mantenha seu objetivo em mente em ajudar e alcançar as pessoas. Simule o que estão sentindo, e crie produtos especificamente para atender suas necessidades. Quanto mais preciso você for, melhor será a comunicação da sua mensagem aos seus clientes potenciais.

As pessoas vão começar a se interessar, em primeiro lugar, no que você fornecer e, em seguida, em quem você é. Assim, começa a ganhar sua confiança e o respeito. Elas vão começar a dizer o que precisam. E você vai ter ideias para a prestação de novos conteúdos.

A tecnologia está cada vez mais fácil para começar e construir um produto de informação. Torne-se hoje mesmo um infopresário de sucesso!

14

O processo de tomada de decisões estratégicas [PTDE] como ferramenta de gestão nas PMEs

Gestores decidem! Líderes decidem! Todo dia, todo o tempo. Grandes gestores falham inúmeras vezes, decidem errado; mas persistem e acertam, pois errar é parte do processo de acerto. Mas como decidir melhor? Devo confiar na intuição? Sempre podemos consultar a equipe? Como nosso cérebro decide? O que garantir? O que evitar? Há formas estruturadas de decidir? Decida ler este texto e descubra

Gerson Grassia

Gerson Grassia

Palestrante, consultor empresarial, *Coach* executivo e de carreira, escritor, instrutor de treinamentos de Liderança, Negociação e Gestão de Vendas, Gerenciamento de Projetos, Planejamento Estratégico, Gestão do Tempo e Produtividade, Oratória de Alto Desempenho, Gestão Estratégica de RH, Gestão de MPEs. Graduado em Filosofia e pós-graduando em Educação/Linguística; GBA em Gestão Estratégica de Micro e Pequenas Empresas, professor-orientador de cursos universitários. Consultor de Organizações e Gestão formado pelo IBCO – Instituto Brasileiro de Consultores de Organização. Sócio-proprietário da LatoSensu Consultoria, *Coaching* e Desenvolvimento Estratégico. Membro Associado da Profissionais Associados Desenvolvimento Humano. Professor credenciado da RB Desenvolvimento. Diretor de Capacitação e Desenvolvimento do Conselho Estadual do Jovem Empresário do Paraná de 2004 a 2010.

Contatos
www.gersongrassia.com.br
gg@gersongrassia.com.br
gersongrassia.blogspot.com.br
(45) 9817-5055

Gerson Grassia

Uma das principais atribuições do gestor é decidir; neste texto, não falaremos de decidir operacionalmente, mas tática e estrategicamente, questões que estão na esfera da liderança. Toda empresa deve ter como um dos objetivos fundamentais proporcionar aos líderes condições de decidir acertadamente. E líderes devem permitir, estimular, desafiar, orientar e capacitar seus liderados a decidir também – são as bases do empoderamento.

Milhares de decisões são tomadas por dia nas empresas – algumas de forma inconsciente ou involuntária, outras de modo consciente, mas por vezes com pouca metodologia. A questão é que, em um mundo imediatista, de *games* em tempo real e interatividade total nas redes sociais, há pressão por decisões rápidas, quase imediatas. E essa pressa, aliada a um sem-número de informações – por vezes infundadas, repetitivas ou contraditórias –, pode prejudicar as decisões. O desafio é transformar informações em conhecimento e em sabedoria, com metodologia sistematizada, processos dimensionados e consolidados.

Aspectos conceituais

Decisões estratégicas devem levar em conta os norteadores da gestão estratégica: negócio, missão, visão, valores, metas etc. Embora seja óbvio, nem sempre se percebe tal condição nas empresas, ou porque não elaboraram adequadamente um plano estratégico, ou porque são levadas a ações reativas, com base em urgências administrativas.

Há um campo de estudos denominado neurogestão (*neurobusiness*) que busca compreender a base neural da liderança e das práticas de gestão. Descobre processos por trás das decisões e pode tornar os líderes mais eficientes e eficazes. Estudos neurofuncionais indicam que nós muitas vezes não tomamos as próprias decisões, pois não estamos no controle total de nossa mente; o cérebro não consegue analisar as situações de forma totalmente racional, avaliando todas as variáveis envolvidas. Assim, passa a descartar ou priorizar informações, manejar raciocínios e até inventar coisas para nos iludir e apressar – não por mal, mas como forma de economizar a energia do processamento dos neurônios. Muitas de nossas escolhas são definidas pelo cérebro antes mes-

Estratégias Empresariais

mo de chegarem à consciência, intuitivamente. Sem o pensamento intuitivo, seria extremamente difícil escolher roupas ou responder a perguntas banais; é ele que permite ao cérebro processar informações de forma rápida e certeira.

O psicólogo Daniel Kahneman discorre sobre dois sistemas que se mobilizam quando tomamos decisões. O *Sistema 1* (sistema rápido) dá vazão ao pensar intuitivo e automático, o que proporciona agilidade de decisões. Essa opção deveria ser prioritária apenas em decisões repetitivas, semelhantes, equivalentes, tais como as tomadas por cirurgiões ou bombeiros e em procedimentos operacionais. Já o *Sistema 2* (sistema *lento*) é reflexivo, toma base em análises detalhadas, ponderadas, é mais racional, avaliativo. Deve ser prioritário em decisões complexas, menos repetitivas e análogas, como as tomadas por técnicos esportivos e juízes de Direito e em procedimentos táticos e estratégicos.

A neurogestão diz que pessoas têm melhores rendimentos e resultados em ambientes privados, com menos interrupções e interferências externas. Distrações diminuem a atenção, reduzem a energia e impedem a formação de memória de experiência. Outras avaliações identificaram que críticas positivas tendem a acelerar e melhorar o fluxo de ideias e que ansiedade e estresse em níveis saudáveis costumam auxiliar.

O jornalista britânico Malcolm Gladwell avalia as impressões iniciais que temos sobre as situações; o cérebro pode usar duas estratégias diferentes: a da mente consciente, bloqueada, de análise elaborada e lenta; e a da mente inconsciente, livre, de pensamento rápido e frugal. Devemos cuidar com as interpretações perante essas duas mentes, pois a mente consciente pode ser sugestionada pela mente inconsciente, gerando dados confusos e decisões equivocadas, sobretudo se fizermos pré-julgamentos, analisarmos variáveis de forma superficial ou tendenciosa ou interpretarmos intenções e motivações dos outros de forma alterada, distorcida.

O cérebro humano é um órgão social, em busca de aceitação e sobrevivência em grupos, evitando ou diminuindo sofrimentos. Quando o sistema de defesa interno está em alerta, é mais difícil tomar decisões acertadas. E decidir implica abrir mão de opções não escolhidas, o que pode ser dolorido, frustrante, desmotivador, arriscado. Dessa forma, em grande parte de nossas decisões a mente desconsidera alternativas mais viáveis e parte para escolhas mais seguras, simpáticas ou emocionais.

O guru Peter Drucker divide as decisões em programáveis e não programáveis. Programáveis são as repetitivas, genéricas, operacionais, que podem se tornar processos ou gerar protocolos de resolução. As não programáveis são mais surpreendentes, de ocorrências únicas ou setorizadas, isentas ou raras de experiências anteriores, solicitam resoluções mais criativas e atingem esferas táticas e estratégicas.

Decisões intuitivas e decisões analíticas

Intuição é "coisa da nossa cabeça", mas não como se costuma indicar, algo sem explicação ou controle. É reflexo de pensamentos relacionais, com base em situações passadas e guardadas no sistema de memórias. No processo decisório rápido, intuição e memória de experiências optam pela primeira resposta que parece cabível e buscam convencer a mente de que aquela situação é análoga e que vale decidir com base na vivência anterior. O risco é, ao avaliar a decisão atual, considerar circunstâncias e variáveis diferentes como se tivessem o mesmo contexto.

Há quem defenda que devemos priorizar, se pudermos, decisões de apreciação instantânea, de modo que cada alternativa que venha à cabeça e se apresente satisfatória seja considerada até ser descartada. Mas, para que haja bom desempenho com essa metodologia, há que se ter elevado nível de conhecimento técnico (especialização), regularidade de condições, alta quantidade e qualidade de informações e pressão por prazos curtos e resultados satisfatórios. Um especialista de alta capacitação poderia chegar intuitiva e rapidamente a conclusões mais precisas e confiáveis do que uma equipe menos preparada que dispusesse de milhares de dados e medições técnicas e estatísticas.

Inicialmente, deve-se questionar se é mesmo necessário, possível ou favorável decidir; em caso afirmativo, se de maneira individual e centralizada ou de forma coletiva e compartilhada. A decisão a ser tomada deve sempre estar associada ao problema certo – assim, definir pormenorizadamente o problema é fator primordial. Por vezes, em um processo decisório maduro, leva-se mais tempo equacionando detalhadamente o problema que definindo opções de solução.

Estratégias Empresariais

Mostra-se favorável decidir com base em avaliação cuidadosa das alternativas e suas consequências, usando um sistema consistente de preferências para tentar escolher a melhor delas. Um dos riscos é optar por alternativas aceitáveis, razoáveis, ao invés da ideal ou da melhor possível – fica-se preso aos sintomas do problema, não se identificando o real problema e seu contexto.

Mesmo ao buscarmos decisões mais elaboradas, somos influenciados por crenças, interesses, experiências. Procuramos situações anteriores para justificar decisões em contextos diferentes; deixamo-nos iludir por números que compactuem com escolhas predeterminadas; usamos do artifício da urgência para escolher o que está mais próximo, sem nos deter nas consequências; falhamos em julgar de forma isenta e detalhada. O risco é se satisfazer com alternativas que resolvam o problema com base no mais diretamente perceptível, já que o aprofundamento é mais oneroso e lento.

O PTDE exercita o jogo de poder nas organizações; por conta desse jogo, é fundamental perceber as intenções e propósitos por trás das decisões: elas devem agradar ou satisfazer a alguém em específico? Devem ser mais políticas ou mais comerciais? Desejamos criar polêmicas ou gerar notícias? Estão apenas validando um processo já definido (são, portanto "quase decisões")? Por vezes, não se leva em consideração a ampla gama de soluções possíveis, mas apenas as que agradam aos superiores, a interesses específicos ou que não diferem do *status quo*.

Roy Baumeister e John Tierney discorrem sobre "fadiga de decisões", um esgotamento ocasionado pela quantidade de decisões críticas e impactantes que precisamos tomar, seja no contexto pessoal, familiar, corporativo ou social. Como resposta, tendemos a decidir de forma rápida e repetitiva, ou a decidir por não fazer nada. Uma forma de diminuir os sintomas pode ser normatizar ou uniformizar algumas das decisões menos relevantes ou importantes.

PTD estratégico em dez passos

1. Identificar se a decisão é necessária e caracterizar a situação como genérica ou única.
2. Perceber se a decisão deve ser individual ou coletiva; identificar envolvidos diretos e indiretos e acioná-los.

3. Observar, refletir, analisar, avaliar, mensurar, definir e estruturar detalhadamente o problema.
4. Detalhar objetivos, propósitos e intenções; identificar conflitos e relações entre tais fatores.
5. Definir critérios de escolha, descarte e definição, impasses e prioridades, sempre baseados nos norteadores da gestão estratégica.
6. Determinar opções, verificar restrições e limitações, expectativas e autonomias.
7. Avaliar e mensurar as opções perante as consequências de serem escolhidas ou descartadas.
8. Selecionar a opção que se mostre mais satisfatória; comunicar e convencer os principais envolvidos.
9. Transformar a opção definida em ação; envolver e empoderar os responsáveis por executá-la; acompanhar se as opções escolhidas foram executadas e solucionaram o problema.
10. Avaliar a eficácia do PTDE e sistematizar métodos; validar acertos e alterar o necessário.

Base para sistematização criteriosa do PTD estratégico

Elementos e fatores a considerar no PTDE: complexidade e incerteza de variáveis e cenários; reações e interferências de terceiros; pressões, expectativas e influência dos envolvidos (individuais e coletivas); pontos de vista múltiplos e conflitantes; reversibilidade da decisão tomada; limitadores e fatores de priorização (tempo, dinheiro, espaço, informações, capital humano, equipamentos); critérios de filtros decisórios (consenso, maioria, autoridade, capacidade técnica, lastro financeiro, agilidade de execução, concorrência).

Limitadores e bloqueadores: pressa ou ansiedade demasiadas; ausência ou conflito de critérios; letargia, apatia, paralisia ou insegurança; busca de condições ideais; centralização excessiva ou delegação falha; falta de autonomia e audácia; incoerência e inconsequência; confiança ou otimismo exagerados; tendência à visão binária ou excludente (sim ou não, esse ou aquele, só um ou outro); coleta e seleção apenas de informações que apoiam crenças e ações atuais; imediatismo e foco no curtíssimo prazo; falhas de comunicação.

Estratégias Empresariais

Como melhorar a metodologia: varie e amplie pontos de vista, busque ideias contrárias; submeta soluções a diversos setores e níveis hierárquicos; trabalhe de forma planejada e proativa; defina critérios antes de enumerar opções; alinhe competências aos desejos e necessidades; livre-se de preconceitos e falsas certezas; elabore listas escritas comparativas; exercite o autoconhecimento, o equilíbrio emocional e a condição de isenção; antes da decisão final, faça testes em pequena escala; selecione o comando com responsáveis conscientes e competentes; considere mudanças de cenários (há decisões tomadas meses antes da execução); faça o caminho inverso (das consequências da decisão para o problema e suas causas); evite ambientes de instabilidade (decide/"desdecide"/redecide).

Considerações finais

Na prática, a experiência mostra-se eficaz: o hábito de decidir adequadamente com frequência conduz à alta performance. A capacidade de avaliação intuitiva pode ser desenvolvida, desde que haja disposição para meses de estudo e prática para aperfeiçoar julgamentos rápidos. Já quanto ao pensamento lento-analítico, é possível desenvolvê-lo agindo com calma, reflexão sobre métodos e resultados, duvidando das próprias escolhas, opiniões e crenças, e com doses de audácia e disposição ao risco.

Decisões estratégicas precisam gerar compromissos com a ação, devem ser executadas, levando líderes, equipes, parceiros e fornecedores à busca de resultados. Caso contrário, todo o esforço será em vão, podendo nutrir desavenças, desmotivação, desconfiança, prejuízos financeiros, emocionais e de imagem.

Referências

BAUMEISTER, Roy e TIERNEY, John. *Força de vontade – a redescoberta do poder humano*. Lafonte.

GLADWELL, Malcolm. *Blink – A decisão num piscar de olhos*. Rocco.

Chip e Dan Heath. *Decisive – How to Make Better Choices in Life and Work*. Crown Business.

KAHNEMAN, Daniel. *Rápido e devagar: duas formas de pensar*. Objetiva.

KLEIN, Gary. *Fontes de poder: o modo como as pessoas tomam decisões*. Instituto Piaget.

SWAIM, Robert. *A estratégia segundo Drucker*. LTC.

15

Como facilitar sua gestão empresarial – experimente um jeito inovador, colaborativo e lúdico

Em um mercado complexo e competitivo, estratégias visuais desenvolvidas em equipe e centradas no ser humano vêm sendo cada vez mais utilizadas em organizações bem-sucedidas no mundo inteiro. Assim, apesento neste capítulo o *design thinking* e o *canvas*, que fazem uso da inteligência coletiva da organização e de seus *stakeholders*, trazendo como resultado soluções ganha-ganha nos principais desafios do século XXI

Gustavo Machado

Gustavo Machado

Tem mestrado nos EUA. Premiado internacionalmente, publicou trabalhos em mais de 20 livros. Professor de MBA, empreendedor e consultor de Negócios e Inovação. Tem larga experiência de mercado (Ambev, Carlsberg, Bradesco, Ipiranga, IBM, Compaq, Microsoft, Adobe, Edinfor, Promon, Ogilvy, Mc Cann Erickson, JW Thompson, RAC) e acadêmica, no Brasil e Canadá, incluindo Ocad University, The Art Institute of Toronto, Centennial College e Humber College. Fundador do DesignEducation.ca no Canadá. Representante no Brasil da ONG Design para Mudança. Atualmente é consultor associado da WK Prisma – Educação Corporativa Modular – Empresa de Treinamentos Empresariais, utilizando as mais inovadoras abordagens existentes no mercado mundial, adaptadas ao contexto brasileiro: Andragogia, Design Thinking, 6 Ds, Customer Development, entre outras.

Contatos
www.consultorinovacao.com.br
www.wkprisma.com.br
gustavo@gustavo-machado.com
wkprisma@wkprisma.com.br
(19) 99238-3918 / (19) 3308-7778

Gustavo Machado

Um dos problemas para grande parte dos gestores de pequenas e médias empresas consiste no foco voltado apenas para a operação do dia a dia e menos orientado para o pensamento e planejamento estratégico.

Mas são justamente as pequenas e médias empresas que, ao contrário das grandes, estão mais expostas às variações do mercado; elas precisam de fato perceber o ambiente competitivo com maior clareza e proteger sua posição para assegurar o resultado esperado.

Por acaso você anda sentindo a crescente pressão para que a geração de resultados se torne prioridade na sua agenda?

Em caso afirmativo, sugiro a aplicação do Modelo de Gestão Empresarial – MGE, centrado em forte liderança, metas agressivas, ações de impacto e altas expectativas de desempenho, de forma a facilitar o seu dia a dia.

Trata-se de um modelo que vai muito além dos números, pois também valoriza as pessoas, inspira-lhes confiança e libera seu potencial por completo.

Em linhas gerais, essa ferramenta estimula o gestor e sua equipe a remar na mesma direção: planejar, desenhar, visualizar, atuar e monitorar de maneira a otimizar resultados de impacto para os *stakeholders*.

Pesquisas revelam que 45% da receita de uma organização são gerados pelos melhores gestores da empresa.

"Nenhuma empresa é melhor do que o seu administrador permite".
(Peter Drucker)

Por que utilizar um Modelo de Gestão Empresarial – MGE?

- Para alinhar as ações-chave da gestão empresarial de uma forma dinâmica, prática, inspiradora, colaborativa e factível.
- Para estimular a equipe a um objetivo comum: planejar, atuar e monitorar de maneira a maximizar o lucro, de forma sustentável.

É dessa maneira que a construção de um MGE se torna uma eficiente estratégia de negócios: sua organização sai do contexto atual e entra no contexto desejado.

Como facilitar o entendimento do seu MGE?

Visualizar um MGE antes de formatá-lo auxilia o gestor a entender como a sua empresa, unidade ou área irá ganhar dinheiro e o que é preciso fazer para transformar a estratégia em ação e resultados.

Para melhor visualização das possíveis soluções, recomendamos usar a metodologia do *canvas*: uma ferramenta desenvolvida para organizar, em linguagem comum e uma única folha, ideias sobre como buscar resultados de impacto, através do preenchimento de itens com *post-its* em um quadro (ver figura 1).

Estratégias Empresariais

Quais são os componentes-chaves do MGE

Modelo de Gestão Empresarial
MGE

Objetivos - Crescer - com lucro - de forma sustentável				
O que queremos		Onde queremos chegar		

Estratégia - Obter vantagem competitiva a partir da diferenciação				
Cenário	Proposta de Valor	O que facilita Oportunidades Pontos fortes	O que restringe Ameaças Pontos Fracos	

Prioridades - Montar uma Agenda de Prioridades de impacto				
Focos Colaborador	Foco Cliente	Foco Fornecedor	Foco Comunidade	Foco Investidor

Pessoas - Tormar se um Gestor cobiçado				
Estrategista	Executor	Líder	Clima	

Organização - Desenhar uma Organização que aprende				
Informação	Conhecimento	Criatividade	Inovação	Mudança

Monitoramento - Gerenciar resultados - com soluções da TIC				
Finanças	Cliente	Processos	Aprendizado	

O objetivo, neste caso, é estimular novas ideias e desenhar de forma estruturada, inovadora, instigante, colaborativa e lúdica a construção, alteração ou avaliação de um Modelo de Gestão Empresarial, buscando soluções "fora da caixa" para tal empreitada.

Por sua vez, para melhor aproveitamento de soluções, sugerimos a aplicação do *design thinking* (modelo mental baseado no *Design*), que facilita enxergar oportunidades antes não percebidas e atuar de forma livre, mas sem se perder no abstrato, pois o foco é utilizar a criatividade de forma colaborativa para geração de ideias e implantação de soluções a partir das reais necessidades dos *stakeholders*.

Indo além, é possível ainda simular as experiências de forma a validar tanto a lógica quanto a viabilidade da gestão, sob critérios como compatibilidade dos interesses dos *stakeholders*, compreensão do papel do gestor como interface entre direção e operação, entendimento da importância e impacto das pessoas nos resultados, bem como melhoria na solução de problemas gerenciais.

Ambas as abordagens, tanto o *canvas* quanto o *design thinking*, podem ser utilizadas em qualquer empreendimento, de qualquer segmento e de qualquer tamanho.

Quando construir o seu MGE?

O momento certo para empregar o *canvas* e o *design thinking* ocorre no instante em que a organização decidir profissionalizar a sua gestão empresarial.

Bom, e quais são os passos necessários na construção do seu MGE?

Da mesma forma que um arquiteto desenha uma planta antes de construir uma casa, um gestor deve desenhar um Modelo de Gestão antes de começar a administrar o seu negócio.

Passo 1 – Definir objetivos arrojados
- O que queremos ser?
- Aonde queremos chegar? (ver figura 2)

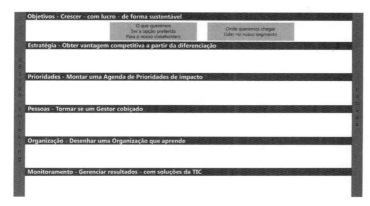

Passo 2 – Elaborar uma estratégia sustentável
A proposta de valor – em poucas palavras: maximizar os resultados para os *stakeholders* (ver figura 3).

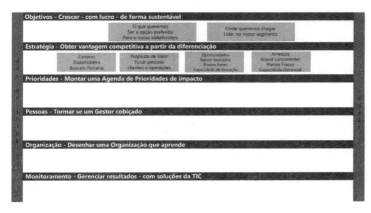

- Cenário: O que os *stakeholders* buscam?
- Proposta de valor
- Análise Swot:

    1. O que facilita?
    2. O que restringe?

Estratégias Empresariais

Passo 3 – Montar uma agenda de prioridades de impacto (que seja mais to-do list e menos wish list)
- Ex: engajamento das pessoas
- Dedicar mais tempo para a equipe;
- Realizar reuniões das equipes com foco em resultados;
- Colocar na mesa escolhas para decisão em equipe;

Mensurar os resultados das reuniões em conjunto (ver figura 4).

Quais são os componentes-chaves do MGE

Modelo de Gestão Empresarial
MGE

Passo 4 – Tornar-se um gestor cobiçado
Entenda o impacto das pessoas no resultado.
Ex: sabendo buscar interação;
- Sabendo transferir atividades;
- Dando espaço para desenvolver seu potencial produtivo;
- Sabendo criar paixão pelo trabalho – seu e dos outros (ver figura 5).

Quais são os componentes-chaves do MGE

Modelo de Gestão Empresarial
MGE

Gustavo Machado

Passo 5 – Desenhar uma organização que aprende e inova sistematicamente e de forma contínua
- Incentivando a criatividade na geração de ideias fora da caixa;
- Direcionando a Inovação na entrega de soluções que tragam resultados
(ver figura 6).

Passo 6 – Monitorar resultados de forma participativa
- Traduzir a estratégia em ação e resultado através de placares digitais envolventes (mais indicado: *balanced scorecard*– ver figura 7).

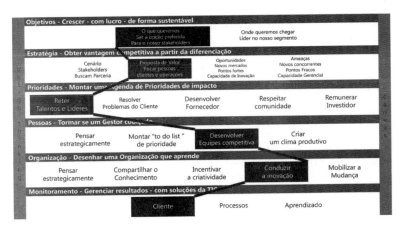

Estratégias Empresariais

O que então deve ser feito?

- Monte o caso da sua realidade preenchendo o quadro *canvas*;
- Priorize cada item conforme o peso que você atribui a cada um deles;
- Conecte os itens de maior peso.

Como resultado, você chega a um quadro que indica o caminho crítico da sua gestão empresarial, conforme a imagem a seguir (figura 8):

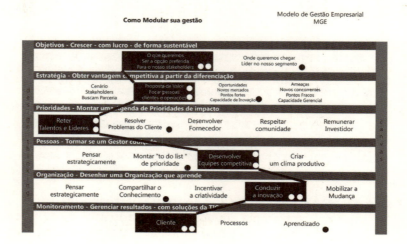

Mas não se esqueça: faça tudo junto com sua equipe, de maneira participativa e clara, obviamente. ;-)

No final de um período a ser definido por você em conjunto com a sua equipe, torna-se mais fácil realizar uma avaliação de desempenho, marcando os itens do caminho crítico conforme o resultado (alarmante em vermelho, crítico em amarelo, tudo bem em verde). Nesse instante você acabou de identificar o(s) item(ns) que necessita(m) de uma ou mais ação(ões) corretivas, a ser(em) discutida(s) pelo grupo.

Em suma: o *canvas* do Modelo de Gestão Empresarial consiste em uma ferramenta estratégica desenvolvida para facilitar o seu dia a dia. Ficou com vontade de utilizá-lo? Quer experimentar? Baixe-o gratuitamente no site e comece a colocar em prática essa nova forma de administrar o seu negócio!

16

Construtores da excelência e a "simplicidade" de Drucker

O Brasil tem empresas que poderiam atingir uma competitividade global e não o fazem, não só pelos custos impostos a elas pelo governo, mas, também, pela fragilidade de suas lideranças e do comportamento desfocado que adotam quando suas empresas atingem um relativo sucesso e os colocam na condição de estrelas do *management by magazine*, fazendo com que percam a simplicidade que os levou ao topo, se contentem com o bom a que chegaram e percam a chance de chegar ao ótimo a que poderiam chegar

João D. Caetano de Oliveira

João D. Caetano de Oliveira

Economista, empresário, consultor e palestrante, pós-graduado em Planejamento Empresarial (INPG), Gestão Empresarial (FGV) e Mediação e Arbitragem (UNIVILLE), iniciou a carreira em tecnologia da informação, área em que foi técnico e executivo de desenvolvimento de *software*. Depois de 20 anos, migrou para a gestão empresarial atuando à frente de uma consultoria especializada na recuperação de empresas e implementação da gestão estratégica, com utilização do Balanced Scorecard e do MEG, da Fundação Nacional da Qualidade. Deixou a empresa de consultoria para dirigir uma fábrica de peças automotivas tendo sido fornecedor premiado, várias vezes, nesse setor. Atualmente é diretor e sócio da Estado da Arte Construções e Incorporações Ltda., com cuja empresa pretende trazer novos paradigmas para o setor da construção civil. Fundador da ABRAPI – Associação Brasileira dos Pagadores de Impostos e Conselheiro da Ordem dos Economistas de SC. Está iniciando como empreendedor digital.

Contatos
jcaetanodeoliveira@gmail.com
https://www.facebook.com/Jcaetanodeoliveira
(47) 9968-6158

João D. Caetano de Oliveira

"Todas as inovações eficazes são surpreendentemente simples. Na verdade, o maior elogio que uma inovação pode receber é haver quem diga: Isto é óbvio! Por que não pensei nisso antes?"

Peter Ferdinand Drucker

Em uma economia global e inteiramente integrada como a atual, qualquer movimento de mercado, por parte de um país, de uma grande empresa ou de um bloco econômico específico, impacta imediatamente sobre os demais *players*, mesmo aqueles que nem estão próximos dessa turbulência. Tais mudanças provocam crises ou conflitos comerciais que podem afetar, positiva ou negativamente, terceiros que não tenham relação direta com o conflito, mas que fazem parte da cadeia produtiva afetada. Isso implica riscos elevados, eventualmente, e exige algum tipo de blindagem, para evitar perdas competitivas.

Existem vários países que atuam com estratégia de Estado, como China, Rússia, Coreia do Sul, Japão e outros. Também existe atuação articulada no bloco do Mercado Comum Europeu e alguns outros blocos menores. No Brasil não se percebe tendência semelhante, isto é, uma ação mais articulada e inteligente que busca uma estratégia conjunta entre governo e empresas, apesar do esforço dos empresários e suas entidades nesse sentido. Desde 1990, quando o Brasil abriu sua economia, o empresariado busca mais competitividade e reclama apoio do governo, sobretudo em um esforço de redução do custo Brasil, sem qualquer sinal de sucesso. Desde aquela época o governo se diz sensibilizado com as demandas empresariais, mas a carga tributária, que é a rubrica que mais fortemente representa o "custo Brasil" tem subido constantemente sem um único período de queda.

Portanto, os fatos indicam que o governo brasileiro representa apenas um peso adicional para as empresas e não colabora em nada para o desenvolvimento do país desde o II PND (período de 1975 a 1979). De lá até aqui se passaram todos esses anos, sem qualquer inteligência explicitamente aplicada em favor da construção de um futuro para o país.

Como a globalização não é uma opção, as empresas, inclusive as brasileiras, precisam obter condições competitivas muito altas para superar todas as adversidades decorrentes desse período e

Estratégias Empresariais

da falta de apoio local para suas estratégias de inserção competitiva. De fato, os últimos 35 anos nos mostraram um Brasil que se desenvolve, ou não, em ciclos de quatro anos, determinados pela orientação pura e simples do governante da vez.

Mas, se o Brasil não tem um projeto estratégico, isso não significa que as empresas também devam abandonar as suas práticas estratégicas. Qualquer organização e qualquer governo, assim como qualquer país, precisa ter um planejamento estratégico que oriente as ações de longo prazo a fim de se evitar que os investimentos deixem de ser otimizados. O Brasil precisa parar de ter altos volumes de recursos desperdiçados apenas por falta de uma inteligência administrativa ou de um alinhamento mínimo entre as ações de governos que se alternam ou se sucedem a cada quatro anos.

Em um país como o Brasil, a importância do planejamento estratégico é muito clara. Nas palavras de Philip Kotler: "o planejamento estratégico é uma metodologia gerencial que permite estabelecer a direção a ser seguida pela organização, visando maior grau de interação com o ambiente". Ou seja, trata-se do pulsar do coração e da energia vital da empresa, de sua cultura e da atitude de sua liderança frente aos desafios crescentes vindos da integração global. Ou, nas palavras de Henry Mintzberg: "o Planejamento Estratégico é uma forma de pensar no futuro, integrada no processo decisório, com base em um procedimento formalizado e articulador de resultados". E, principalmente, nas palavras do maior de todos os teóricos da administração, Peter Ferdinand Drucker, para o qual "o planejamento estratégico não diz respeito a decisões futuras, mas às implicações futuras de decisões presentes".

Cabe observar que, de uma mesma forma, Kotler, Mintzberg e Drucker colocam o planejamento estratégico como um processo capaz de orientar a tomada de decisões. Drucker, aliás, é bastante claro ao afirmar que "o planejamento diz respeito às implicações futuras de decisões presentes", portanto, ele deve ser levado em conta em cada uma das decisões tomadas no presente, para que a empresa aumente as suas chances de chegar aos objetivos que pretende atingir no futuro.

Peter Drucker diz "planejamento é a tomada de decisão antecipada, algo que podemos fazer antes de agir. Pode ser considerado o 'plano de voo' que gere o negócio das empresas, definindo as

João D. Caetano de Oliveira

escolhas e caminhos com o objetivo de atingir uma situação futura. Não basta ter somente as estratégias bem definidas, é necessário prever os caminhos que a empresa quer seguir, pois de nada adiantam as boas ideias se elas não saírem do papel." Ele deixa clara a necessidade e a importância da gestão da estratégia, que é a ação administrativa capaz de colocar em ação o planejamento e levá-lo à realização, tirando-o do papel.

As empresas brasileiras, pelo fato de serem brasileiras enfrentam adversidades e problemas maiores do que suas concorrentes internacionais e, graças a isso, correm riscos muito altos, porque vivem brigando, antes de tudo, pela sobrevivência, diante dos custos absurdos que lhes impõe o Estado Brasileiro, o que as leva à necessidade de serem mais competentes internamente que suas concorrentes externas, caso contrário, não terão como construir ganhos maiores que os construídos por aquelas e, sem isso, ficarão também sem a competitividade adicional necessária para compensar o custo maior que é imposto pela obrigação de carregar o "custo Brasil". Resumindo, as empresas brasileiras devem ser muito melhores que suas concorrentes, para que possam ser competitivas sendo brasileiras.

Para alcançar essa superação nada é mais importante que a implementação efetiva de uma gestão estratégica, séria e competente, focada na manutenção de um projeto competitivo capaz de administrar as complexidades do mercado e, se possível, inovar. Segundo Bill Gates, "as únicas grandes companhias que conseguirão ter êxito são aquelas que considerarem os seus produtos obsoletos antes que os outros o façam".

As lideranças empresariais brasileiras precisam superar o chamado "complexo de vira-lata" prevalente no país e passar a acreditar na possibilidade de produzir inovação como instrumento de conquista de novos mercados. Afinal, como dizia Peter Drucker: "Nenhuma empresa é melhor do que o seu administrador permite". E é Drucker ainda quem diz que "A inovação sempre significa um risco. Mas ir ao supermercado de carro para comprar pão também é arriscado. Qualquer atividade econômica é de alto risco e não inovar é muito mais arriscado do que construir o futuro", e completa "O conhecimento não está vinculado a país algum. É transnacional, é portátil. Pode ser criado em qualquer lugar, de forma rápida e barata. Ele é, por definição, mutável".

Estratégias Empresariais

O processo de inovação tem seu alicerce fundamental na cultura organizacional, por isso é inevitável que cheguemos à enorme responsabilidade da liderança na construção de uma empresa capaz de desenvolver uma cultura competitiva.

A liderança construtora de excelência tem algumas características indispensáveis:

1. É atualizada em relação a todas as tendências dos mercados de interesse da organização, das tecnologias capazes de implementar melhorias e ganhos para a empresa e dos modelos de administração, sobretudo de seu capital intangível, no qual, normalmente, inclui-se a inovação ou sua fonte;

2. Utiliza-se de um planejamento estratégico empresarial como instrumento para agilizar as decisões do dia a dia, para dar conhecimento a toda a organização de suas intenções e de sua visão de futuro;

3. Tem valores sólidos e age sem abrir mão dessa solidez de valores, criando credibilidade no dia a dia e solidificando a liderança para intensificar sua capacidade de conquistar seguidores para suas causas;

4. Faz da gestão da estratégia a sua prática diária, de modo a assegurar a conquista dos objetivos planejados, mesmo diante das maiores adversidades, porque a gestão estratégica é que viabiliza as adaptações necessárias à realização dos objetivos do planejamento estratégico ou objetivos estratégicos;

5. O líder é inspirador e seus objetivos estratégicos são capazes de fazer com que as pessoas da organização se integrem e se sintam parte de um time preparado para fazer diferença em seu setor e vencer, em qualquer circunstância;

6. Acredita no trabalho em equipe e se empenha para construir um time qualificado, competente e integrado como se exige para a construção de uma empresa de excelência e alta competitividade;

7. Está sempre presente e à frente, na busca de atualizações tecnológicas, administrativas e de gestão, de modo a fazer a organização se posicionar como um paradigma de liderança em seu mercado de atuação;

8. É altamente focado nos objetivos estratégicos da organização de maneira que não perde oportunidades para avançar no sentido dos objetivos estabelecidos, sejam eles tangíveis ou intangíveis;

9. Sabe que ajudar as pessoas mais necessitadas é a tarefa fundamental daqueles que são capazes de gerar recursos, além daqueles estritamente necessários para a própria manutenção e desenvolvimento, portanto, faz da sua empresa uma organização atuante na sociedade em que vive e sempre presente através de programas de melhoria das condições de vida da sociedade circunvizinha.

10. É corajoso e competente porque não é possível inovar sem ter a coragem de fazer primeiro o que os demais não fizeram porque ficaram paralisados pelo medo, que decorre da falta de confiança cuja causa é a incompetência.

É bom lembrar, contudo, que não existe liderança sem essas qualidades, portanto o que as empresas precisam é parar de confundir chefes com líderes e aparelhar-se sob o comando de lideranças efetivamente capazes de produzir excelência e sucesso.

Tudo parece muito complexo e difícil para as empresas brasileiras, mas até o impossível somente o é até que alguém o faça. É preciso sair do imobilismo e agir em busca de uma nova cultura para as empresas brasileiras, uma cultura que faça de cada uma delas uma empresa altiva, confiante e segura de seu espaço como agente de transformação na economia globalizada, na qual está inserida e tem seu papel e sobre a qual tem sua responsabilidade.

Aqui mesmo no Brasil estão presentes todos os instrumentos e todas as ferramentas necessárias para a construção das empresas que esses novos líderes, os construtores da excelência, necessitam para concretizar a organização que servirá de paradigma para este novo momento a ser construído:

1. Um verdadeiro planejamento estratégico empresarial, elaborado com base na visão da liderança principal da organização e retratando os objetivos futuros que essa liderança quer para a empresa;

Estratégias Empresariais

2. Um modelo estratégico de gestão para a empresa, nos moldes do Modelo de Excelência na Gestão, da Fundação Nacional da Qualidade, comprovadamente capaz de conduzir as empresas para uma gestão de excelência, concedendo-lhes resultados superiores aos dos concorrentes;

3. Um sistema de gestão da estratégia, como o *balanced scorecard* de Robert S. Kaplan e David P. Norton, que ainda se apresenta como o instrumento de maior lucidez e qualidade para esse tipo de gestão. O *balanced scorecard* é a ferramenta mais eficaz para suportar o processo de gestão estratégico voltado à efetiva concretização dos objetivos planejados.

Com a utilização dessas ferramentas, disponíveis para qualquer empresa brasileira, e com uma liderança focada no objetivo de transformar a empresa em um modelo de excelência, é certo que a questão da competitividade da empresa se resolverá, pois a excelência, nada mais é que uma decisão de fazer o melhor, de fazer benfeito e de melhorar sempre, oferecendo ao cliente sempre mais do que foi contratado. É simples assim, para confirmar as palavras do grande guru da administração, Peter Ferdinand Drucker, segundo o qual *"Todas as inovações eficazes são surpreendentemente simples. Na verdade, o maior elogio que uma inovação pode receber é haver quem diga: Isto é óbvio! Por que não pensei nisso antes?"*.

Reid Hoffman, fundador do LinkedIn, afirma que "Empreender é como saltar de um penhasco e construir o avião durante a queda". A empresa brasileira é capaz de construir esse avião, os líderes empresariais precisam ter a consciência e a crença nessa verdade, porque é dessa construção que o Brasil precisa. O melhor, portanto, é não permitir que a queda se prolongue por muito tempo e iniciar logo a construção do avião. É com ele que as empresas brasileiras vão pairar sobre as demais e fazer a diferença de que são capazes em um mundo tão competitivo e ao mesmo tempo tão cheio de oportunidades para quem, como o brasileiro, tem a faísca da genialidade sempre pronta a disparar e fazer surgir o inesperado.

Construtores da excelência são esses novos líderes empresariais, capazes de construir as empresas do futuro, com as suas geniais sacadas de simplicidade!

17

Estratégias para uma carreira, empresa e equipe de sucesso

Caro leitor, este é um artigo fascinante que vai mostrar a importância em se conhecer melhor a cada dia, compartilhar o conhecimento, aprender com o outro e conduzir-se de maneira que desperte nas pessoas e instituições o prazer em serem parceiras comprometidas com as ideias que levarão ao crescimento de nossa carreira e empreendimentos. O foco é manter a motivação e contarmos com pessoas criativas e comprometidas que nos movam rumo ao sucesso. Reflita sobre isso!

João Vidal

João Vidal

Consultor empresarial e palestrante. Autor do livro Vender é a arte de crer. Coautor dos livros Consultoria empresarial, Coach alta performance, Marketing pessoal aplicado aos relacionamentos (Editora Ser Mais) e Liderança estratégica (Editora Leader). Lançou os DVDs e CDs Como crescer em vendas I e II. É autor do DVD Motivação é o combustível. Formado em Coach Life pela Abracoaching. Fundador e diretor da Joerk Consultoria em Vendas. Atua no segmento de treinamento para liderança, motivação e vendas há 23 anos. Já levou os seus cursos e palestras a várias empresas e órgãos, como Sebrae MG, Associação Comercial de Minas Gerais, Centro Universitário Newton Paiva, Centro Universitário Unatec e Promove.

Contatos
www.joerk.com.br
vidalcursos@joerk.com.br
(31) 3275-0192 / (31) 8686-0093

João Vidal

Falar de estratégias é algo muito prazeroso e que mexe com a motivação, a criatividade, a vaidade pessoal, o desejo e, muitas vezes, com a necessidade de se recriar a cada dia.
Quando se pensa em estratégias para pequenas e médias empresas, pensa-se também em criatividade, liderança, capacidade de motivar as pessoas a ter prazer em se superar e acreditar cada vez mais em si mesmas, comprometendo-se com os ideais da empresa.

É preciso dominar a arte de levar as pessoas a abraçar a causa, a darem o melhor de si e fazer com que a grandeza da empresa seja bem mais o material humano do que pura e simplesmente recursos financeiros, produtos e serviços.

A ótima qualidade de produtos e uma política de vendas competitiva não é mais o diferencial, mas ação necessária para nos mantermos no mercado. Hoje a competitividade é cada vez mais forte em todos os aspectos e segmentos.

Para criar e trabalhar uma estratégia com fins profissionais, pessoais, políticos, religiosos e tantos outros caminhos que podemos citar, é necessário contar com o melhor de cada um em cada departamento, e para que isso aconteça eu penso que, entre tantos pontos a serem analisados e aplicados, podemos considerar que os doze itens a seguir são indispensáveis.

Posicionamento

É muito importante sabermos quem somos como pessoa e empresa e o que representamos para as pessoas e o mercado em geral.

Na minha experiência como consultor e palestrante, tenho encontrado pessoas e empresas que, apesar da idade e do tempo de mercado, não conseguem mensurar exatamente onde e como elas se encontram no posicionamento da sua carreira e/ou contexto empresarial.

Quando conhecemos e temos o controle do nosso posicionamento, temos condições de avaliar o quanto valem os nossos produtos e serviços, o que podemos agregar de novos valores pela capacidade de perceber as mudanças, exigências e carências do mercado.

Posicionamento é parte integrante de uma estratégia. Em tudo na vida precisamos ter um posicionamento e saber onde e como estamos, de onde e para onde vamos, como e quando chegar, os prós e os contras.

Estratégias Empresariais

O posicionamento seguro forma uma base sólida para a execução de uma estratégia bem-sucedida.

Criatividade

A criatividade é indispensável e precisa ser vista como a chave que abre as portas da mente, no sentido de recriar, e, quando for viável, aproveitar o que já existe diante de nós, ou até mesmo chamar à existência algo que ainda não existe – por isso se chama criatividade.

Podemos criar muitas coisas sozinhos, mas isso não quer dizer que somos autossuficientes e não precisaremos compartilhar com outras pessoas a nossa criatividade.

Podemos criar excelentes projetos e realizar grandes feitos com a ajuda de outras pessoas de forma direta, indireta e trabalhando em equipe. Faz muito bem ver a participação de mais pessoas na criação de novas ideias, projetos e caminhos.

Lembre-se: vivemos em um mundo de coletividades; até mesmo para recebermos críticas e elogios, aprovações e desaprovações nós dependemos das outras pessoas.

Planejamento

Não podemos sair por aí executando sonhos e desejos sem um planejamento, pensando que vai dar tudo certo.

O planejamento não dá a garantia de 100% de assertividade, mas tem por finalidade nos orientar em nossas atitudes com uma grande margem de segurança.

Antes de qualquer atitude, precisamos responder a nós mesmos pelo menos as seguintes perguntas, dentro do nosso propósito em questão:

- Eu me identifico com essa carreira ou tipo de negócio?
- É o momento oportuno e é interessante para mim?
- Eu tenho amor pelo que me proponho fazer?
- Eu tenho experiência? Domino esse segmento?
- Estou disposto a investir incansavelmente na busca de novos conhecimentos?

João Vidal

- Tenho recursos para investir na minha carreira, abertura ou expansão da minha empresa?
- Se não tenho os recursos, onde e como vou conseguir?
- As taxas de negociações estão dentro de uma realidade saudável para mim no presente e segura para o futuro?
- A cidade, o local, o público têm o perfil e precisam dos meus produtos e serviços?
- Há concorrentes no local desejado? Existe mais espaço e procura por meus produtos e serviços?
- Após responder a essas perguntas aparentemente simples, mas indispensáveis, podemos então planejar os passos a serem dados e seguidos.

Confiança

Confiar em si mesmo e nas pessoas previamente selecionadas para conviver com você e compartilhar suas ideias, ideais e projetos da sua empresa é muito importante para sua paz de espírito e segurança, porque só dessa forma será possível administrar os projetos, seguindo uma rotina diária de motivação, comprometimento e produtividade.

Atitude

Ter criatividade, planejamento e confiança é indispensável no contexto de qualquer projeto pessoal, profissional e empresarial, mas isso só toma forma, vida e passa a existir de verdade quando temos atitude e agimos para que pensamentos e sentimentos se tornem realidade.

Foco

Podemos ver e aprender com muitas pessoas, situações e profissões que nos inspiram a ter foco naquilo que fazemos, como:

- um arqueiro, seu arco e sua flecha;
- um jogador de futebol quando vai bater um pênalti;
- um médico quando está fazendo uma cirurgia;

Estratégias Empresariais

- um motorista quando está dirigindo um automóvel ou um carro maior;
- um lutador de artes marciais.

Há inúmeros exemplos que demonstram a necessidade de se preparar bem e de ter, manter e jamais perder o foco, porque isso poderá comprometer o seu resultado, da sua equipe e causar até a perda de vidas.

O foco e sua manutenção diária durante um processo pessoal, profissional e empresarial é que determinam o padrão de comprometimento com os objetivos.

Então se prepare, mantenha o foco nos seus objetivos e leve sua equipe também a se manter motivada e focada.

Assertividade

Qual é o seu nível de assertividade, da sua equipe e sua empresa?

Estabelecer metas e datas para fazer avaliação dos resultados e avaliar o nível de assertividade faz com que a empresa tenha conhecimento da real situação e das condições de compartilhar com a equipe elogios e cobranças, quando forem necessárias.

Crescimento

- **Resultados negativos:** quando os resultados deixam a desejar em algum departamento ou no todo da empresa, isso gera muito desconforto, traz insegurança e é natural desencadear uma cobrança que, às vezes, é feita sem um planejamento focado nas relações humanas, motivação e comprometimento.

Isso é ruim porque gera muita confusão, conflito, sentimento de culpa e não leva aos resultados positivos desejados.

- **Resultados positivos:** quando os resultados são positivos, a motivação flui com mais leveza e se cria um clima de descontração, dando à equipe uma sensação de conforto e seguran-

João Vidal

ça. É nesse momento que a liderança da empresa precisa estar atenta, no sentido de não deixar a equipe relaxar excessivamente devido a essa sensação.

- É claro que se pode cobrar mais da equipe, mesmo em momentos de crescimento; mas a forma de cobrar é totalmente diferente, porque é um momento de motivação e elogios sinceros, acrescidos de frases fortes, como:
- Meus parabéns você está cada dia melhor.
- Você está se superando, consegue e merece metas e resultados maiores.
- Eu e nossa empresa confiamos em você, precisamos do seu trabalho e contamos com seu talento.

Mudanças

A única certeza que temos é de que tudo está mudando o tempo todo: a natureza muda, as pessoas mudam, a tecnologia muda, a concorrência muda. E você, o que está fazendo para ser mais bem informado, profissional e competitivo no seu segmento?

Competitividade

A competitividade é algo natural, sempre existiu e continuará existindo, pois faz parte do nosso crescimento em todo os aspectos.

Desde que se iniciou a nossa gestação, entramos em um processo de competição e vencemos a primeira contra bilhões de espermatozoides, por isso estamos aqui.

Competir é algo natural entre animais, pessoas, equipes e empresas; competir é bom. É por meio das competições que podemos conhecer melhor o nosso potencial e mesmo quando não chegamos aonde queremos, podemos aprender com as nossas falhas e limitações e nos preparar melhor para o futuro.

Prepare-se, recrie-se, divulgue-se, motive-se, mostre o seu diferencial, seja mais competitivo e tenha o prazer de crescer cada dia mais e ser melhor em todos os aspectos.

Estratégias Empresariais

Seja positivo

Agradeça sempre, mantenha sempre a sua mente e seu coração com pensamentos e sentimentos positivos, seja técnico, detalhista e observador, e nunca deixe de acreditar que tudo nasce primeiro na mente de cada um.

Se você tiver um sonho e não acreditar, ele não se realizará; se você acreditar, ele se tornará realidade pelo poder da própria força criadora que existe em você.

Sonhe mais, acredite mais em você, nos seus sonhos e nas pessoas, prepare-se e vá em frente.

Agradeça sempre

A prática do agradecimento gera em nós o sentimento contínuo da gratidão, que nos move em direção a pessoas de sentimentos e pensamentos positivos, fazendo com que a nossa caminhada e as tarefas diárias se tornem mais prazerosas. Sendo assim, exercemos uma influência positiva e construtiva em nossa convivência com as pessoas.

Considerando esse comportamento, torna-se mais fácil conquistar a atenção, o desejo e o comprometimento das pessoas com as nossas ideias e objetivos, ficando assim bem mais fácil a liderança de equipes e a conquista de resultados positivos em todas as áreas da vida.

Um forte abraço e que Deus o abençoe sempre!

18

Estratégia, estratégia, e mais estratégia = planejamento estratégico

A globalização requer agilidade e foco nos rumos escolhidos. Gerir com estratégia é priorizar atenções e recursos em resultados focados nos anseios da sociedade, que paga, e muito bem, por isso. Conduzir cada elemento-chave da criação, produção e gestão de valor em um negócio é antecipar-se sabiamente aos itens planejáveis, que trarão retorno concreto ao capital investido. Aproveitem o conteúdo!

Jorge Ruffini

Jorge Ruffini

Engenheiro mecânico, especializado em Engenharia de Operações Ferroviárias e de Segurança do Trabalho. Pós-graduado em Política e Estratégia pela Adesg/ESG e em Gestão da Qualidade Industrial e de Serviços pela UFBA. Coautor do livro Consultoria empresarial (Editora Ser Mais). Idealizador do Portal INeG Consultoria, que disponibiliza artigos de sua autoria. Tem experiência nas áreas de Gestão Organizacional e Empresarial; Certificações em Sistemas de Gestão da Qualidade, Ambiental, Saúde, Segurança e Responsabilidade Social; Relações Institucionais; Gestão de Vendas; Assistência Técnica e Manutenção Mecânica. Possui conhecimentos profissionais acumulados por mais de 40 anos, dos quais mais de 31 na Petrobras, sendo mais de 20 em consultorias, auditorias e avaliações de sistemas empresariais. Auditor Líder ISO 9001 pelo RAC/Inmetro (2000 a 2006) e David Hutchins International (1993). Auditor ambiental (2003). Examinador do PNQ (1993 e 1994). Condecorado Amigo da Marinha do Brasil (1990).

Contatos
www.inegconsultoria.com.br
contato@inegconsultoria.com.br
www.facebook.com/inegconsultoria
Skype: ruffinij
(71) 8645-0711

Jorge Ruffini

Planejamento estratégico – PE

Partimos da premissa de que a empresa existe, seu mercado, colaboradores, clientes, fornecedores, parceiros, produtos ou serviços e instalações estão definidos, bem como os demais elementos para o seu funcionamento.

Planejar estrategicamente é viabilizar soluções que atendam às oportunidades de negócio demandadas pelos ambientes externo ou interno à empresa, a partir do melhor aproveitamento dos seus recursos internos. Isso significa avaliar, rever e melhorar a situação atual perante aos seus interlocutores, definindo ou redefinindo objetivos, metas e estratégias, na busca de melhorias que atendam aos novos anseios do mercado. Em síntese, partir do momento atual, e com novas soluções atingir novos patamares em curto, médio ou longo prazo. Oportunamente, alternaremos os termos "empresa" e "negócio", de acordo com o sentido ou conteúdo, em discussão ou análise.

Liderança

O líder conduz liderando. Se ele lidera bem, ótimo, se não, a empresa é seu espelho. Líder é o empreendedor, empresário, dono, presidente, diretor, superintendente, gerente ou outra função que esteja com a responsabilidade máxima, pela condução do negócio e seu PE. Ele deve capacitar-se para dominar o tema, de forma direcionada às necessidades e responsabilidades da função. É fundamental o seu conhecimento do conceito, lógica e dos resultados, propostos ou esperados. Capacitação similar deve ser destinada aos integrantes de funções hierárquicas superiores, e de igual modo, para os demais participantes do PE, em doses apropriadas às necessidades e responsabilidades de cada um. Assim, eles devem dar o exemplo, conduzindo o processo, estabelecendo prazos, acompanhando, avaliando, validando, cobrando resultados, supervisionando os seus pares e comandados diretos, e responsabilizando-se diretamente pelo resultado final do PE, seja ele positivo ou negativo.

Comitê Gestor-CG

Somado ao papel do líder, a empresa deve eleger um CG, formado pelos ocupantes das suas funções mais representativas, que terá a missão de conduzir o PE nas suas etapas de elaboração, execução e implementação. O CG deve ratificar para cada titular de função

Estratégias Empresariais

gestora, a sua responsabilidade proporcional pelo êxito ou fracasso na implementação do PE.

Identidade Organizacional da Empresa–IOE: missão, visão e valores

Três elementos básicos devem ser definidos inicialmente: missão, visão e valores, eles compõem a identidade organizacional da empresa.

Missão: demonstra para o mercado o propósito da empresa, aquilo em que ela e todos os seus colaboradores creem, desde o posto mais humilde ao mais alto escalão; é a razão de ser daquele negócio e mostra como ele contribui com os benefícios que disponibiliza para a sociedade. Na prática, a formulação da missão é demonstrada em uma declaração onde a empresa divulga o que faz, a quem se destina o que ela faz e como ela o faz. Ex.:"Construir lojas com área de até 35m² para empreendedores de pequenos shoppings, de modo seguro, sustentável, rentável, social e ambientalmente íntegros, e que atendam aos padrões de qualidade demandados." Trata-se de um exemplo simples, direto, atual e abrangente, enriquecido com informações que tornam públicos, os meios dos quais a empresa se utiliza para satisfazer a sociedade.

Visão: reflete as aspirações da empresa em um tempo determinado, incluindo as metas a serem atingidas. Ela pode ser formatada a partir de uma ou mais ações, associadas às suas metas e indicadores em um limite de tempo previsível. Ex.:"Estarmos entre as três maiores construtoras do nosso segmento nos próximos três anos, nos empenhando ao máximo para sermos a quarta ou quinta maior, nos dois próximos anos." Observem que o compromisso com as posições que eles buscam galgar, refletem as ações; os posicionamentos almejados, são as metas; e a quantidade de anos para um primeiro e um segundo momento que permitam monitorar e balizar o seu trajeto rumo às posições almejadas, são os indicadores. Notem que a substituição do verbo da ação, metas e indicadores, e a associação deles com palavras-chave consonantes com peculiaridades do seu negócio, os levarão a ter a visão da sua empresa. Exercite e redija alguns exemplos coerentes com o seu negócio.

Jorge Ruffini

Valores: refletem princípios, compromissos e atitudes com os resultados da empresa e formatam o seu padrão de conduta, que orienta e motiva de forma convergente, o comportamento cotidiano da empresa, com princípios éticos e morais que norteiam de forma global, o posicionamento de todos os seus colaboradores com a sociedade e seus interlocutores.

Eles casam a conduta dos colaboradores, com o modo pelo qual os clientes, fornecedores e parceiros, entendem ser o melhor que têm a usufruir, dos benefícios daquela empresa. Recomenda-se que esses valores sejam sustentados por pilares como: transparência, integridade, flexibilidade, honestidade, capital intelectual capacitado, fidelização, sustentabilidade, inovação, criatividade e responsabilidade social, não se esgotando nestes.

Ilustramos como exemplos: "Transparência: nossos projetos e ações são de conhecimento dos nossos colaboradores e estão disponíveis para os nossos clientes, fornecedores e parceiros." "Adaptabilidade: Permeiam as nossas condutas, ações flexíveis, sustentáveis e adaptáveis, que produzem soluções parceiras".

A força dos elementos da IOE está contida nas ações que compõem as suas mensagens, onde os verbos que as evidenciam não devem ser empregados no seu tempo futuro.

Cenários: ambientes externo e interno

As empresas interagem em cenários macroambientais e microambientais, que de alguma forma interferem no negócio de cada uma. Os macroambientais constituem-se de elementos legais, sociais, demográficos, regionais, culturais, econômicos, políticos, tecnológicos, ecológicos, científicos e físicos, que regularmente originam forças sociais maiores e impactantes, capazes de interferir e afetar os microambientais. Essas forças sociais do macroambiente são frequentes, espontâneas e inesperadas, podendo gerar tanto oportunidades quanto ameaças às empresas, que não possuem controle sobre a sua ocorrência.

Já os microambientais são constituídos pela própria empresa, colaboradores, órgãos regulamentadores, clientes, parceiros, fornecedores, distribuidores, promotores de vendas e concorrentes, que próximas, ou no seu ambiente funcional, tanto afetam a sua capacidade de bem servir, suprir e atender às suas demandas de produção de valor (produtos ou serviços) e satisfação do mercado, que são as suas

Estratégias Empresariais

forças; quanto dificultam a sua capacidade de servir, disponibilizar valores e atender esse mercado, que são as suas fraquezas.

A arte de estudar e dominar a variabilidade do meio socioambiental–macro e micro, somadas ao entendimento da complexidade, tendências e anseios do mercado, permitem a antecipação das empresas em oferecer à sociedade, soluções criativas, inovadoras e sustentáveis, que garantam a sua manutenção, permanência e sucesso competitivo nesse mercado.

Cenários: análise das situações anterior e atual

O que se analisa? Das fontes de origem externa as oportunidades e ameaças ao negócio. Das fontes de origem interna as forças e fraquezas da própria empresa. Seguir para cada uma delas de forma lógica e metodológica, as seguintes etapas: identificar, relacionar, analisar, descartar ou aproveitar e registrar. Tenha sempre em mente aproveitar oportunidades ou reforçar forças existentes, e descartar o que realmente não tem possibilidade de aproveitamento. Da análise das FOFAs – forças, fraquezas, oportunidades e ameaças, identifique possíveis novos objetivos empresariais-OEp. Registre as evidências por etapas, principalmente as que demonstrem o porquê das conclusões de descarte ou aproveitamento, pois elas podem ser úteis em futuras comprovações, avaliações, certificações, auditorias ou perícias, servindo como fonte de transparência da empresa.

Verifique se os OEp anteriores à análise são consonantes com a nova missão, visão e valores, e acrescente os OEp advindos da análise dos cenários, adotando o total desses OEp, como sendo os novos objetivos estratégicos–OEs que possibilitarão à empresa estabelecer novos horizontes, projetos, negócios, produtos ou serviços, e disponibilizá-los para o mercado.

Objetivos estratégicos e metas

Objetivo é um fim a ser alcançado ou atingido. Para defini-lo, utilize-se sempre de um verbo preferencialmente na sua forma infinitiva, representando uma ação a ser alcançada. Os objetivos no PE exprimem as vontades da empresa e direcionam seus novos rumos, mostrando o caminho a seguir, sob a ótica advinda da análise dos cenários. Assim, os objetivos empresariais que serão implementados durante a execução do PE, recebem a denominação de objetivos estratégicos. Já as metas mensuram os OEs durante um período de

Jorge Ruffini

tempo e complementam a definição destes. Esse período de tempo é estabelecido em geral como prazo final da meta em quantidade de anos, por exemplo, dois, três ou cinco anos. Todavia convém que nos PEs com prazos de execução superiores a um ano, suas metas sejam escalonadas ano a ano, onde o último ano é aquele em que o prazo final de cada meta será atingido.

Exemplos de OEs: Ex.1: "Superar no mínimo em 10%, o índice atual de satisfação de clientes, hoje em 81%". Ex.2: "Aumentar a fidelização de clientes que possuam faixa de consumo médio mensal, acima de 10 salários mínimos." Observem que no ex.1 existe uma meta acima de 10%, a ser superada e no ex.2, não há meta estabelecida. Ambas são válidas, mas se há meta definida, o horizonte a ser alcançado torna-se claro. Os OEs devem ser viáveis, exequíveis e mensuráveis, caso contrário executá-los, só como em um passe de mágica.

Estratégias

Estratégias são caminhos ou meios pelos quais conseguimos implementar os OEs. Para cada OE corresponde uma estratégia, constituída por um conjunto de ações, capazes de tornar realidade aquilo que foi definido em cada OE. Assim para o ex.1 acima poderíamos ter, dentre outras, as ações: a1-1) Ouvir 100% dos clientes que efetivamente comprovem não estar satisfeitos, na sua relação com a nossa empresa; a1-2) Identificar para cada cliente ouvido o real motivo da sua insatisfação. Para o ex.2, poderíamos ter: a2-1) Reestruturar o programa de fidelização de clientes; a2-2) Divulgar o prêmio para os clientes fidelizados, que mantiverem a sua média mensal de compras, acima de 10 salários mínimos; a2-3) Estabelecer uma faixa especial de fidelização para os clientes que mantiverem a sua média mensal de compras, acima de 20 salários mínimos. Temos assim duas estratégias, a das ações a1 e a das ações a2.

Plano e cronograma

De posse dos componentes do PE, é fundamental elaborarmos um Plano de Consolidação e Implementação-PCI das suas estratégias, onde constem no mínimo: item, OEs com metas e prazos, ações com metas e prazos, indicadores e responsáveis (a função); que permita o acompanhamento eficaz da sua execução. Esse PCI deve ser desdobrado por tantos níveis hierárquicos, quantos forem necessá-

Estratégias Empresariais

rios, para garantir a abrangência e a capilaridade do PE por todas as áreas da empresa, sejam elas áreas que seguem o fluxo horizontal dos processos produtivos, sejam as que seguem o fluxo dos processos verticais e interagem com os horizontais. Em complemento deve ser elaborado um cronograma físico-financeiro mensal, onde constem principalmente os itens: OEs, ações, metas, prazos, recursos previstos X executados e responsáveis (a função); que permita o acompanhamento, monitoramento e eventual readequação do PE em implementação, garantindo assim sua eficácia e a adequada gestão e controle dos recursos destinados à sua execução.

Validação

Para cada etapa do PE desde a IOE até a execução do PCI, e ainda para as fases posteriores de avaliação e melhorias, ações específicas de validação junto à liderança, CG e colaboradores devem ser perseguidas e obtidas. As validações devem ser documentadas em ata, declaração ou outro documento, que sirva de testemunho desse ato, onde constem a etapa da validação, data e os nomes dos validadores. Esse ato demonstra o compromisso de todos na empresa com suas condutas, práticas e comportamentos, alinhados aos seus princípios e valores.

O PE deve ser compreendido, difundido e praticado diariamente, por todos os colaboradores, com todos os clientes, fornecedores e parceiros.

Avaliação e melhorias

Implementado o PE, cabe à liderança e aos demais gestores garantirem a melhoria contínua dos negócios da empresa. Para tanto, as metas e prazos estabelecidos, que estiverem sob acompanhamento e monitoramento mensal, devem ser avaliados anualmente por meio de indicadores de performance apropriados e que foram registrados ao longo desse ano, permitindo, assim, identificar previamente desvios e em consequência corrigir rumos ou tratá-los, revendo objetivos, metas e estratégias, de modo a permitirem o gradual amadurecimento e a melhoria das práticas organizacionais e empresariais do negócio.

Planejamento estratégico compreendido, mãos à obra!

19

Como definir e atingir objetivos empresariais

A globalização requer agilidade e foco nos rumos escolhidos. Gerir com estratégia é priorizar atenções e recursos em resultados com foco nos anseios da sociedade, que paga, e muito bem, por isso. Conduzir cada elemento-chave da criação, produção e gestão de valor em um negócio é antecipar-se sabiamente nos itens planejáveis, que trarão retorno concreto ao capital investido. Aproveitem o conteúdo!

José Augusto Correa

José Augusto Correa

Empresário, palestrante, consultor, auditor, *coach*, professor, escritor e enxadrista. Coautor de nove livros. Possui nove certificações internacionais. Atua na área de Gestão desde 1998, prestando consultoria e treinamento em 14 áreas de Gestão, com média de 98% de satisfação em seus trabalhos. Trabalha na área de Gestão Positiva de Resultados com pessoas físicas e empresas.

Contatos

www.joseaugustocorrea.com.br
contato@joseaugustocorrea.com.br
https://www.facebook.com/joseaugustocorreapalestrante
https://www.youtube.com/watch?v=ZEWhrO_Uwlg&feature=youtu.be
(47) 3063-0233

José Augusto Correa

*"Se você pensa que pode ou que não pode, nos
dois casos você está certo."*
(Henry Ford)

Prezados leitores e empresários, é um prazer imenso estar com vocês neste momento de leitura expondo um dos principais temas que abordo e defendo em minhas palestras, que é a definição, o planejamento, o merecimento e a vitória em relação a um objetivo traçado nas empresas.

Em meus trabalhos de consultoria empresarial, percebo que a grande maioria das empresas não tem um objetivo principal bem definido (OPBD). Qual a consequência disso? Vivem a perambular entre metas sem nexo e sem um norte, que é o real pelo objetivo a conquistar. Isso leva vários problemas às organizações e aos empresários: excesso de informação, ansiedade, depressão, dificuldade de decisão, medo etc.

Um exemplo bem gritante de falta de definição de um OPBD é a meta de faturamento que, em muitas organizações, é desenfreada. Há sempre um desejo de "faturar mais", sem um limite lógico.

Para quem não tem objetivo, qualquer lugar basta. Ou seja, não consigo medir meu sucesso com clareza sem um objetivo a ser atingido. Isso me leva a ter medo ou excesso de zelo pelo futuro (será que irei ter um futuro bom?) e a me punir pelo passado (se eu tivesse feito aquilo...), o que tem efeitos graves sobre o empresário e seus colaboradores.

Por isso, nas organizações, vemos pessoas que, quando questionadas sobre sua missão dentro da empresa, não sabem o que responder ou têm respostas vazias.

Porém, empresas com um objetivo bem definido sabem decidir, sabem que estão no caminho certo para conquistar (eliminando a ansiedade com o futuro), não vivem de passado (pois sabem que não podem agir sobre ele) e sabem filtrar as informações e ações de que realmente necessitam, evitando assim o excesso de informações e o desgaste de pessoas, recursos e tempo.

Empresas de sucesso têm objetivos bem definidos. Mas como traçar esse objetivo?

Estratégias Empresariais

Como traçar um OPBD?

Em minhas redes sociais e palestras, mostro o método para estabelecer e alcançar tal objetivo. Vamos aqui simplificar o processo. Os que quiserem mais informações, não hesitem em me contatar.

Para estabelecer o objetivo, precisamos ter em mente que este precisa ser mensurável. Então, não basta o jargão "ser a maior empresa", mas sim o "quanto ser uma empresa de sucesso" ou "o que é ser uma empresa de sucesso".

A primeira parte do objetivo é o que se quer enquanto empresa, sempre de uma forma mensurável.

Por exemplo: Nosso objetivo é chegar a um faturamento de X reais com uma lucratividade de X%.

Essa primeira parte está fortemente subsidiada na Lei da Atração. O que quero, penso, planejo e ponho em ação, eu consigo.

A segunda parte do objetivo é dar uma esfera de tempo ao objetivo.

Exemplo: Nosso objetivo... até 2015.

Essa segunda parte baseia-se na Lei da gestação, ou seja, tudo tem um tempo para acontecer.

A terceira parte de meu objetivo está na contrapartida, ou seja, o que a empresa dará em troca para conseguir alcançá-lo.

Exemplo: Nosso objetivo... atuando de forma responsável com o meio ambiente, com a destinação correta de 100% de nossos resíduos e priorizando a comunidade na qual nos localizamos, auxiliando entidades assistenciais atuantes nela.

A terceira parte está balizada na Lei da compensação, ou seja, o que darei em troca para o mundo e à sociedade para atingir meu objetivo?

Objetivo montado! É assim que definimos um objetivo claro na empresa. Um norte. Uma razão para sabermos por que fazemos essas atividades hoje e aonde chegaremos.

Planejamento

O próximo passo é planejarmos as ações que levarão o OPBD a ocorrer.

José Augusto Correa

Como sou bem metódico, tenho em minha empresa uma série de ações definidas em todas as esferas de meu OPBD (algo em torno de 20 páginas), com ações diárias, mensais e anuais que devemos realizar para conseguir atingir esse objetivo. Faço isso em meus clientes também. Tenho plena certeza e confiança de que estou executando atividades que me levam a ter segurança financeira na empresa hoje e praticando desde já o objetivo definido, buscando garantir que a empresa atenderá seu OPBD.

Assim, também consigo motivar a todos na empresa e estabelecer indicadores confiáveis. Nossa meta não se resume somente a faturar mais, mas está além de tudo isso: está direcionada a um objetivo principal, a razão de existir da empresa.

Você, após definir o seu OPBD, deve fazer um plano, com exatidão, de como atingir esse objetivo. Coloque basicamente: o que, como, quem, por que, até quando e o status.

Siga o *PDCA* corretamente e, após planejar como atingir os objetivos com toda a empresa:

- repasse as atividades e lidere as equipes para atingi-las;
- estabeleça reuniões de monitoramento e tomada de ações;
- tome as ações de forma planejada, repetindo assim o ciclo e garantindo a melhoria contínua na empresa.

Uma empresa sem planejamento é como um barco sem direção no meio do oceano. As oportunidades existem e estão no mercado, mas a confusão é tanta que não sabemos aproveitar ou ao menos ver essas oportunidades.

Com um objetivo estabelecido e um planejamento feito, as pessoas conseguem potencializar as atividades, fazendo com que tomem uma proporção ainda maior e de mais sucesso para a empresa.

Como líder em sua empresa, você deve buscar desenvolver algumas práticas, culturas e comportamentos que aproximarão a empresa de atingir seu objetivo.

- Não viver de passado, pois seu objetivo é daqui para a frente. Zerar as experiências e usá-las só como fonte de conhecimento, não como fonte de desculpas para novos erros.

Estratégias Empresariais

- Agir na causa dos problemas e não só no efeito;
- Eliminar o "achismo" com métodos adequados de tomada de decisão.
- Não viver fortemente ligado ao futuro, pois as pessoas devem saber que estão fazendo hoje coisas que colaboram com o objetivo e que, se realizarem, a empresa conseguirá seus resultados. Assim, elimino toda a ansiedade que cerca nosso futuro.
- Viver o tempo presente, praticando já as atividades e vivendo o que é possível desse objetivo.
- Ter fé em si mesmo e nas pessoas.
- Tomar decisões em prol do objetivo. Aceitar as atividades e responsabilidades que o aproximem do objetivo. Simplificar as coisas, otimizar tempo, energia e recursos: se aquilo não ajuda para atingir seu objetivo, melhor não fazer.
- Montar as alianças com clientes, fornecedores e colaboradores. Você não chegará sozinho lá.
- Ter os custos e finanças sob controle para não passar por necessidades e, quando estas existirem, saber administrar na crise.
- Desenvolver a persuasão e a liderança.
- Ter um marketing ativo. Faça com que as pessoas gostem de sua empresa.
- Ter autocontrole nas lideranças. Controlar as ações, atitudes e emoções.
- Desenvolver as habilidades necessárias nas pessoas para atingir seu objetivo.
- Ter uma equipe bem preparada, processos bem definidos e diferenciais perante a concorrência. Somente assim você atingirá seu objetivo.
- Fazer sempre mais que o combinado. Andar o quilômetro extra. Saiba que não adianta só montar seu objetivo e ficar planejando, planejando... Tem que agir em prol do objetivo e encantar seu cliente de forma consistente.
- Não ser conivente com a falta de qualidade. Sempre o melhor deve ser feito, e o melhor sempre é o que foi combinado e atende plenamente às necessidades do usuário ou cliente.

José Augusto Correa

- Praticar qualidade, não somente dizer que tem qualidade.
- Dar a mesma importância para os processos dentro da empresa. Cuidar de cada um como se fosse um braço seu. No resultado de cada processo estará o resultado de uma organização.
- Definir metas táticas para cada processo, de forma que, se todos as atingirem, a empresa alcançará seu objetivo.
- Padronizar as atividades sem eliminar a criatividade das pessoas.
- Reconhecer a vitória na empresa; não fique choramingando se os objetivos já foram atingidos.
- Nunca subestimar a concorrência.
- Nunca subestimar o valor de um pequeno cliente.
- Acreditar e desenvolver as competências nas pessoas.

Um outro fator fundamental que destaco é a autoavaliação. Aprendi, como jogador de xadrez e na vida, que é a única forma de evoluirmos.

Você deve sempre fazer a avaliação de como a empresa está em relação ao objetivo e aos demais comportamentos, práticas, processos, atividades e atitudes que são influenciadores. Isso deve ser feito no máximo mensalmente, e deve prover um plano de ação para melhoria.

Mãos à obra!

Fazer com que a empresa tenha recursos, processos, pessoas e cultura para atingir seu objetivo é para poucos, é para os fortes. Para os que têm fé em seu potencial e acreditam na empresa e nas pessoas.

Mesmo que nuvens tirem a visibilidade do seu objetivo, essa fé, a fé em algo maior e a fé em seu objetivo o farão enxergar além, e sua empresa vencerá. Lembre-se: o antônimo de "fé" é "dúvida", e um bom líder não convive com a dúvida.

Sua empresa foi feita para vencer, para cumprir um sonho que você teve um dia!

Você merece o sucesso! Tenha certeza disso. Não deixe a empresa sem rumo, defina os objetivos hoje mesmo e vença!

Abraços a todos!

20

Sou pequeno e me organizo como um grande!

Este artigo apresenta estratégias administrativas a serem utilizadas em MPE e EPP, tendo em vista seu grau de amadurecimento, recursos ou inovação. A estratégia a ser utilizada irá nortear e esclarecer algumas resistências implícitas encontradas por empresários e empreendedores, dentre elas a gestão de pessoas. Está pronto para começar a redescobrir sua empresa, está preparado? Convido você a enxergar sua empresa como você sempre sonhou

Leandro do Prado de Almeida

Leandro do Prado de Almeida

Sócio proprietário da Ctems Consultoria e Treinamentos. Fundador da Suzan Consultores e Associados. Consultor empresarial em Padronização de Micro e Pequenas Empresas. Palestrante, treinador comportamental, líder *coach* e *professional coach* pelo Instituto Evolutivo, com reconhecimento internacional pela WCC – World Coaching Council. Graduado em Gestão Ambiental pela Universidade de Braz Cubas, Green Belt – Six Sigma, instrutor de cursos profissionalizantes, com reconhecimento do CPIS – Senai e coautor do livro *Coaching – aceleração de resultados* (Editora Ser Mais).

Contatos
ctems.contato@gmail.com
leandro.coach@outlook.com
suzan.consultores@gmail.com
(11) 96838-6014
(11) 2822-2224

Leandro do Prado de Almeida

Inicio este artigo identificando alguns pontos que abordarei no decorrer desta reflexão. Primeiro ponto, planejamento anual; segundo, recursos necessários; terceiro, gestão de pessoas; quarto, cliente; e quinto e último ponto, redefinição de valores.

Quero explicar que este artigo apresenta argumentos plausíveis de implementação assertiva e resultados expressivos após seis meses de implantação. Peço que imagine seus gargalos sendo resolvidos, as dificuldades sendo mitigadas, aquelas situações que todos os meses acontecem sendo sanadas. Então reflita se você enfrenta uma dessas situações ou se pode passar para outro nível, o amadurecimento estratégico, pensando como grandes organizações e utilizando as mesmas ferramentas de forma lapidada para *lean process*.

Caso, amigo leitor, você esteja vivendo um momento de dificuldades em obter resultados, ou almeje conquistar uma porcentagem maior do mercado, convido-o neste momento tão oportuno a pegar a calculadora e deixar fácil seu fluxo de caixa e seu organograma. Tudo em mãos? Faço a primeira pergunta para alinharmos nossas perspectivas sobre o objetivo – qual o objetivo? O objetivo neste momento é identificar os setores sensíveis às variações do mercado!

Na empresa onde trabalha há um departamento crítico? Será que é o seu? Será que é o departamento do outro? Há dois tipos de departamentos:

- departamento com custo direto;
- departamento com custo indireto.

O departamento com custo direto é aquele vital ao propósito da empresa, e o departamento com custo indireto pode ser definido como aquele que municia o departamento com custo direto a realizar com maestria suas atividades. De início afirmo: não existe departamento principal ou secundário. Não existindo diferenciações entre departamentos, toda e qualquer ação implementada em um pode ser transportada para outro, sem alteração de conceito, mas com adaptação da linguagem e das ferramentas a serem utilizadas.

Estratégias Empresariais

Mapa de Diagnóstico

Planejamento Anual

Cliente

Recursos

Valores

Gestão de Pessoas

Fonte: Leandro do Prado de Almeida

Como utilizaremos o mapa de diagnóstico?

Esse mapa deve ser pontuado em uma escala de zero a dez, em que zero corresponde a total insatisfação ou ausência, e dez corresponde a total satisfação ou aplicação. Vejamos, então:

A empresa possui um planejamento anual? Já mapeou como a empresa estará ao final do ano em vigência?

A empresa detém os recursos necessários para superar as expectativas de seu planejamento anual? Já estruturou os recursos para investir em algo intangível e que somente agregue valor ao processo e não ao produto final?

Quem são as pessoas que trabalham na sua empresa? Consegue identificar cada funcionário por nome? Quais são as características de cada indivíduo?

Amigo leitor, quais são os valores da empresa? Esses valores são comunicados e, mais ainda, são praticados?

Agora, refletindo sobre a variável essencial da empresa: já perguntou aos clientes qual o seu grau de satisfação com os produtos ou serviços oferecidos? De alguma forma, você mapeia as reclamações ou sugestões e cria um plano de ação para atender seu cliente?

Após essa breve e poderosíssima reflexão, vou enumerar algumas estratégias para implantação do mapa de diagnóstico.

Planejamento anual

O planejamento anual consiste em organizar a empresa para alcançar as metas do ano vigente. E quais são as metas? As metas são caracterizadas de acordo com a atividade da empresa, sua maturidade de mercado e seus objetivos.

Ao desenvolver o planejamento anual, a empresa desenha aonde deseja chegar, observa quais serão os recursos necessários e o tempo de execução. Esse planejamento tem como premissa ser comunicado a toda a organização, imputando aos funcionários de todos os níveis quais serão as metas a cumprir ao longo do ano corrente.

A fim de aproximar a alta direção, *staff* e funcionários operacionais, promova uma confraternização, um ambiente onde todos fiquem à vontade, de preferência com familiares. No momento alto do evento, reúna todos para que o responsável pela empresa fale sobre a importância de todos e sobre o quanto serão importantes para o cumprimento do alvo (meta). Essa atividade não pode ser considerada como custo, mas como um investimento em motivação, pois nesse momento ninguém estará armado com problemas ou buscando produtividade, pelo contrário, todos estarão abertos a confraternizar e, por ser um momento agradável, a mensagem será fixada no subconsciente.

Amigo leitor, você conseguiu quebrar uma das mais difíceis barreiras do ser humano: abrir a mente para o novo.

Recursos

Preciso que esteja claro para você o significado de recursos! Essa palavra lembra dinheiro, investimento, custos. Lembra também que terá que diminuir o lucro da empresa para direcionar a outra atividade? Foi uma dessas situações que lhe veio à mente? Então vamos alinhar nossa implantação.

Segundo a NBR ISO 9001:2008, a obtenção de um processo com qualidade dar-se-á com recursos humanos, infraestrutura e ambiente de trabalho. Devemos observar se a empresa possui uma equipe de trabalhadores que faz parte do processo e, mais ainda, essas pessoas precisam ter habilidades específicas e conhecimento técnico para a realização das atividades e ser treinadas constantemente, mantendo assim as informações atualizadas e quebrando o modismo e o ciclo automático de se fazerem as coisas. Nesse ponto encontramos uma variável pouco explorada, mas que, quando identificada, se desenvolve um plano de ação, apresenta resultados extraordinários.

Estratégias Empresariais

O segundo ponto a ser observado, dentro do universo recursos, é a infraestrutura. Essa variável contempla edifícios, espaços de trabalho e instalações, equipamentos de processo e serviços de apoio. Agora podemos refletir sobre cada item: sua empresa possui edifício adequado para a realização do produto ou serviço? Imagine um edifício pequeno, onde equipamentos ficam todos apertados, as pessoas ficam esbarrando umas nas outras em situações simples, ao se movimentar no departamento, ou precisam pedir licença para não atrapalhar a atividade em execução. Outra situação a ser considerada é a utilização de máquinas, equipamentos ou instrumentos, onde a empresa não deve apoiar adaptações operacionais.

A terceira variável a ser observada, no critério recursos, é o ambiente de trabalho. Este, por sua vez, rege as condições ambientais térmicas e climáticas de conforto. Considere um ambiente escuro para se trabalhar, onde lâmpadas não são trocadas, falta ventilação ou arejamento, ou ainda um ambiente em que seja preciso falar em voz alta, desgastando as pessoas, podendo até mesmo influenciar em seu estado psicológico pelo estresse gerado pelo fator externo.

Essa explanação objetivou esclarecer que, ao planejar recursos, não basta pensar em valores financeiros: é preciso pensar em como serão aplicados esses valores e nos resultados esperados em nível de satisfação de toda a organização.

Gestão de pessoas

O que é RH, e qual a sua responsabilidade? Gerenciar, recrutar, desenvolver e administrar conflitos de uma empresa. O RH é um dos departamentos que mais propõem atividades dentro da empresa. Geralmente o RH não faz parte do fluxo produtivo da empresa, certo? Até quando isso está certo? Se todos os processos são desenvolvidos por pessoas, e essas pessoas necessitam de habilidades específicas ou gerais para realizar atividades, como podemos definir que o RH não faz parte do processo principal da empresa? Escutei uma vez uma pessoa dizendo que o RH é um processo de apoio muito importante.

Perceba que, nessa fala, coloca-se o RH como o apoio mais importante da empresa e não como essencial para a realização do produto ou serviço.

Altere a lógica: graças às pessoas é que consigo produzir ou prestar serviços! Neste momento, faço uma pergunta muito importante: já perguntou para as pessoas como elas se sentem trabalhando na empresa? Pergunte quais são os objetivos de vida dessas pessoas. Agora, o diferencial: como a empresa contribui para que o objetivo seja realizado? Amigo leitor, surpreenda-se com as respostas. Tenha a certeza, não existe reconhecimento maior do que ser valorizado e ter alguém que acredita em você.

Reflita sobre o que fazer com as respostas obtidas. Reúna a melhor equipe de gestores e desenvolva um planejamento, exija cronograma, exija comprometimento, exija resultados. Uma dica: todo profissional adora ser desafiado a fazer o melhor e colocar todo o seu potencial e conhecimento em prática. O que achou? Pratique com sabedoria!

Valores

Os valores de uma empresa são determinados pelo diretor em conjunto com a direção e os acionistas patrocinadores. Estes determinam e ilustram a essência de uma empresa, esteja ela passando por momentos de alta ou baixa no mercado. Valores nunca devem ser perdidos nem esquecidos, muito menos colocados em segundo plano.

Então, como determinar e publicar os valores da empresa?

Os valores da empresa são determinados pela vontade, crença e sensibilidade das pessoas que possuem o poder de decisão. Uma vez criados os valores, estes devem ser praticados em todos os níveis da empresa, em situações benéficas ou adversas, contudo podem ser performados com a maturidade da empresa

Sobre a implantação, fica, mais uma vez, uma reflexão: você consegue praticar seus valores, mesmo quando eles o afastam dos seus objetivos, ou será que você passa sobre alguns valores para realizar ou conquistar suas metas? Os valores estão claros?

Antes de continuar a leitura, convido-o a determinar os valores da sua vida e o quanto são congruentes com a empresa.

Clientes

Todo e qualquer empreendimento possui como foco o cliente. Para iniciarmos essa implantação, identifique seu nicho de mercado.

Após identificar o nicho de clientes, olhe para a empresa e identifique que produtos ou serviços você quer oferecer a eles. Como você apresenta seu produto? Por fim, mas não menos importante, a pergunta mais poderosa em vendas: por que seus clientes comprariam o seu produto e não o do seu concorrente? Qual foi a resposta? Se você

Estratégias Empresariais

estivesse no lugar do seu cliente e tivesse as mesmas opções que ele, que variáveis o levariam a comprar desse ou daquele fornecedor?

Coloco, neste momento, um ponto importante a considerar: os funcionários dessa empresa podem ser considerados clientes? Uau!!! Eles recebem as mesmas condições que os outros? Direcione todos os seus esforços a entender quem você é no mercado, externo e interno. Existe diferença? Todos devem ser tratados com o mesmo entusiasmo.

Integração de compromissos

A implantação dessas estratégias administrativas foi lapidada para você, micro e pequeno empresário, gestor, administrador ou profissional que almeja exercer uma função estratégica ou tática. Foram mapeadas, aqui, as maiores e melhores condições de saúde empresarial utilizadas por grandes corporações e adequadas à sua realidade. Todas as informações, tratadas ao longo deste artigo possuem base estratégica e seguem aplicações didáticas de como alavancar sua empresa. O mapa de diagnóstico é uma ferramenta elaborada para municiar a empresa de informações e nortear a tomada de decisão, buscando trabalhar a alavanca no ponto a ser desenvolvido.

Realize as atividades segundo o mapa de diagnóstico, sempre com planejamento, no qual devem constar responsáveis, tarefas e datas. Desenvolva controles de atividades, monitore os resultados durante e após as atividades e, por fim, avalie os resultados e planeje novas ações, se necessário.

Antes de qualquer estratégia administrativa, encontre a causa-raiz para investigar os problemas, não para encontrar quem cometeu o erro. Não caia nessa armadilha tão comum e não decida pelo achismo ou por persuasão: solicite dados, tendências, comparativos estatísticos – estes são os principais norteadores da assertividade do seu negócio.

Pense alto e pense grande. Neste momento, amigo leitor, você deixou de pensar como um micro ou pequeno para pensar como e tomar atitudes de um grande.

Você deixou a essência de um micro e pequeno profissional, passou a ter a essência de um grande profissional! Os grandes merecem empresas grandiosas, não somente em números, mas também em organização de processo.

São as pequenas atitudes concretas que tornarão sua empresa grande.

O melhor profissional merece trabalhar na melhor empresa.

Sucesso em sua implantação!

21

A relação entre inovação e estratégia: avaliações e impactos para pequenas e médias empresas

A inovação pode estar ligada a uma estratégia empresarial em que a diferenciação é imprescindível para competir no mercado. Para pequenas e médias empresas, a relação entre inovação e estratégia, às vezes, torna-se a única forma de obter vantagem em relação aos concorrentes. Avaliar ações e impactos de inovação é um meio de buscar com responsabilidade e controle a competitividade

Luiz Cláudio Ribeiro Machado

Luiz Cláudio Ribeiro Machado

Mestre em Administração Estratégica. Professor assistente da Universidade Federal Rural de Pernambuco. Consultor ad hoc, palestrante, pesquisador nas áreas de Estratégia, Empreendedorismo, Inovação e Logística. Coautor do livro *Consultoria empresarial: métodos e cases dos campeões*.

Contatos
sites.google.com/professorluizclaudiorm
admluiz@yahoo.com.br
(75) 3621-1564
(87) 9657-4189

Luiz Cláudio Ribeiro Machado

Estratégias são norteadores para o alcance dos objetivos organizacionais. Quando esses norteadores são criados, toda a organização precisa voltar-se para o seu segmento. Isso significa que todos, sem exceção, devem seguir as estratégias corporativas para que possam contribuir efetivamente para o alcance dos objetivos organizacionais de maneira eficaz.

Por tal razão, as estratégias devem passar por um processo de elaboração muito cuidadoso, para que realmente definam traçados de ações que identifiquem criteriosamente as metas organizacionais. Como a execução das estratégias, de maneira geral, envolvem um longo horizonte de tempo, constantemente elas precisam ser avaliadas para que se analise qual o seu grau de atendimento às metas no decorrer da sua implementação.

Para Gamble e Thompson Jr. (2012), para verificar uma estratégia eficaz, três testes podem ser realizados por meio das seguintes perguntas: a estratégia é adequada à situação da empresa? Gerou vantagem competitiva sustentável? Produziu bom resultado financeiro?

Assim, verifica-se que a primeira pergunta tem como pressuposto a necessidade de as estratégias voltarem-se à organização de maneira a considerar suas posições atuais, o que inclui a adequação ao seu porte. Dessa forma, estratégias para grandes empresas muitas vezes devem ser evitadas para modelagem em pequenas empresas.

Mas a rejeição de estratégias de grandes empresas não deve ser uma ação constante e imutável, já que existe a possibilidade de adaptabilidade ou aproveitamento parcial de uma estratégia por meio da utilização da sua ideia principal ou das ferramentas de que ela se compõe.

Uma vantagem competitiva sustentável deve ser realmente avaliada na adoção de uma estratégia, porque o tempo que se permanece com essa vantagem competitiva é geralmente o tempo em que a organização se mantém em destaque, em evidência, com os olhares dos consumidores e potenciais compradores voltados ao seu negócio de forma quase que exclusiva.

Por tal razão é que a inovação se torna um processo-chave, independentemente do tamanho da organização, porque traz à tona, de imediato, um diferencial entre concorrentes. Contudo, a facilidade de imitação da inovação é que vai definir também a sua sustentabilidade como vantagem competitiva.

A estratégia precisa também resultar em um bom demonstrativo financeiro, principalmente quando a organização necessita de capital. As ações estratégicas precisam ter formas de mensuração, e uma delas é o

Estratégias Empresariais

resultado financeiro, que simplesmente deve demonstrar um superávit entre as despesas sobre as ações de suporte e operacionalização das estratégias e as receitas provenientes dessas ações.

Mesmo que pareça lógico, muitas empresas desempenham ações estratégicas, mas não acompanham com detalhes as despesas indiretas e o retorno líquido dessas ações. Nos dias atuais, é imprescindível que se mantenha um controle efetivo das ações realizadas pela empresa para evitar desperdício de recursos financeiros, materiais, patrimoniais, humanos e tecnológicos.

Entretanto, surgem dúvidas quanto à aplicação de capital da empresa para a inovação e em outras ações para trazer uma vantagem competitiva, embora, atualmente, conhecimento, tecnologia e *know-how* sejam investimentos que sempre serão indispensáveis, principalmente em pequenas e médias empresas que não conseguem competir por preço.

Empresas que não conseguem competir por preço, em razão do seu pequeno porte, precisam se diferenciar para ganhar mercado, visto que não possuem economias de escala em razão de seu baixo poder financeiro em comparação a grandes empresas.

Grandes volumes de capital para aquisição de grandes volumes de matéria-prima e produtos acabados não são uma característica de empresas de menor porte, tanto porque não há capacidade em empresas de menor porte para processar um grande volume de matérias-primas, como também porque grandes estoques de produto acabado reduzem o giro do capital e trazem dificuldades financeiras.

Como ressaltam Moreira e Queiroz (2007), o tamanho da empresa certamente influencia sua vantagem competitiva, mas a mobilização de conhecimento, tecnologia e experiência vem obtendo um maior destaque ao longo do tempo. Essa realidade é uma característica da era da informação que muitas pessoas associam à época atual.

Matriz L4

De acordo com o tamanho da organização, as estratégias podem ter meios e fins diferentes. Isso porque o capital empregado em empresas de maior porte não é igual ao empregado em empresas de menor porte.

Dessa forma, o planejamento estratégico de uma grande corporação não pode ser replicado em todo o seu escopo para uma média ou pequena empresa. Todavia, Michael Porter, em seu livro *Estraté-*

gias competitivas, traz o conceito de estratégias genéricas, que tem sido muito utilizado para a adoção de estratégias em determinados setores da economia, principalmente na indústria.

Contudo, nem sempre as empresas desejam a competição, buscando assim estratégias que visam à cooperação ou a novas formas de disputa de sua fatia de mercado (*market share*). Um exemplo disso são as redes de empresas de um mesmo setor que se associam para ações comuns de compras, publicidade, utilização de ativos etc.

Dessa forma, há empresas que vão buscar a competitividade e, por muitas vezes, vão focar a inovação como diferencial, e há empresas que vão focar a manutenção de fatia de mercado e sua constância ao longo dos anos sem grandes expectativas de melhoria ou de mudanças incrementais ou inovações.

Nessa perspectiva, observa-se uma tipologia entre empresas representadas pela Matriz L4 (Figura 1), que relaciona a concepção inovadora de modelo de negócios e a propensão à inovação de produtos e serviços.

Figura 1 – Matriz L4 (Elaborada pelo autor).

Nas organizações *showcase* (vitrine), a formatação do modelo de negócios é o foco, contudo o desenvolvimento de produtos e processos não é a meta. Isso ocorre porque a principal estratégia está na imagem estrutural, na ambientação e não no produto, visto que o mais importante para o cliente está na experiência, no fato frequente e não em um resultado final.

Estratégias Empresariais

Empresas que trabalham com turismo, por exemplo, devem focar sua estratégia na experiência com o cliente; sendo assim, torna-se importante cada etapa, como a escolha dos modais de transporte, a facilidade de informações, produtos de conveniência, o que diferente de uma empresa de transporte, em que a chegada ao destino final já satisfaz as expectativas do cliente.

Nas organizações Designer (desenho), o foco está na adoção de um novo modelo de negócios em que a estratégia é a inovação aliada a uma propensão para o desenvolvimento de novos produtos e serviços. Há empresas de alimentação que inovam na forma de apresentação dos seus produtos aos clientes, assim como em todo um *layout* e na elaboração de um cardápio diferenciado.

Para empresas configuradas como *museum* (museu) a manutenção do negócio é a estratégia principal, mas nessa tipologia tal manutenção se dá pela consolidação do modelo de negócio existente e pelo baixo investimento no desenvolvimento de novos produtos e serviços. Nessas organizações, a possibilidade de mudança no modelo de negócio é muito baixa.

Pequenas e médias empresas que trabalham com produtos padronizados ou bastante tradicionais dificilmente vão apresentar um modelo de negócios distinto para não correr o risco de fugir de tradições e, assim, perder um cliente para um concorrente que oferece o trivial.

Organizações *promotion* (promoção) voltam-se para um produto e serviço novo como sua estratégia, mas mantém um modelo de negócios tradicional, porque seu foco é levar às pessoas novidades mais tangíveis, em que o resultado final é o mais importante, deixando em segundo plano a experiência.

Entretanto, se falamos de inovação, de que forma as empresas podem obter fontes de tecnologia para buscar a inovação? A resposta mais sensata é buscar as fontes mais utilizadas pelas empresas inovadoras e que já possuem exemplos de ações de aquisição de tecnologia.

Dentre os exemplos de fontes de tecnologia mais utilizadas pelas empresas, segundo Tigre (2006), destaca-se a P&D, engenharia reversa e experimentação, dentro das alternativas próprias. Na seção de transferência de tecnologia, estão as licenças e patentes e os contratos com instituições de ensino e pesquisa. A tecnologia ainda pode ser obtida por máquinas, equipamentos e software embutido (tecnologia incorporada), livros, manuais, feiras, exposições, cursos etc. (conhecimento codificado), consultoria, contratação de profissionais experientes (conhecimento tácito) e aprendizado cumulativo na empresa.

Enfim, a empresa possui uma gama de possibilidades internas e externas para a aquisição de tecnologia para poder focar sua diferenciação a partir de processos ou produtos inovadores com vistas a melhorar a oferta de seus bens ou serviços para seus clientes.

Impactos

Como as empresas pequenas e médias podem utilizar-se estrategicamente da inovação para obter vantagem competitiva?

As empresas, para inovar, precisam buscar novas ideias, e tais ideias provêm de seus funcionários. A forma como cada problema pode ser resolvido, como cada produto novo pode ser concebido depende do olhar de alguém, e esse alguém precisa estar intimamente ligado à empresa, pois quem conhece bem a empresa pode avaliar melhor aquilo que pode ter um impacto negativo ou positivo, porque conhece também muitas variáveis no ambiente organizacional.

Contudo, existe outro ponto, que é a "miopia de marketing" – não enxergar bem um horizonte futuro –, que pode ter contaminado o pessoal da empresa. Nesse caso, a recomendação é que as ideias provenham de fontes externas, como consultores, por exemplo.

Quando se vislumbra um novo produto ou serviço, é preciso pensar como socialmente essa novidade impactaria as pessoas, como cada pessoa poderia estar propensa a comprar aquele produto ou contratar aquele serviço. A estratégia é atender a uma necessidade ou criar um desejo de consumo.

Na estratégia para atender a uma necessidade, a soma de investimentos em propaganda não é tão intensa quanto na estratégia para criar um desejo de consumo. Para a segunda situação, o poder de convencimento deve ser muito grande e, portanto, apenas mensagens rápidas não vão dar ideia do que é realmente o produto ou serviço.

Mesmo que o preço, nesse momento, não seja o foco para a oferta de produtos e serviços, é preciso saber que, após a concepção da novidade, é importante que haja também uma estratégia de preços, já que a qualidade percebida pela cliente é aquela que relaciona valor agregado e desempenho.

Avaliações

A inovação possui riscos, até porque todo mundo pode inventar, mas inovar é para poucos. Inventar é criar algo novo, mas se

Estratégias Empresariais

não for comercialmente viável não será inovação. Dessa forma, na estratégia é preciso criteriosamente traçar medidas que possam monitorar a adoção dos produtos e serviços novos oferecidos. Assim, no planejamento, torna-se imprescindível a presença de indicadores de inovação.

Outro ponto é que, na adoção de novos modelos de negócio, por exemplo, é preciso verificar a cultura local, visto que nem mesmo negócios consolidados têm garantia de sucesso de um lugar para outro.

Os perfis dos empregados também precisam ser avaliados, já que as possibilidades de desenvolvimento interno geram bons resultados de inovação. Contudo, há que existir um programa de recompensas ou incentivos à inovação, visto que é preciso dar o devido crédito para as iniciativas para a melhoria ou criação de novos conceitos, produtos, serviços, modos de produção, atendimento, vendas ou organização.

Por outro lado, as decisões estratégicas de desenvolver inovações internas e buscar fontes externas devem ser sempre pautadas em avaliação de investimentos, já que as decisões de compras e contratação vão ser influenciadas pelo tipo de caminho que foi seguido.

Por fim, no planejamento estratégico, uma outra avaliação é a da caracterização da inovação em relação ao *core business* ou *core competence* da organização, já que a inovação não pode descaracterizar a principal competência da empresa ou seu negócio principal, como a criação de um novo detergente por uma empresa de alimentos, por exemplo, a não ser que a inovação seja algo que possa ser relacionado ou complementar ao negócio ou competência da pequena ou média empresa.

Referências

GAMBLE, John E.; THOMPSON Jr., Arthur A. *Fundamentos da administração estratégica: a busca pela vantagem competitiva*. 2. ed. Porto Alegre: AMGH, 2012.

MOREIRA, Daniel A.; QUEIROZ, Ana C. S. *Inovação organizacional e tecnológica*. São Paulo: Thomson Learning, 2007.

PORTER, Michael E. *Estratégia competitiva: técnicas para análise de indústrias e da concorrência*. 2. ed. Rio de Janeiro: Elsevier: Campus, 2004. 409p.

TIGRE, Paulo Bastos. *Gestão da inovação: a economia da tecnologia*, 2006.

22

O poder do método *PDCA**

Um dos grandes desafios que nos deparamos nas empresas é de como crescer e evoluir de forma contínua e sustentada. O método de gestão PDCA quando bem aplicado é uma ferramenta valiosa para garantir que seu negócio alcance resultados excepcionais e sobreviva no mercado ao longo do tempo. A falta de método é a causa da falta de melhores resultados!

Marcelo Miessi Mente

Marcelo Miessi Mente

Consultor de Gestão Empresarial, engenheiro químico pela UNICAMP, Mestre em engenharia produção pela UNESP é especialista em melhoria de resultados, com atuação em dezenas de empresas no Brasil e exterior.

Contatos
www.marcelomente.com.br
marcelo.mente@uol.com.br

Marcelo Miessi Mente

Por que sua empresa existe?

Se perguntarmos aos empresários e gestores nas empresas, a resposta quase sempre tende a ser única: lucro. A maioria entende que em se tratando de uma economia de mercado a principal função da empresa é se preocupar em ter lucro. Considero a visão um pouco distorcida. Sendo assim não seria mais interessante desfazer-se da sua empresa e aplicar o capital no mercado financeiro? Entendo que a empresa é um organismo vivo que necessita de sobreviver e evoluir para continuar a beneficiar a sociedade, gerando resultados – satisfação dos clientes, empregos, impostos, interagindo com a comunidade onde se localiza, desenvolvendo seus funcionários e parceiros e gerando satisfação dos sócios. Isso é ter visão sistêmica; uma visão do todo. O foco não é somente o lucro, é fundamental que a empresa cuide e bem de suas finanças, mas existem outros propósitos para as empresas.

Para Peter Drucker, considerado o pai da administração moderna, o lucro é o oxigênio da empresa, mas viver é muito mais do que respirar.

Partindo do princípio de que empresa existe para gerar resultados ou seja gerar valor, como sua empresa pode produzir bons resultados? O caminho está na utilização do método de gestão.

Albert Einstein dizia que "falta de tempo é desculpa daqueles que perdem tempo por falta de método". Olhando para empresas podemos dizer que os insucessos e resultados abaixo dos que os empresários gostariam estão aliados à falta de método gerencial.

Aplicação do método *PDCA* também conhecido como ciclo de Deming tem especial função como uma grande alavanca de melhoria para empresas de diversos setores, tamanhos e segmentos. A palavra método vem do grego e significa caminho para a meta ou podemos dizer o

Estratégias Empresariais

"caminho das pedras". Uma das empresas que tem como seu "mantra" o método de gestão *PDCA* é a Toyota que se tornou uma das maiores fabricantes de automóveis do mundo. Gerenciar é provocar mudança. A principal função de um gerente é ser agente de mudança.

O método *PDCA*

A princípio o método *PDCA* parece simples. Mas sua completa utilização dentro de uma empresa leva algum tempo. É um processo de aprendizado para todos na organização. O método auxilia no caminho para se atingir uma meta. O método utilizado para melhoria é composto de quatro fases: planejamento *(p)*, execução *(d)*, controle *(c)* e ação corretiva *(a)*. A figura ilustra as fases do método *PDCA*.

FASE DE PLANEJAMENTO (P)

→ **Definição de meta**

O planejamento é um processo contínuo, precisamos perguntar: o que precisamos fazer hoje para alcançar resultados futuros? Nesta fase os objetivos são definir uma meta que seja factível para seu negócio e elaborar um plano de ação para atingir o que foi proposto, por exemplo, se minhas vendas estão baixas, preciso entender como são minhas vendas (por produto, vendedor, região, margem...) e analisar o porquê das vendas baixas, a seguir, elaborar ações para atingir um novo patamar de vendas. Para que se tenham boas ações é necessário ter conhecimento mais amplo do seu negócio, via apro-

Marcelo Miessi Mente

fundamento da análise. Importante destacar que uma meta deve conter três elementos fundamentais: um objetivo, um valor e um prazo. Um exemplo: ampliar o faturamento em 20% até dezembro do próximo ano (objetivo➤ valor➤ prazo).

➔ Análise

A palavra análise significa a separação de um todo em partes menores, no caso da sua empresa, é você pegar um problema grande que o incomoda e dividi-lo em problemas menores.

Para uma boa análise são necessários coletar fatos e dados sobre o que se quer melhorar, a meta a ser atingida ou problema a ser resolvido.

Na condução do método nesta fase existem dois tipos básicos de análise: a do fenômeno e a de processos.

A palavra fenômeno vem do grego e quer dizer "mostrar". Na análise do fenômeno deve se olhar por meio de comparações, veja o desempenho do seu negócio com o de negócios semelhantes, pesquise como andam os negócios similares ao seu, como faturamento, margens, produtos etc.

A análise do fenômeno nada mais é que olhar o seu problema sobre vários ângulos, ou seja, "mostrar" o seu problema. Minhas vendas são maiores no começo ou fim do mês, no período da manhã ou da tarde, na região sul ou norte. Quais produtos vendem mais e em quais períodos? Em qual período meus equipamentos necessitam de mais manutenção?

No processo de análise, algumas ferramentas são bem úteis como o diagrama de Pareto ou regra do 80/20, no qual 80% dos seus problemas estão em 20% das suas causas. O princípio de Pareto (ou análise de Pareto) é uma técnica que permite selecionar prioridades, quando se enfrenta grande número de problemas ou quando é preciso localizar as mais importantes de um grande número de causas.

Segundo o princípio de Pareto, a maior quantidade de ocorrências ou efeitos depende de uma quantidade pequena de causas. Portanto, focalizar as poucas causas significativas, permite resolver a maioria dos problemas.

Após analisar seu problema sob vários ângulos é necessário analisar o processo. Nesta fase deve-se identificar as causas do seu problema. Aqui deve se fazer a pergunta por quê? Algumas técnicas foram desenvolvidas para ajudar os gestores a analisar problemas de forma sistemática, estudando suas causas e priorizando ações sobre essas causas. Uma empresa que pratica o método *PDCA* à risca é a Toyota, lá as equipes são estimuladas à prática do *genchi genbutsu* ou "ir direto à fonte" e analisar continuamente as causas dos problemas.

A figura abaixo ilustra um diagrama de causa e efeito.

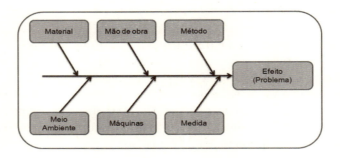

O diagrama de Ishikawa (de espinha de peixe ou de causa e efeito) apresenta um efeito principal, associado graficamente às suas potenciais causas. As causas situam-se à esquerda do efeito, podendo ainda ser subdivididas em subcausas (secundárias e terciárias), conforme a complexidade da situação em estudo. O nome diagrama de Ishikawa deve-se ao seu criador. A disposição gráfica utilizada na figura lembra a estrutura de uma espinha de peixe; daí, por que também é conhecido com este nome. Para facilitar a organização das causas, as mesmas são geralmente organizadas em grupos de origens, onde os principais utilizados referem-se à medida, máquina, método, material, pessoal e meio-ambiente.

Outas técnicas devem ser aplicadas conjuntamente na resolução de problemas. O *brainstorming*, por exemplo, possibilita chegar às causas mais influentes, colhendo o maior número possível de causas, a fim de construir o diagrama de causa e efeito. Essa técnica deve sempre envolver sua equipe, procurando a contribuição de todos. Entender a causa raiz do seu problema é o mais importante na fase do planejamento.

→ **Plano de ação**

Uma vez identificadas as causas, é necessário bloqueá-las ou minimizá-las. O plano de ação também conhecido como *5W1H* é uma ferramenta que objetiva dispor um cronograma de planejamento da execução e o monitoramento de ações a serem executadas. Para isso, constrói-se uma tabela, relacionando as seguintes questões; o que, como, por que, onde, quando e quem, analisados em cima de cada item e anotar as decisões em cada questão considerada.

Para você que está iniciando neste processo, faça de forma simples. Pode ser no modelo "lista de supermercado" o que fazer, e depois vá evoluindo até chegar num formato completo. A figura ilustra um modelo resumido para o *5W1H* .

O que Fazer (ação)	Responsável	Prazo

Um plano de ação é dinâmico, novas ações podem surgir e ações previstas podem ser canceladas. Procure atualizar constantemente seu plano.

FASE DE EXECUÇÃO (D)

Nesta fase o que foi definido no plano deve ser executado. Procure divulgar o plano entre sua equipe. Coloque o plano num quadro onde as pessoas possam vê-lo constantemente.

FASE DE VERIFICAÇÃO (C)

Para Kaoru Ishikawa, só é gerenciado aquilo que se mede. Nesta fase os resultados planejados são verificados. Também aqui as ações do Plano de Ação são avaliadas. Faça verificações das suas metas e ações diariamente, se possível. Defina um período de acordo com sua organização para realizar reuniões semanais, quinzenais ou mensais com seu time. Mas não deixe de chamar sua equipe e discutir como andam os números propostos e ações definidas. Coloque gráficos, outras informações e o plano de ação em local onde todos da equipe possam olhar sempre. Faça uma gestão à vista.

FASE DE AÇÃO CORRETIVA (A)

Nesta fase, se aquilo que você planejou funcionou bem, deve ser padronizado e disseminado pela organização. Por exemplo, uma das ações foi monitorar mensalmente a venda para cada um de seus

Estratégias Empresariais

clientes. Se essa ação produziu efeitos, elabore um padrão para que ela se repita continuamente. Caso o que você planejou não saiu como o esperado, faça uma análise, reúna sua equipe discuta -analise o problema- e proponha novas ações.

O método *PDCA* é mais que uma ferramenta e existe para facilitar a organização do pensamento na busca por melhoria contínua ou na análise e solução de problemas. Comece produzindo pequenas melhorias no seu negócio e vá evoluindo. Em breve você colherá resultados excepcionais. Sucesso!

Referências

AGUIAR, Sílvio. *Integração das ferramentas da qualidade ao PDCA e ao Programa Seis Sigma*. Nova Lima: INDG Tecnologia e Serviços Ltda, 2002.

CAMPOS, Vicente F. *Gerenciamento da rotina do trabalho do dia-a-dia*. Belo Horizonte: Editora de Desenvolvimento Gerencial, 2002.

LIKER, J. K. *O modelo Toyota: 14 princípios de gestão do maior fabricante do mundo*. Porto alegre: Bookman, 2005, 316p.

MAGGE, D. *O segredo da Toyota: lições de liderança da maior fabricante de automóveis do mundo*. Rio de Janeiro: Elsevier, 2008.

SHIBA, Shoji. TQM: *Quatro revoluções da gestão da qualidade*. Porto Alegre, Artes Médicas, 1997.

SHOOK, John. *Aprendendo a enxergar - mapeando o fluxo de valor para agregar*. Lean Institute. Elsevier. 2009.

WOMACK, J. P.; JONES, D. T.; ROOS, D. *A máquina que mudou o mundo*. 3ª ed. Rio de Janeiro: Campus, 1992. 347p.

23

Pequenas empresas grandes problemas

É um ledo engano achar que fazer
consultoria para empresas de pequeno
porte é mais fácil do que para as de médio
ou grande porte. As limitações da pequena
empresa fazem com que simples problemas se
tornem complexos de serem resolvidos.
E aí o consultor tem que mostrar a sua
competência em fazer mais com menos

Marcos Rabstein

Marcos Rabstein

Engenheiro de Sistemas (PUC-RJ 1981), Pós-Graduado em Marketing (UGF-RJ 2001). Possui 16 anos de experiência em TI e atua em Planejamento e Gestão de Marketing e Recursos há 17 anos, tendo ocupado cargos executivos no Citibank, no Bozano Simonsen, na Tintas International e na Confederação Nacional da Indústria (CNI). Tem grande experiência em consultoria e treinamento (desde 1987). É sócio da empresa M2All Consultores. Atua em *coaching* executivo, pessoal e de carreira, tendo sido formado pelo Instituto Holos. Tem certificação internacional como consultor CMC (Certified Management Consultant) pelo IBCO. Possui experiência diversificada nos vários setores da economia (indústria, comércio e serviços) em empresas de todos os portes. É palestrante e docente em diversos temas relacionados a planejamento e gestão de marketing e recursos humanos. É coautor dos livros *"Ser+ com palestrantes campeões"* e *"Manual das múltiplas inteligências"* e *"Consultoria empresarial"* pela Editora Ser Mais.

Contatos
www.m2all.com.br
m2all@m2all.com.br
(21) 3283-0240
(21) 98187-4444

Marcos Rabstein

O começo de minha carreira profissional foi dentro de grandes empresas nacionais e multinacionais. Na função de analista de sistemas tinha que atuar como um consultor interno, entendendo os problemas de meus usuários e criando soluções para eles.

Aprendi desde cedo que para ser um bom consultor, eu precisava colocar-me na posição do meu cliente interno. Assim era possível entender o que ele precisava para, então, criar o produto que atendia às suas necessidades, expectativas, desejos e interesses.

E por trabalhar em grandes corporações todo cuidado era pouco, pois qualquer pequena falha poderia causar grandes prejuízos.

Em 1987 tive minha primeira experiência como empresário, ainda na área de tecnologia, abrindo com alguns sócios uma empresa de desenvolvimento de sistemas para microinformática e representação de softwares e hardwares de terceiros. Passei a atuar como um consultor externo e, desta feita, atendendo médias e grandes empresas. Foi então que descobri, não eram só as grandes empresas que tinham grandes problemas, pois meus clientes de médio porte exigiram de nós muito esforço e competência para solucionar seus graves problemas.

Até aquela época eu nunca havia trabalhado para uma pequena empresa e tinha a ilusão de que seus problemas eram menores ou mais fáceis de serem resolvidos em função de seu porte.

Em 2004 iniciei minha segunda empreitada como empresário, desta feita em consultoria de planejamento e gestão de marketing e recursos humanos, onde estou até hoje.

Meu primeiro cliente foi uma empresa de pequeno porte de um amigo. A empresa estava com sérios problemas de vendas, perda de clientes para a concorrência, problemas de logística (recebimento de equipamentos de fornecedores e entrega para clientes) etc. Inexperiente que era no atendimento a empresas deste porte, propus soluções que não poderiam ser adotadas. Os investimentos seriam pesados para o orçamento disponível e a complexidade das ferramentas propostas tornava difícil a compreensão do pessoal que lá trabalhava.

Então me dei conta que pequenas empresas também tinham grandes problemas. O tamanho de um problema não tem relação com o tamanho dos orçamentos, do patrimônio, do número de empregados etc. O tamanho de um problema tem a ver com a capaci-

Estratégias Empresariais

dade (ou incapacidade) de administrá-lo, de ter ou não competências e recursos para resolvê-los.

Percebi que para encontrar uma solução que coubesse naquele caso, seria necessário fazer muito com pouco e que, realmente, o ótimo era inimigo do bom. O ótimo não precisava ser perfeito, até porque o perfeito custava muito mais do que eles podiam pagar. Por exemplo, eles precisavam ser mais agressivos em divulgação de seus produtos e serviços, mas os orçamentos de campanhas feitas por agências de publicidade eram caros demais. Mas havia um sobrinho de um dos sócios que fazia faculdade de comunicação e estagiava em uma agência. Foi ele que, por uns bons trocados, desenvolveu os *folders* e *flyers* da empresa. A qualidade do trabalho não seria aceita em uma grande empresa, mas certamente ajudou a aumentar as vendas.

Os vendedores careciam de técnicas de venda, a secretária precisava saber atender melhor as pessoas que entravam em contato com a empresa. Cada colaborador tinha as suas deficiências e todos precisavam de muito treinamento. O problema era tirá-los de suas funções para treiná-los, pois eram poucos e suas ausências paralisariam as funções que executavam. Além disso, mais uma vez, o investimento em capacitação de pessoal pesava no orçamento da empresa. A solução foi orientá-los a fazer cursos gratuitos na modalidade de ensino a distância (EAD), cuja conveniência de estudar em qualquer hora e a gratuidade viabilizaram a capacitação.

Uma grande dificuldade que enfrentei em boa parte das pequenas empresas que atendi foi convencer os donos a desenvolver planejamentos (estratégico, de marketing etc.). O tal do "planejamento" é, segundo eles, muito chato e uma perda de tempo. Aliás, segundo estudo do Serviço Brasileiro de Apoio a Micro e Pequena Empresa (SEBRAE) publicado em 2013, a taxa de mortalidade das micro e pequenas empresas no Brasil ainda é alta, mesmo que esteja caindo ano a ano. Aproximadamente, 25% fecham as portas antes de concluir dois anos de existência. Entre as diversas causas para o problema está a falta de planejamento dos negócios. E mesmo aquelas empresas que desenvolvem um planejamento, deixam o documento esquecido em uma gaveta e ele acaba não servindo como guia das ações.

Provar que planejamento não é perda de tempo e que traz resultados é uma árdua tarefa. O convencimento, via de regra, ocorre

Marcos Rabstein

quando se mostram fatos, provas reais de que a falta de planejamento gera perdas de tempo, de dinheiro e de oportunidades, retrabalhos, entre tantos outros fatores.

Em um dos atendimentos a uma pequena empresa, o cliente reclamou que havia gasto muito dinheiro com panfletos e com pessoal distribuindo-os nas ruas, sem qualquer resultado. Quando perguntei se a ação havia sido planejada, o empresário perguntou por que era preciso planejar o simples ato de divulgar os seus produtos. Conversamos sobre objetivos a serem atingidos, teor da mensagem, meios de comunicação, perfil do público-alvo e todos os elementos que compõem o planejamento de uma ação publicitária. Mesmo compreendendo a questão, ele não se mostrava disposto a perder mais dinheiro com outra tentativa e tive que correr o risco de propor que, se a nova ação não desse resultado, eu arcaria com seus custos. Refizemos a campanha e os resultados surgiram imediatamente. Fiz uma comparação entre as duas ações e mostrei quais tinham sido os erros da primeira. A partir daquele momento ele se convenceu da importância do planejamento e passou a replicá-lo em todas as áreas da empresa.

A questão é que, muitas vezes, o maior problema em uma pequena empresa nasce da falta de capacitação dos próprios donos para empreender. Eles entendem que o seu conhecimento técnico no ramo de atividade que vão empreender é suficiente para levá-los ao sucesso. Esquecem que alguém tem que saber como comprar bem, vender bem, cumprir as obrigações legais da empresa e todos os demais componentes de uma gestão empresarial. Não é incomum encontrar microempresários que não sabem o quanto vendem, o quanto lucram ou se fazem prejuízo. Muitos misturam as finanças pessoais com as da empresa. E aí alguns percebem no meio do caminho que não vão conseguir manter o negócio sem o conhecimento em gestão de negócios e buscam uma capacitação. Outros não têm esta sorte e só descobrem que precisam de ajuda quando já é tarde demais.

Outro sério problema vivido pelas micro e pequenas empresas é a competição desigual com os grandes concorrentes e o fornecimento de produtos ou serviços para grandes corporações. A força dos grandes muitas vezes é fatal e acaba levando os pequenos à falência.

Estratégias Empresariais

Em primeiro lugar, é preciso entender a gravidade desta situação, pois 98% dos mais de cinco milhões de empresas formais no Brasil são de micro e pequeno porte, segundo estudos do SEBRAE. Este segmento responde por mais de 60% da mão de obra formalmente empregada e participa com pouco mais de 20% do produto interno bruto do país. Se não forem encontradas soluções para a sustentabilidade dos pequenos negócios, o país pode sofrer uma das maiores crises de sua história, com tanto desemprego.

O fato é que concorrer com grandes empresas é o mesmo que esperar que elas se tornem Davids tentando matar Golias com uma pedra na atiradeira. Isto é utópico. As estratégias empresariais não podem levar os pequenos empreendedores a bater de frente com os grandes. A saída está no diferencial do atendimento, do serviço, do produto e até mesmo do nicho de mercado. A ideia é que eles possam oferecer o que o grande não oferece.

Uma oficina de automóveis no Rio de Janeiro se especializou em manutenção de carros franceses (Citroën, Peugeot e Renault). João, o dono, fez cursos de especialização com as concessionárias e comprou equipamentos de última geração. Tornou-se tão competente que muitas vezes é consultado por elas para problemas mais difíceis. Por conta de infraestrutura enxuta de seu negócio, oferece um serviço muito mais barato do que as grandes concessionárias. Sua esposa atua na recepção atendendo os clientes e cuida da parte administrativa e financeira do negócio. O toque feminino em um negócio tipicamente masculino criou um ambiente bem mais agradável, com uma sala de espera confortável e bem arrumada para os clientes, com cafezinho, biscoito e água gelada. A honestidade, o bom atendimento e a competência técnica são as marcas do negócio. É difícil encontrar a oficina do João vazia e o negócio já até expandiu, mesmo com a presença da forte concorrência das grandes concessionárias.

O micro e pequeno empresário precisa ser muito criativo e inovador. O melhor marketing é oferecer o que ninguém tem para oferecer. Se o diferencial é importante em qualquer negócio, para o micro e pequeno é essencial, pois é o que vai garantir que o consumidor não corra para o grande concorrente.

Sob a ótica do fornecimento de produtos e serviços para grandes corporações reside a outra ponta do mesmo problema: a desigualdade da força na negociação. A falta de consciência das grandes empresas leva-as a sufocar os pequenos empreendedores, espremendo seus preços. Isto acarreta em vendas com baixas margens de lucro, insuficientes para a sustentabilidade dos negócios. Soluções para este problema passam por programas de conscientização com as grandes empresas e pelo incentivo ao cooperativismo e associativismo entre os pequenos. Ao unirem suas forças em cooperativas, pequenos negócios ganham em muitas frentes, até porque o poder de negociação do conjunto é bem maior. Economiza-se nas compras, na administração dos negócios, nas ações de marketing e as vendas tornam-se mais lucrativas. Infelizmente, muitos empresários ainda resistem a este tipo de associação por entenderem que estão se juntando com os seus concorrentes.

É claro, portanto, que não são poucos e nem pequenos os problemas de um pequeno negócio.

O fato interessante da experiência de consultoria com este segmento é que ela ajudou a desenvolver a minha criatividade. Eu passei a estudar mais alternativas de soluções, para que fossem mais econômicas, simples de usar e, ao mesmo tempo, eficazes. Algumas metodologias de planejamento, por exemplo, que eu costumava utilizar em médias e grandes empresas, não faziam sentido para as pequenas. Precisavam de adaptações e de simplificações.

Que sentido faz implantar um plano de cargos e salários com grupos, classes e níveis salariais em uma empresa com dez empregados? No entanto, ela precisa ter uma política salarial, definir as competências dos cargos, entre outras preocupações com as pessoas que trabalham na empresa. Complexos sistemas de avaliação de desempenho e de remuneração variável tampouco servem para os pequenos negócios. Mas tem que haver uma solução que defina formas de premiar os bons desempenhos, de modo a poder reter os talentos, principalmente porque eles tendem a sair para grandes empresas que remuneram melhor os profissionais. Também não há como propor uma campanha promocional em uma televisão, pois não existiria orçamento para tal, mas há como ensiná-los a fazer um bom e barato marketing de mídias sociais. Em outras palavras, as soluções têm que caber no tamanho da empresa, além de se alinharem com a cultura organizacional.

Estratégias Empresariais

Há que se pensar também que estratégias que resultem em perdas para uma grande empresa podem ser absorvidas com muito mais facilidade do que em uma pequena. Definir estratégias empresariais em micro e pequenos negócios tem a mesma importância de acertar o tiro no leão que está diante de você, com apenas uma bala no revólver. Se errar pode ser o seu último suspiro em vida.

Posso dizer, então, que tem sido uma grande escola trabalhar para pequenos negócios e o aprendizado tem servido, inclusive, para a minha atuação como consultor de grandes empresas. Não é porque as corporações sejam grandes que elas desejem pagar mais pelo que podem gastar menos.

Enfim, falar sobre estratégias empresariais para micro e pequena empresa no Brasil é entrar no campo da magia, para poder tirar algumas soluções da cartola e deslizar um pouco nos palcos do forró, para ter muito jogo de cintura. Isso sem falar que há que se cultivar muita serenidade para aceitar que tudo o que você um dia aprendeu com as técnicas de gestão empresarial terá que ser revisto, pois a teoria neste campo é totalmente diferente da prática.

24

As falhas do empreendorismo no Brasil

No Brasil está instalada uma crise de produtividade ocasionada por diversos fatores. A gestão estratégica empreendedora surge como um tema de preocupação num mercado cada vez mais ansioso por mais eficiência com menos custos. Nesse aspecto destacam-se quatro causas que fazem as empresas não alcançarem níveis de competitividade: deficiência na execução do plano de negócios, excesso de *benchmarking*, falta de acompanhamento da gestão financeira e a inexistência de gestão da marca

Marcos Roberto Buri

Marcos Roberto Buri

Formação em Administração de Empresas - Faculdades Integradas Campo Salles (1996). Com especialização em Engenharia de Produção (2002) - Universidade São Judas Tadeu e Mestrado em Engenharia de Mecânica - Universidade de Taubaté (2006). Atualmente é professor da Faculdade Eça de Queirós, Faculdade Sudoeste Paulistano e Universidade Nove de Julho nos cursos de Administração de Empresas e Tecnologia de Gestão da Qualidade. Atua como consultor de produtividade e qualidade em empresas de pequeno e médio porte desenvolvendo projetos de melhoria de processos e cursos de treinamento empresarial. Possui 25 anos de experiência na área de Administração de Operações atuando principalmente nos seguintes temas: Cadeia de Suprimentos, Manufatura Enxuta, Qualidade, ISO9001:2008 e Planejamento Estratégico.

Contatos
marburi@ig.com.br
Currículo lattes: http://lattes.cnpq.br/3961731769438133
(11) 97602-9964
(11) 4789-2644

Marcos Roberto Buri

Introdução

No atual cenário, o Brasil vive uma crise de produtividade ocasionada por diversos fatores entre os quais cabe destacar a falta de gerenciamento do processo, estagnação de investimentos e falta de inovação tecnológica. O objetivo deste texto é aprofundar os conhecimentos sobre os motivos que fazem as empresas apresentarem deficiência em competitividade no ambiente empresarial. Considerando a natureza dos problemas apresentados, foi realizado um levantamento bibliográfico a partir de informações pertinentes encontradas em livros, teses e artigos de revistas especializadas. A gestão estratégica empreendedora surge como um tema de preocupação num mercado cada vez mais ansioso por eficiência com menos custos. Nota-se que o caminho da competitividade parte quase que necessariamente de um processo de gestão e de adaptações. Atualmente, à luz do desafio da mudança e no desempenho dos processos de gestão, a necessidade de compreender as ações administrativas é claramente essencial para o entendimento e identificação de paradigmas como "Não adianta planejar", não há mais espaço no momento atual. Não bastassem os desafios inerentes ao processo de operação, logística, distribuição e competitividade, no Brasil há o gargalo da infraestrutura existente e da pouca inovação tecnológica para implementação de novos processos e produtos. Nesse aspecto destacam-se quatro causas que fazem as empresas não alcançarem níveis de competitividade: deficiência no planejamento e execução do plano de negócios, no mundo nada se cria tudo se copia, memorização da gestão financeira da empresa e a gestão da marca: o dilema de ser ou não ser.

Deficiência no planejamento e execução do plano de negócios

Muitos empresários começam a atuar sem fazer um plano de negócios ou quando o fazem simplesmente não o executam. Esse é um tipo de atitude de alto risco, em que a possibilidade de sucesso é pequena e, quando por sorte acontece, é no curto prazo. Antes de abrir uma empresa, é preciso estudar todos os aspectos que envolvem o negócio. Deve-se pesquisar quem será o público-alvo, fornecedores, principalmente os custos fixos que são os principais responsáveis pela falência das empresas e custos variáveis que, quando mal administrados, ocasionam problemas de competitividade, avaliar o fator concorrência e localização adequada. Quanto mais pesquisa e, principalmente, análise das informações o empreendedor fizer sobre seu ramo de atividade, maiores serão as chances de sucesso ou ainda de desistência do projeto antes de gastar recursos com aquilo.

Estratégias Empresariais

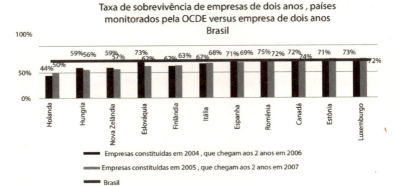

Fonte: Sebrae-NA e OCDE, Relatório de sobrevivência das empresas 2011 p. 26*.

Nota: (*) A linha vermelha do gráfico expressa a taxa de sobrevivência de empresas brasileiras que completaram dois anos em 2007 (71,9%). São empresas constituídas em 2005 e verificadas nas bases de 2005, 2006, 2007 e 2008.

Nota: para os países monitorados pela OCDE, trata-se das empresas constituídas em 2004 e checadas nas bases de dados até 2006 e as empresas constituídas em 2005 checadas nas bases de dados até 2007.

A constatação principal com base nos dados demonstrados é que em todo mundo o risco ao montar um negócio é alto, sendo que em alguns momentos os riscos em outros países são ainda mais altos do que os apurados no Brasil. Temos mais empreendedores do que mercado no mundo, e a realidade é que não há espaço para absorver ou acomodar todas as empresas abertas. Sendo assim, a elaboração e a execução do plano de negócio é uma questão de sobrevivência do empreendedor. Muitos empreendedores não fazem um plano de negócio ou quando o fazem simplesmente não fazem o acompanhamento da execução e suas correções quando necessário, "fazer o plano para mostrar a outras pessoas, bancos ou instituições de apoio" é desperdício de tempo e dinheiro.

No mundo nada se cria, tudo se copia

O fato de o empreendedor simplesmente ser um plagiador de ideias denota o seu despreparo para ser empresário, o que pode transformar o projeto de uma nova empresa em um desastre ao reproduzir integralmente um modelo de negócio que já existe no mercado sem fazer inovações. Cabe salientar que todas as empresas atuantes há mais de 100 anos como General Eletric, Jonhson & Jonhson e Nestlé, foram criadas por pessoas inovadoras e até hoje são gerenciadas por profissionais que inovam bastante. No curto prazo, a cópia pode até trazer lucro, mas no médio prazo tende a ser uma péssima estratégia. O ideal é que o empreendedor se inspire em casos de sucesso para abrir seu negócio, mas saiba adaptá-los à sua realidade para criar diferenciais, formando assim o que chamamos de DNA da empresa que é a base do fortalecimento de sua marca, gerando, assim, valor. Para ter sucesso é necessário haver alguma inovação em relação ao produto ou serviço oferecido pela concorrência.

Agora, ao analisar o ambiente do mercado brasileiro vemos o processo de desindustrialização pelo qual o país passa em virtude da invasão dos produtos chineses. Nota-se, por meio do gráfico a seguir, que os chineses, antes tidos como simplesmente reprodutores da baixa qualidade dos produtos oferecidos por outras empresas brasileiras, mudaram a estratégia e entenderam que, para viver e não sobreviver simplesmente, precisam inovar, respondendo por 68,54% do total de patentes registradas no período de 1999 a 2011 pelos BRICS. Bloco econômico formado por Brasil, Rússia, Índia, China e África do Sul que recentemente fundou um banco de investimento com sede na China.

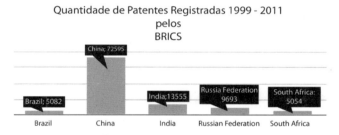

Fonte: OCDE. stat extracts, Organisation for Economic Co-operation and Devolopment. Acesso: 22/07/2014

Outro fator importante são os percentuais de empresas que inovam em processo e/ou produto. Ao observar o gráfico a seguir percebe-se claramente como as empresas praticamente não se preocupam em criar, apenas copiam práticas estabelecidas em outros mercados como o europeu e o americano. Muitas se esquecem que os concorrentes não estão ao seu lado, pois se tornaram globais.

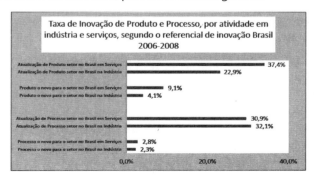

Fonte: Pesquisa de inovação tecnológica – Pintec 2008.

Estratégias Empresariais

Nesse ambiente de baixa inovação, a análise defendida por vários economistas de baixa produtividade da mão de obra como fator da falta de competitividade das empresas se torna um pouco incipiente. Pois não se leva em consideração nessa análise simplista o *"turnover"* ou rotatividade de pessoal das empresas nesse período que junto com uma estratégia de cargos e salários acaba por absorver esses reajustes de salários dos acordos coletivos acima da inflação dos últimos anos. Estão misturando o conceito de custo com valor, pois o fator principal, de acordo com os dados, é que os empresários simplesmente não querem investir em inovação e nem fazem parcerias com as universidades ou pesquisadores para inovar. Sendo assim, sem inovação fica difícil criar negócios que tenham competitividade e sustentabilidade de médio e longo prazo, se faz necessária uma mudança de mentalidade imediatista de curto prazo para uma metodologia de projeto inovador de médio e longo prazo. Todo empreendedor de sucesso que conheci sempre está antenado às tendências do seu ramo de atividade. Ler matérias em jornais, sites e revistas ou simplesmente andar pela rua e ter tempo para conversar com clientes e fornecedores é de grande ajuda para conseguir mais informações sobre o mercado. O consumidor quer novidade e quem não se adaptar tende a perder espaço.

Memorização da gestão financeira da empresa

Não existe a possibilidade de deixar a empresa só nas mãos de terceiros, é arriscado. A liberação de todos pagamentos é de responsabilidade do empreendedor, partindo da filosofia que será efetuada com auditoria constante, executada por ele, questionando sempre o processo que gerou aquele gasto. A dedicação e disciplina, especificamente aos processos de gestão dos pagamentos, é uma das principais qualidades de um empreendedor ajudando ao que chamamos de memorização do fluxo de caixa e a situação financeira da empresa. Nesse momento, o equilíbrio e apoio familiar devem se fazer presentes na vida do empreendedor. Muitos empresários se perdem quando o assunto é gestão do caixa. Se o empresário não consegue ter uma visão sobre o fluxo de caixa, não tem o perfil para a tomada de decisão numa empresa. Deve adquirir um parceiro de confiança (e não um simples investidor) com este perfil para juntos administrarem a empresa. Lembrando que a companhia deve adotar um sistema de controle da entrada e saída de dinheiro. Além disso, é preciso ter o hábito de checar as contas, de preferência todos os dias, e saber planejar o pagamento e recebimento dos recursos. Os empresários devem separar um determinado período do seu

Marcos Roberto Buri

dia para verificar de perto a rotina de cada área da empresa. Os grandes empreendedores visitam pessoalmente todas as áreas das empresas de tempos em tempos. Se eles não tiverem condições de fazê-lo, uma alternativa é trazer pessoas qualificadas para supervisionar cada setor. Porém, devem estar presentes para fiscalizar o trabalho e resolver problemas que possam ocorrer no dia a dia. Sugiro a estes que não montem uma empresa, mas mudem de estratégia e procurem outras alternativas para a felicidade, o objetivo de todo empreendedor. Há profissionais que trabalham como empregados e são reconhecidos, acumulam riqueza e são saudáveis. "Não existe uma rota única para ser feliz".

De acordo com o gráfico a seguir, o risco de uma empresa não sobreviver a 10,5 anos é acima de 95%.

Expectativa de vida das empresas

Fonte: Observatório das MPEs do SEBRAE-SP, 10 Anos de Monitoramento da Sobrevivência e Mortalidade de Empresas / SEBRAE-SP. São Paulo: SEBRAE-SP, 2008. 20p. ISBN: 978-85-7376-069-9.

Ao analisar o gráfico verificou- se que tecnicamente o grande desafio estratégico das empresas é superar a barreira de dez anos de atividade, e não a apontada por diversas empresas de consultoria desde a década de 1990 dos cinco anos de atividade. Outro aspecto, o risco é muito alto e o retorno deve ser sustentável para compensar os recursos de capital humano e material envolvidos nesse projeto. Neste aspecto, o valor do produto ou serviço é fundamental para ser obter sucesso a longo prazo e não somente a curto prazo, como evidenciado pela mídia de forma geral. Mais de 50% das empresas que tiveram matérias publicadas em revista e jornais como *cases* de sucesso nos últimos dez anos não existem mais.

A gestão marca o dilema de ser ou não ser?

Não ter uma visão de marca: a criação da marca talvez seja a mais importante atividade que não deve ser negligenciada pelo empresário,

Estratégias Empresariais

pois pode ser um único ativo de valor que não sofre depreciação ao longo do tempo. Pelo contrário, se bem gerenciada pode se valorizar ao longo do tempo e, em alguns casos, valer mais do que todos os outros ativos da empresa. Para um marketing mais eficiente, o empresário precisa entender o mercado (cliente) que quer atingir, saber onde o público dele está e do que gosta. A partir dessas informações se estabelece uma estratégia, e a propaganda ideal é direcionada para os clientes. A criação "marca" uma declaração de intenções da alta administração, diferenciando a organização dos seus concorrentes, gerando valor ao cliente. As empresas de sucesso criam, por meio do marketing, uma rede de relacionamentos com seus clientes pela marca. O conceito de relacionamento é mais amplo do que uma parceria, em que ambos investem tempo e dinheiro para obter suas próprias vantagens e as empresas respeitam os espaços dos clientes. Nesse momento, as empresas estão se dedicando a falar a sua própria linguagem e se adaptando ao seu meio ambiente (real e virtual) onde ele convive. Ou seja, o desafio é transformar a necessidade em desejo. Cabe salientar que conforme o valor da marca cresce, mais exigente o cliente se torna e, consequentemente, mais estreita é a diferença entre o produto e/ou serviço esperado em relação ao produto e/ou serviço percebido.

Conclusão

As atividades de pesquisa e planejamento financeiro nunca tiveram tanta importância para a sobrevivência das empresas no Mercado. Nesse sentido, este texto retrata muito bem as adversidades do ambiente empresarial.

A renda está subindo mais do que a produtividade e o caminho para equilibrar essa situação passa pela busca do valor do produto e, consequentemente, pela geração de empresas sustentáveis no mercado.

Referências

Sebrae-NA, *Relatório de sobrevivência das empresas,* 2011 p. 26.

OECD. stat extracts, *Organisation for Economic Co-operation and Devolopment.* Pesquisa de Inovação tecnológica – Pintec 2008.

Observatório das MPEs, *10 Anos de Monitoramento da Sobrevivência e Mortalidade de Empresas* / SEBRAE-SP. São Paulo: SEBRAE-SP, 2008. 20p.

25

Líderes excelentes, empresas espetaculares

Existem muitos bons líderes. Para ser bem-sucedido e realmente contribuir para uma empresa ser espetacular, é preciso ir além: ser um líder excelente. Conheça as competências dominadas pelos líderes excelentes, o que as empresas ganham com eles e como você pode alcançar uma performance extraordinária para você e sua equipe

Mariana Boner Lacombe

Mariana Boner Lacombe

Formada em Psicologia pela Universidade de Brasília - UnB. Possui MBA em Gestão de Serviços e Atendimento a Clientes pela Fundação Getulio Vargas - FGV. É certificada como Conselheira de Administração pelo Instituto Brasileiro de Governança Corporativa - IBGC. É diretora executiva com mais de 15 anos de experiência em Gestão, Recursos Humanos, Administração e Governança Corporativa. É *Master Coach* com especialização em Neurociência e Psicologia Positiva. Como *Coach*, atua fortemente com lideranças de alta performance, empreendedores e pessoas que buscam grandes mudanças pessoais e profissionais. É coautora dos livros "A Bíblia do Coaching" da Editora Kelps, e "Estratégias Empresariais", "Manual de Treinamentos Comportamentais" e "Empreendedor Total" pela Editora Ser Mais. Está sempre à frente de trabalhos sociais globais, propagando os princípios de sustentabilidade em todos seus empreendimentos. É sócia-fundadora da AME - Associação de Mulheres Empreendedoras.

Contatos
www.thetop.me
mariana@thetop.me
Skype: marianaboner

Mariana Boner Lacombe

Empresas precisam de líderes excelentes

Liderança é um dos assuntos mais pesquisados e discutidos dos últimos tempos no mundo empresarial. Falar sobre liderança não se trata apenas de reconhecer a importância das pessoas em uma organização, sinal de um movimento inédito de crescimento expressivo de investimentos em desenvolvimento humano. Liderança não é uma moda, uma tendência ou apenas um assunto inspirador. Na verdade, liderança é uma necessidade.

Um dos maiores e mais recentes estudos sobre liderança foi realizado pelo Instituto Gallup com 25.000 executivos e funcionários, e divulgado pelo na State of the American Workplace em 2013. Os dados sobre a produtividade em empresas são alarmantes:

- Apenas 30% dos funcionários estão engajados e comprometidos em fazer um bom trabalho;
- 50% dos funcionários desperdiçam seu tempo de trabalho;
- 20% dos funcionários são contra a produtividade, influenciando negativamente colegas de trabalho, perdendo dias de trabalho e afastando clientes por meio do mau serviço. Sozinho, esse grupo de funcionários custa cerca de meio trilhão de dólares por ano para a economia dos Estados Unidos!

O estudo do Instituto Gallup concluiu que a má liderança é uma das principais causas desse grande desalinhamento. A maioria dos executivos deve reconhecer que um de seus maiores desafios nas empresas é reduzir o abismo entre o talento potencial e o talento realizado, e a energia das pessoas que lideram. Porém, a maior parte dos executivos também não se dispõe a liderar pessoas e a mantê-las motivadas, perdendo a oportunidade de otimizar ao máximo o potencial das pessoas dentro da organização.

Já a consultoria Robert Half e Associados divulgou recentemente que uma pessoa trabalha, em média, apenas 50% da sua capacidade. O restante do seu tempo disponível para o trabalho é desperdiçado durante o dia com conversas entre colegas de trabalho, internet, atrasos, saídas antecipadas, pausas extensas para café e almoço, e problemas pessoais. Ou seja, o desperdício de talento é enorme.

Algumas das grandes causas desse desperdício são a falta de motivação e foco no trabalho, e a falta de direção e urgência para concluir o seu trabalho antes de qualquer outra atividade. Além disso, em muitos casos, as pessoas também não percebem o quanto o

Estratégias Empresariais

seu chefe realmente se preocupa com elas como indivíduos, o que gera grande desmotivação e desengajamento organizacional.

É nesse cenário que os líderes excelentes fazem toda a diferença para recuperar 50% de potencial de trabalho desperdiçado, por meio da maximização do capital humano e foco no alcance dos mais importantes e valiosos resultados possíveis. Afinal, como um líder excelente é capaz de fazer uma empresa se tornar espetacular?

As competências de um líder excelente

Liderança é a habilidade de fazer pessoas normais alcançarem uma performance extraordinária. Uma outra perspectiva é definir liderança como a habilidade de conseguir seguidores. Em suma, ser um líder é influenciar e motivar pessoas para que elas obtenham resultados fantásticos para si mesmas, sua equipe, sua empresa, sua sociedade, ou qualquer outro contexto em que estejam inseridas.

O líder excelente possui uma série de competências que o torna especial e fundamental para as empresas. Ele também dedica muito tempo e esforço para se tornar cada vez melhor em cada uma dessas competências, não bastando apenas ser bom nelas, mas sim excelente. A seguir, conheça as principais competências de um líder excelente e como as empresas potencializam os seus resultados por meio dos líderes, tornando-se espetaculares.

Visão

Em todos os estudos sobre liderança, a visão é uma das competências que todos os líderes têm em comum. Isso significa que líderes formulam uma visão clara da direção que querem dar à sua organização em longo prazo. Ser capaz de articular claramente essa visão é a chave para motivar e inspirar as demais pessoas no trabalho.

Eles visualizam como seria o futuro e conseguem voltar ao presente para definir o que é necessário realizar para chegar nesse futuro visualizado. Excelentes líderes não esperam acontecer e moldam o futuro. Com isso, as empresas se antecipam à concorrência, criando novas tendências e acelerando em competitividade.

Com clareza, os líderes definem e disseminam sua visão, atrelada aos valores, à missão e ao propósito da organização. Inspiram todos os colaboradores à sua volta, ao fazê-los entender a importância do seu trabalho, o objetivo final da organização e o motivo pelo qual todos estão em busca desse objetivo. Para isso, o líder define metas claras e sabe gerir todos os recursos necessários para obter sucesso no alcance dessas metas.

A competência da visão tem um peso imprescindível para solucionar todos os problemas apontados pelos estudos mencionados anteriormente. A visão promove o engajamento, a motivação, a definição de metas e gestão dos resultados. Muitas vezes, um líder excelente supera as metas definidas porque conhece o seu potencial e de sua equipe. Portanto, dominar a competência da visão é fundamental para ser um líder excelente.

Coragem

Coragem é outra competência da liderança que todos os estudos demonstraram ser comum entre líderes. Líderes possuem a capacidade de se antecipar, tomar decisões difíceis, desafiar as dificuldades, e fazer o que for necessário para alcançar sua visão. Abandonam o passado, sem pestanejar.

O desenvolvimento da coragem em um líder é essencial para realizar o seu potencial pleno. Ao se arriscar e dar passos maiores que as demais pessoas, o líder garante o seu crescimento acima da média. Às empresas, o líder excelente traz consigo a inovação e a criatividade em quaisquer situações. Isso significa que ele será inovador e criativo ao definir, por exemplo, novos produtos e nova abordagem de mercado, da mesma forma que trará novas soluções para conflitos e problemas graves.

São ousados e audazes, ao mesmo tempo em que possuem paciência para manter o curso da visão e aguardar os resultados esperados, mesmo que eles não sejam imediatos. Ser corajoso não significa ser impaciente. Na verdade, o líder nunca perde a sua visão de vista, o que significa que ele saberá quando o momento é de espera, e não apenas de ação.

Integridade

A integridade é a mais respeitada e admirada competência dos líderes. O líder sempre mantém sua palavra, possui honra e congruência no que fala e faz. Diz a verdade, sem usar de jogos de interesse que prejudiquem sua imagem. Significa ser previsível, pois não há alterações em suas práticas e em seus valores. Ou seja, os líderes são pessoas confiáveis e sinceras, o que é extremamente importante para todas as empresas.

Estratégias Empresariais

As empresas espetaculares possuem líderes com os quais elas podem contar e confiar, e saberão que eles farão a coisa certa. Corrupção, fraudes e negligência não são palavras que fazem parte do vocabulário dos líderes e, por isso, eles são fundamentais.

Por serem íntegros, os líderes reconhecem os seus pontos fortes, assim como os seus pontos fracos e suas limitações. Eles sabem como utilizar suas melhores características e entendem suas limitações, buscando aprimorá-las ou buscar pessoas que possam ajudá-los a superá-las. Assim, não prometem coisas que não podem cumprir ou que não sabem fazer, trazendo segurança e confiabilidade às empresas.

Responsabilidade

Excelentes líderes são, acima de tudo, responsáveis. Assumem seus papéis e suas atividades. Não culpam os outros pelos próprios erros e os reconhecem, focando no futuro como oportunidade para corrigir o que não funciona.

Antecipam-se aos problemas e às piores situações que poderiam ocorrer, planejando o futuro estrategicamente para estar prontos caso algo fora do plano aconteça. Por serem responsáveis, definem um padrão alto de entrega, focando a excelência e os melhores resultados possíveis.

Focam em performance, resultados e forças. Sendo assim, sabem o que somente eles podem fazer e trará os melhores resultados para si e para os outros. Além disso, um líder excelente inspira e leva outras pessoas a seguirem os seus padrões de excelência. As empresas com esses líderes usufruem de um altíssimo padrão de resultados, tanto dos líderes quanto de suas equipes.

Cooperação

Os líderes excelentes possuem outra competência fundamental: a cooperação. Eles conquistam seguidores que gostariam de trabalhar com eles, assim essas pessoas poderão aprender rapidamente e ter resultados fantásticos.

São exemplos para todos e funcionam como modelos para acelerar os resultados e o crescimento da empresa e das pessoas. Da mesma forma, o líder sente a necessidade de crescer e aprender continuamente, assim como levar as pessoas próximas a ele a fazer o mesmo.

Uma das formas mais eficazes e eficientes de aprendizado é a modelagem, ou seja, tomar uma pessoa como um exemplo e apren-

Mariana Boner Lacombe

der pela inspiração. Nesse cenário, os líderes excelentes atuam como fortes atalhos para a alta performance dentro das empresas.

Devido à sua competência fundamental de cooperação, líderes necessitam conviver com a diversidade. Eles possuem a capacidade de desenvolver relacionamentos com pessoas diferentes de si mesmo. Aceitar pessoas diferentes como parte integrante do time é fundamental. Respeitar a diversidade é uma grande fonte de novos recursos e novas ideias. Líderes aproveitam a oportunidade de aprender mais e pensar de forma diferente por meio da diversidade, trazendo muita competitividade para as empresas em que atuam.

Motivação

Por consequência, todas essas competências culminam em uma característica fundamental de todos os lideres excelentes, que é a capacidade de gerar motivação. Eles são movidos para alcançar além das expectativas próprias e de todos os outros, tendo como palavra-chave a conquista.

Muitas pessoas são motivadas por fatores externos, tais como um grande salário, ou o status que vem de ter um título impressionante, ou fazer parte de uma empresa de prestígio. Em contraste, aqueles com potencial de liderança são motivados por um desejo profundamente enraizado de conquistar. Por isso, os líderes excelentes também apresentam uma energia incansável para fazer as coisas melhor. Pessoas com essa energia muitas vezes parecem inquietas com o status quo. Elas estão ansiosas para explorar novas abordagens para o seu trabalho.

Os líderes excelentes possuem altos níveis de motivação para a realização de suas conquistas e das pessoas com quem trabalham, e isso se prova pelo seu compromisso com a empresa. Quando as pessoas amam seus trabalhos, muitas vezes se sentem comprometidas com as empresas em que estão. Funcionários comprometidos são susceptíveis a ficar em uma empresa, mesmo quando eles são perseguidos por recrutadores e empresas de *headhunting*, reduzindo o *turn-over* e gastos com recontratações e perda de conhecimento.

Motivação é diretamente relacionada a uma liderança forte. Se você definir o alto nível de desempenho para si mesmo, você vai fazer o mesmo para a organização. Por meio de suas competências, os líderes influenciam os demais a seguirem os seus passos rumo ao comprometimento e aos resultados excepcionais, criando uma onda de engajamento que é contagiante.

Estratégias Empresariais

Comece a agir agora!

Líderes são formados. Ninguém no mundo nasce um líder naturalmente. Uma pessoa se torna um líder, primeiramente, ao tomar a decisão de se tornar um líder. Em seguida, ela aprende as competências necessárias para obter uma performance extraordinária das demais pessoas.

É possível ser um líder excelente ou ter uma empresa formada por eles se essas competências forem desenvolvidas. Nesse capítulo, você conheceu competências fundamentais para a liderança. Porém, não basta conhecer se não colocar em prática o que aprendeu. Aqui vão alguns passos importantes que você pode dar imediatamente para estar cada vez mais próximo da liderança excelente.

1. Decida pela liderança excelente, hoje. Torne-se um líder ou leve a liderança excelente para a sua empresa imediatamente. Os resultados são espetaculares!
2. Procure um ótimo *coach*. Um processo de *coaching* focado nas competências de liderança é um grande atalho. Em pouco tempo, você conseguirá dar passos largos para se tornar um grande líder ou desenvolver líderes em sua empresa, pois o *coaching* é uma forma objetiva de atingir resultados excelentes, de forma sustentável.
3. Busque conhecimento. Procure por formações acadêmicas, livros, palestras e treinamentos sobre liderança. Conhecer sobre liderança é essencial para colocá-la em prática.
4. Exercite a comunicação clara e objetiva. A clareza é um forte pilar da liderança. Comunique a sua visão da empresa e o propósito do trabalho do líder e de cada membro da equipe. Defina metas, prazos e papéis para cada pessoa, certificando-se que a comunicação está clara e transparente para todos.
5. Inspire-se. Tenha um exemplo de liderança para admirar e se inspirar. O estudo de líderes do passado e do presente é uma das formas mais rápidas para se desenvolver as competências de um líder.

"Aprendizado é ação. Do contrário, é só informação".
Albert Einstein

26

Capital social: o motor de sua empresa

Neste artigo você poderá encontrar algumas dicas de como fazer do seu novo negócio motivo de alegria e não uma interminável dor de cabeça

Nilson S. Leite

Nilson S. Leite

Advogado, empresário do setor de Tecnologia da Informação, especialista em Interesses Difusos e Coletivos pela Escola Superior do Ministério Público – ESMP/SP, pós-graduando em Direito Administrativo pela PUCSP, membro da Comissão de Direito Administrativo e de Direito Digital e Crimes de Alta Tecnologia da OABSP, membro da Comissão de Novos Advogados do Iasp (Instituto dos Advogados de São Paulo), membro da AASP (Associação dos Advogados de São Paulo), membro do IBDI (Instituto Brasileiro de Direito da Informática), membro do Idec (Instituto de Defesa do Consumidor), membro e conselheiro eleito da Abes (Associação Brasileira das Empresas de Software).

Contatos
nilsonleite@hotmail.com
(11) 98479-0890

Nilson S. Leite

O empreendedor que se aventura no mundo dos negócios sempre se surpreende com a diversidade de matérias que deve dominar no decorrer de sua atividade empresarial. Contabilidade, direito, recursos humanos, marketing, publicidade e vendas são alguns exemplos da tensão que acomentem o novo empresário. O início de um novo negócio pode parecer tarefa simples, basta para isso uma promissora e brilhante ideia: o descobrimento de um nicho de mercado pouco explorado, ou ainda, a criação de um produto que tenha ótima aceitação de mercado.

Passado o glorioso momento de êxtase e sonhos, o novo empreendedor se depara com o mundo real de qualquer empresário: leis, impostos, burocracia, recursos humanos, estratégias, concorrência acirrada (muitas vezes desleal), dificuldade na formação de preços, entre diversos outros.

Na legislação brasileira, uma pessoa jurídica nasce pelo registro de seu contrato social no órgão competente que será a Junta Comercial para as Sociedades Empresárias ou o Cartório de Registro de Pessoas Jurídicas para as Sociedades Simples.

No que diz respeito ao exercício da sua atividade, a sociedade nada mais é do que uma unidade econômica organizada quando há a formação do seu capital social. Capital social é, portanto, o recurso empregado pelos sócios para a constituição ou criação da sociedade. Melhor dizendo, para que a sociedade dê início às suas atividades, é necessário que os sócios invistam capital (chamado de aporte), seja em dinheiro, seja em bens.

Tal assunto é tabu entre advogados e contabilistas, que consideram o capital social como uma mera cláusula do contrato, um assunto de menor importância, entendimento que mostraremos não ser o correto.

Ora, o capital social é, como já dito, um dos elementos mais importantes de um contrato social. É ali que se materializa o quanto o sócio investirá na empresa, de forma a constituí-la e a gerar movimento financeiro independente, com vistas à obtenção de lucro. É o quanto foi efetivamente investido na empresa, e o quanto essa empresa, a partir daquele capital, passou a gerar de lucro para seus sócios.

Portanto, é extremamente necessário que cada aporte feito pelo sócio na pessoa jurídica ora constituída seja integralizado no contrato social, de forma a demonstrar o aumento ou a diminuição de sua participação pela conversão monetária no percentual devido de cotas.

Estratégias Empresariais

Exemplificando, se uma empresa é constituída com um capital social de R$ 10.000,00 (dez mil reais), e esse valor investido é suficiente para dar início e manter as atividades, ao final do ano será possível saber se a pessoa jurídica conseguiu obter lucro (contábil ou financeiro) ou se houve prejuízo.

Se a empresa teve prejuízo e precisou fazer um empréstimo, seja do banco ou de algum dos seus sócios (o que é permitido por lei), essa informação deverá ser devidamente anotada nos livros fiscais para efeito de futura compensação/pagamento.

Caso a empresa obtenha lucro, esse valor poderá ser dividido entre os sócios, de acordo com as cotas alcançadas por meio do capital social, ou ainda, ser reinvestido na própria pessoa jurídica, situação que deverá ser instrumentalizada pela alteração do contrato social, em que deverá constar expressamente o aumento do capital social (capital investido pelos sócios na empresa).

Em uma eventual dissolução empresarial, depois de apuradas e quitadas eventuais dívidas trabalhistas, previdenciárias, fiscais e com os credores, será apurado o quanto cada sócio investiu, e esse valor deverá também ser equacionado.

Diferentemente do que muito se apregoa, o capital social não é a responsabilidade limítrofe da pessoa física frente à pessoa jurídica. O capital social é, a contrário senso, o que a pessoa física capitalizou à pessoa jurídica, tendo esta última responsabilidade em uma eventual resolução na restituição desses valores.

Muitas empresas simplesmente operam por muitos anos sem atualizar seu capital social. Mas como pode uma empresa com capital social de meros R$ 10.000,00 ter subsistido e crescido sem que tenha tido qualquer aporte financeiro de seus sócios? Mesmo que em seu primeiro ano de atividade ela tivesse conseguido excelentes resultados econômicos, para o exercício seguinte seria primordial, se não vital, que se reinvestisse algum dinheiro para a expansão dessa empresa.

E aí se afigura o desconhecimento jurídico de parte do empresariado brasileiro que pode trazer eventuais transtornos quando se depara com algum tipo de problema judicial, pois é muito fácil, quando o empreendedor não atenta para esse peculiar problema, comprovar algum tipo de fraude, mesmo que não intencional, na administração da empresa.

O capital social integra ainda o patrimônio líquido da empresa, demonstrando ao mercado uma imagem sólida, de boa administra-

Nilson S. Leite

ção, e também seu poder de arcar com os compromissos assumidos perante seus clientes.

Em regra, como bem sintetizou José Edwaldo Tavares Borba, a natureza da contribuição é em dinheiro, sendo que "os demais bens somente serão admitidos se corresponderem a um especial interesse da companhia, a ser previamente determinado" (BORBA, 2004, p. 197 e 198).

No entanto, a integralização ou subscrição desse capital pode se dar pelo dinheiro, móveis, imóveis, títulos de crédito, ou, ainda, de direitos como patentes de invenção ou certificados de marca, desde que previamente acordado entre os sócios.

A integralização pode ser feita à vista ou dividida em parcelas, lembrando que a subscrição é tão somente o ato preliminar à integralização, e este último é o ato do pagamento em si.

Como demais bens, temos ainda o *know-how*, que nada mais é do que o conjunto de conhecimentos específicos ou de habilidades profissionais a que pode ser atribuído um valor patrimonial e ser utilizado pelo sócio, a fim de adimplir o seu dever de integralização do capital social.

Embora o conceito de *know-how* se atrele ao de um bem imaterial, esse também poderá ser formado por elementos materiais, que consubstanciam a aplicação desse conhecimento, "como no caso em que a transferência desse bem se faz através de desenhos e gráficos que configuram o modo de procedimento", em exemplo dado por Fran Martins (1996, p. 501).

A transferência do *know-how* para a pessoa jurídica ocorrerá mediante celebração de contrato, aferido como contrato atípico, consoante o disposto no artigo 425 do CC.

A lei é omissa quanto ao procedimento de integralização; assim, para a correta aferição dos valores, a princípio seria necessária uma perícia técnica, apurando assim o real valor da participação do sócio em apreço.

Ensina Adalberto Simão (2004, p. 170):

> É recomendável que o *know-how* seja avaliado para fins de atribuição de valor. Para tanto, é necessário ter um memorial descritivo do *know-how* para se entender efetivamente em que ele consiste e quais as possibilidades de utilização por parte da sociedade, inclusive para que se possa bem implantá-lo, proporcionando o devido treinamento dos responsáveis

Estratégias Empresariais

> pelo uso e, ainda, a eventual realização de outros negócios jurídicos por parte da sociedade na qual o *know-how*, integralizado o capital, esteja presente.

O Comitê de Pronunciamentos Técnicos Contábeis define, por meio de um enunciado, o tratamento contábil dos ativos intangíveis, traçando referências para a imputação de valores ao *know-how*. São considerados, entre outros fatores, a expectativa de rentabilidade futura e o contrato ao qual o *know-how* está vinculado.

Portanto, caso o conhecimento técnico do sócio represente uma inovação tecnológica capaz de reduzir os custos operacionais da sociedade, a perícia contabiliza, para fins de conferir o valor específico do *know-how*, o montante equivalente à economia realizada.

Apesar do exposto, é possível a dispensa da perícia técnica quando houver consenso entre os sócios quanto ao valor conferido ao *know-how*; todavia, permaneceria o risco de configuração de fraude contra credores por eventualmente ter imputado valor ao *know-how* superior à realidade, frustrando a expectativa de credores que buscam no patrimônio social da empresa a garantia do pagamento.

Já em relação aos bens imóveis, a integralização do capital social de uma sociedade limitada é imune quanto à incidência do ITBI – Imposto de Transmissão de Bens Imóveis.

Essa imunidade está prevista no artigo 156, §2º, inciso I, da Constituição Federal:

> Art. 156. (...)
> §2º. O imposto previsto no inciso II:
> I – não incide sobre a transmissão de bens ou direitos incorporados ao patrimônio de pessoa jurídica em realização de capital, nem sobre a transmissão de bens ou direitos decorrentes de fusão, incorporação, cisão ou extinção de pessoa jurídica, salvo se, nesses casos, a atividade preponderante do adquirente for a compra e venda desses bens ou direitos, locação de bens imóveis ou arrendamento mercantil.

Nesse mesmo sentido, visando regular a imunidade, temos o artigo 36, inciso I, do Código Tributário, que assim dispõe:

> Art. 36. Ressalvado o disposto no artigo seguinte, o imposto não incide sobre a transmissão dos bens ou direitos referidos no artigo anterior:

Nilson S. Leite

I – quando efetuada para sua incorporação ao patrimônio de pessoa jurídica em pagamento de capital nela subscrito.

Cabe advertir que a imunidade aqui demonstrada não é regra absoluta, comportando a exceção contida no artigo 37 do Código Tributário, segundo o qual o município arrecadador poderá instituir e cobrar o ITBI "quando a pessoa jurídica adquirente do imóvel tenha como atividade preponderante a venda ou locação de propriedade imobiliária ou a cessão de direitos relativos à sua aquisição" (grifo nosso).

Podemos chegar à conclusão, portanto, de que o imposto municipal somente incidirá (exceção à imunidade) quando mais de 50% (cinquenta por cento) da receita operacional da pessoa jurídica adquirente, nos dois anos anteriores e, também, acumuladamente, nos dois anos subsequentes à aquisição, decorrer de transações estritamente imobiliárias.

O fato narrado demonstra apenas uma das vantagens de se manter devidamente ajustado o capital social de uma empresa, pois, além de vantagens tributárias, temos a vantagem de marketing em que a empresa demonstrará solidez aos seus clientes, e ainda, a vantagem de se demonstrar a potenciais investidores ou compradores da empresa um valor econômico mais agressivo.

Alguns empresários simplesmente negligenciam a importância do capital social e, mal assessorados, deixam de integralizar aportes financeiros ou de registrar aportes como empréstimos, trazendo, assim, transtornos na apuração do exercício fiscal de uma empresa.

A título de exemplo, certa vez me deparei com um caso em que dois sócios se uniram e formaram uma sociedade, tendo sido combinado que um deles entraria com o *networking* e com o *know-how* do negócio, e o outro com um aporte financeiro de meio milhão de reais. Na inauguração do negócio, um dos sócios já tinha investido mais de um milhão de reais, e o outro participava apenas como um consultor.

No entanto, no contrato social dessa empresa figurava tão somente a integralização de cinco mil reais em dinheiro de cada sócio. Na verdade, o sócio consultor não investiu um único real sequer, e o outro estava com um grande problema a solucionar.

Após a inauguração, essa empresa ainda necessitava de um aporte maior para capital de giro, pois o montante até então aplicado foi integralmente consumido pelas suas despesas estruturais.

Estratégias Empresariais

Cada vez mais ia se criando um imbróglio de difícil solução. Como nada era integralizado, e a sociedade de fato era de 50% para cada sócio, aquele que investiu dinheiro sentia-se lesado, enquanto o outro se sentia pressionado a integralizar a metade do valor já investido, o que o deixava desanimado com a sociedade.

Fazendo as contas, o sócio financeiro previu que, de acordo com as vendas demonstradas nos primeiros meses, o que foi aplicado não seria recuperado em menos de dez anos, o que tornava um negócio tido então como promissor uma grande dor de cabeça. Cada sócio tentava se desvencilhar de alguma forma de seus compromissos.

Se desde o início a integralização tivesse ocorrido de forma instrumentalizada, o sócio consultor entraria com a integralização de alguma patente, marca ou serviço e seria remunerado de acordo com sua consultoria por meio de pró-labore, sendo que a cada real investido pelo sócio investidor, este aumentaria sua participação na sociedade, diminuindo a do outro.

Contrato, ainda que seja para a constituição de uma empresa, existe quase que exclusivamente para tempos de guerra, pois em tempos de paz ele sequer é visitado.

Por fim, diz uma máxima que o sócio que acredita na sua empresa é o sócio que investe mais do que realiza (lucra) com ela.

Referências

BORBA, José Edwaldo Tavares. *Direito societário*. 9. ed. rev., aum. e atual. Rio de Janeiro: Renovar, 2004.

MARTINS, Fran. *Contratos e obrigações comerciais*. ed. rev. aum. Rio de Janeiro: Forense, 1996.

SIMÃO FILHO, Adalberto. *A nova sociedade limitada*. Barueri, SP: Manole, 2004.

27

A qualidade dos seus serviços é visível? É sentida e percebida pelos clientes?

A qualidade total é percebida pelos clientes quando os serviços prestados se tornam tangíveis em suas mentes por meio das boas emoções. Prestar um bom serviço pode ser a simplicidade do bem receber e o prazer em servir. Experimente oferecer sempre o seu melhor "eu" e certamente colherá relações no mínimo prazerosas e duradouras. Aprimore seus relacionamentos e crie tangibilidade para seus serviços

Paulo Azevedo

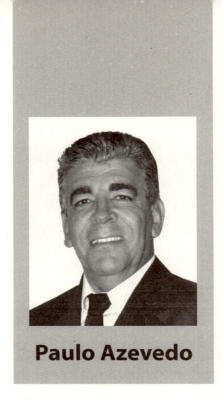

Paulo Azevedo

Formado em Administração de Empresas pela UNIP - Universidade Paulista, com Pós-Graduação e "MBA Executivo" em Gestão Estratégica de Negócios. Palestrante e consultor organizacional especializado em treinamento e desenvolvimento pessoal e profissional abordando temas nas áreas de vendas/atendimento, comunicação, liderança e motivação. Acumula experiências adquiridas nos vários mercados dos estados brasileiros, além de concluir cursos complementares nas áreas de gestão e comportamental. Curso de Formação de Ator pela PUC de Minas Gerais. Mágico, ilusionista, equilibrista e malabarista, passou a incluir em suas apresentações intervenções lúdicas com o propósito de demonstrar que podemos criar emoção e magia em cada relacionamento.

Contatos
www.professorpauloazevedo.com.br
pauloazevedobh@hotmail.com
(31) 9785-9005

Paulo Azevedo

O que pretendemos neste capítulo é falar muito sobre a grande importância das intangibilidades na prestação de serviços. A meta do empreendedor será fazer saltar aos olhos do consumidor as boas emoções. Mais do que nunca precisamos considerar de forma eloquente a excelência na prestação dos serviços. Esse desafio está lançado para aqueles que possuem capacidade para enxergar o que está totalmente invisível, perceber as sutilezas e transformar o momento da venda numa espetacular raridade. Surpreende-me ainda hoje, num mundo mergulhado em alta tecnologia e caminhando cada vez mais para o universo dos Yottabytes, perceber que as pessoas estão deixando de lado o calor do contato humano e, cada vez mais, estão perdendo a capacidade de se relacionarem de forma pessoal, gentil e harmoniosa. As grandes transformações não vão parar de acontecer, e não desejamos que isso aconteça. O que precisamos é entender que continuamos humanos, carentes de cortesias e desejando encontrar gente feliz, alegre e, sobretudo, bem-humorada. Nossos clientes também são assim, eles desejam esse bem "invisível" que você, caro amigo, poderá oferecer sem nenhum custo adicional. Somente doando sua gentileza.

Um caso simplesmente fantástico: em 2001, participei de um intensivo em gestão, de aproximadamente duas semanas. Todos os assuntos estavam centrados no marketing de serviços, e quando falávamos em serviços, promovíamos oportunidades. Atualmente sabe-se que os produtos estão mais ou menos no mesmo patamar de qualidade, embora ainda seja possível nos depararmos com produtos inferiores, mas, no geral, percebemos a qualidade dos produtos em níveis bem próximos. Porém, com relação aos serviços, esses sim, são muito diferentes. Serviços são abstratos, invisíveis e amplamente voláteis. Não podemos tocar a voz que diz bom dia, a delicadeza de um gesto, o encanto de um sorriso, bem como a rispidez de um suspiro expressando falta de paciência, ou mesmo as rabugices ou má educação acompanhadas da brutalidade do descaso. Por isso, são totalmente invisíveis, mas não se esqueçam de uma coisa: nós podemos sentir todas essas emoções. E quando falamos em serviços, estamos falando de pura emoção. Neste caso, boas emoções passam a ser diferencial competitivo, é a harmonia

Estratégias Empresariais

tornando-nos mais completos, deixando-nos mais alegres e, acima de tudo, mais felizes. Tenho exemplos de duas pessoas sobre o que a harmonia pode produzir: O primeiro é o Sr. Joaquim Honorato, um senhor que trabalha no km 696 da BR 040, numa lanchonete muito conhecida naquela região chamada "Roselanche". Sempre agradável, simpático, presente e muito atencioso, nos recebendo com alegria. Vale comentar que naquela lanchonete todos nos recebem muito bem e nos oferecem esse brilho especial na prestação de serviços, "A gentileza". Mas, neste momento específico, vai para o senhor Joaquim minha deferência. O segundo exemplo é o da "Cátia", com "C", exatamente como se apresenta. Ela trabalha num posto de gasolina também na 040, só que a mais ou menos 70 km do Sr. Joaquim, precisamente no km 527. Mas, o que essas duas pessoas têm em comum? Elas têm um jeito especial de esperar pelos seus clientes. Um jeito mágico de encantar pessoas. Veja como isso funciona bem: Como viajo sempre por esta rodovia, tenho que realizar pequenas paradas para tomar um cafezinho e abastecer o carro. Mas de fato, nestes últimos anos, fui atraído por essas duas pessoas e passei a considerar apenas esses dois lugares para fazer meus *"pit-stops"*. Uma para abastecer no posto da Cátia e a outra no Roselanche para meu cafezinho. Na verdade, eu poderia abastecer meu carro e tomar meu café em qualquer outro lugar, mas, o que torna melhor minhas viagens é poder encontrar com essas duas pessoas, entenderam? Quando elas não estão, fica faltando alguma coisa. Mas, o que me levou a fazer esta escolha? Foi a forma pela qual sou recebido. Ao chegar para abastecer sou surpreendido por um; boooom diaaa! Como vai? Há quanto tempo? Já estávamos sentindo falta do Senhor, diz Cátia. Enfim, a conversa flui, me alegro, abasteço e sigo minha viagem! Isso depois de ter parado para tomar meu lanche no Km 696 com o Sr. Joaquim, que sempre me recebe dizendo: Prazer em recebê-lo novamente, vai tomar aquele cafezinho! O espetinho de frango acabou de sair. Então, depois de tomar meu café, conversar, pagar e ir saindo, ouço: esperaremos por você, volte logo! Até breve! - Quem não se sentiria bem com essas palavras? Mesmo sendo invisíveis, ficam com a gente. Fazemnos sentir boas emoções e de tão generosas que são, desejamos voltar. Moral da história: não adianta ter o melhor combustível, o melhor café, o melhor espetinho de frango, ou seja lá o que for, o que é preciso é ter pessoas como a Cátia e o Sr. Joaquim fazendo a diferença. Eles encontraram a fórmula para transformar o momento da entrega do produto com serviços espetaculares num show de atendimento. E isso é simplesmente fantástico!

Vender é pura química – Após uma reunião de vendas, fiquei conversando com algumas pessoas que estavam presentes no encontro. Por saber da minha primeira formação em química industrial, uma delas indagou-me: o que tem a ver química com vendas? Um químico pode trabalhar com vendas? Explique-me, por favor? Realmente aquelas perguntas mereciam respostas: então, por conhecer um pouco do mundo maravilhoso da química, não foi difícil explicar que tudo no universo se resume à química. Completei: vender é química, quando um vendedor olha para um cliente que está entrando em sua loja, acontece a química. Quando você idealiza comprar algo, no seu cérebro, já rolou química. Expliquei mais, a nossa reunião de hoje foi pura química e esse momento aqui e agora é química. Quando você cumprimenta alguém é química, o olho no olho é química, o aperto de mão, o abraço, o beijo, a emoção, tudo é química em nossas vidas. A respiração e até os próprios pensamentos resultam em reações químicas. Quando tratamos bem um cliente, criamos uma reação química em seu corpo que passa a produzir bons sentimentos e estimula o desejo por repetir a vivência, e isso é pura química! O mundo da química é amplo, infinito. Não se resume a um só segmento. Sempre estará envolvido no misterioso universo da química que por natureza o permitirá criar infinitas possibilidades. Lembre-se que para o seu sucesso ser atingido, você precisará de seus clientes e eles da sua boa química. Faça bons negócios, provocando boas reações químicas!

Ação e reação

Na sua empresa tudo se transforma?

Considerado o Pai da química moderna, o químico Frances Antoine Laurent Lavoisier é reconhecido pelo seu enunciado sobre a

Estratégias Empresariais

Lei de Conservação da Matéria. Em suas experiências Lavoisier observou que num ambiente fechado após as reações, a soma total da massa das espécies envolvidas no experimento permaneciam iguais. Mesmo após sofrerem reações e serem transformadas em um outro elemento químico, a soma total da massa, ainda assim, era igual a inicial. Exemplificando: coloca-se 65g de zinco dentro de um vidro contendo 98g de ácido sulfúrico e em seguida fecha-se o vidro. A reação química ocorrerá entre as duas substâncias e nascerá uma terceira substância que, ao ser pesada, revelará um resultado de 163g, exatamente igual à soma dos 65g de zinco mais os 98g de ácido sulfúrico. Comprovadamente, duas substâncias diferentes ao reagir se transformam em outra. Por isso, Lavoisier foi imortalizado por sua frase: "Na Natureza nada se cria e nada se perde, tudo se transforma". Agora é hora de voltarmos nossos olhares para a prestação de serviços, em que nosso incansável foco deverá ser nossa principal missão. Portanto, desde que tenha bons produtos, você poderá entrar no jogo. Pois bem, imaginemos seu cliente (substância 1) com necessidade aflorada quer comprar seu produto, e você, (substância 2), entra em ação com os serviços. A reação será inevitável e o resultado, a consequência. O que você ofertar reagirá para transformar o momento da venda na terceira substância. Considere então o seguinte fato: quando o desejo do seu cliente é combinado com os serviços, ele sofre a "reação química". Se os serviços forem de baixa qualidade, o produto parece se deteriorar na mente do seu cliente, passa a se transformar em outra coisa e, consequentemente, perde seu o valor. Nasce nesse momento o desinteresse por efetivar a compra. Ao comparar o valor do seu produto antes da má experiência do atendimento e após péssimos serviços, o cliente perceberá que já não vale tanto quanto imaginava. Agora vamos idealizar o contrário: seu cliente entra na loja e percebe serviços de altíssima qualidade, a reação se iniciará também instantaneamente transformando o que era bom em algo diferente, superior, de valor incomensurável e projetará no indivíduo o interesse por efetivar a compra, sim! O produto agora vale muito mais. Resumindo, o que você não pode deixar acontecer é aquele atendimento morno, apático, frio e sem vida. Numa relação sem brilho, vigor, alegria e bom humor só se produzirão ações corrosivas. Mas, o melhor de tudo

Paulo Azevedo

isso é que tem nas mãos a oportunidade de oferecer somente bons serviços e transformar tudo em resultados positivos para você e seus tão desejados clientes. A sua empresa poderá transformar todos os produtos e serviços em "pura excelência" e afirmar como Lavoisier: Aqui na nossa empresa, tudo se transforma, para melhor!

Histórias da natureza. - Em 1965, em nossa casa no interior de Minas Gerais, com nove anos de idade, eu e meus irmãos costumávamos, em dias de chuva, permanecer obrigatoriamente dentro de casa. Nosso pai ia à fábrica trabalhar e nossa mãe, que de todos cuidava, sempre arranjava um tempo extra para nos distrair encorajando-nos a fazer alguma atividade ou contando suas histórias. Ora na sala, nos ensinado a moldar em massas de trigo cozido alguns animais, anjos, árvores, frutas, ora nos reunindo no seu quarto onde deitados em sua cama, podíamos da janela observar tudo o que se passava do lado de fora. Neste ano em especial, aquela chuvinha fina perseverou por um longo período e deitados naquela cama, da janela, avistávamos o morro em frente, aos fundos de nosso quintal que de tão grudado em nossas vistas, em detalhes observávamos a chuva, os pássaros e tudo o que acontecia lá fora. Logo nos primeiros dias, dois construtores entusiasmados chamaram nossa atenção. Era um casal de joão-de-barro que colhia o barro, amassando com os pés enrolando e transportando com seus bicos. Era uma viagem após a outra, para baixo, para cima, durante todo o dia! Diante dos meus olhos de menino, me encantei com aquele vai e vem dos pássaros em sua construção, mas, depois de algum tempo, querendo ver o resultado final, fui logo exclamando: - Mãe, isso vai demorar muito! Passaram apenas frações de segundos e veio a resposta: - São trabalhadores destinados meus filhos, constroem agora o que amanhã vão chamar de casa. São sábios, pois estão aproveitando o tempo úmido que facilita colher o barro, e juntos, em poucos dias terminarão o serviço. Vão ter onde morar, onde viver e vão ter filhotes como eu, e sorria. Ainda explicou que tudo na vida é feito com muito trabalho, disposição, vontade, dedicação e, principalmente, com amor. Eu era muito pequeno, mas já entendia o que ela falava. Com certeza, essa foi a minha primeira aula empreendedora na vida, tão boa que acabei por tomar rico gosto por construir boas coisas.

Estratégias Empresariais

Hoje tenho meu império que é constituído pela minha família e meu desejado trabalho. Ainda nos dias atuais conto essa história com a certeza de que na natureza encontramos os melhores exemplos a serem seguidos. Não importa se sua empresa é pequena, média ou grande, acredito que seja qual for o tamanho dela, deverá ser "o seu império" e, para seus clientes, deverá oferecer sua maior rique- za: "excelentes serviços". Ah, e quanto ao casal de pássaros? Sim, terminaram sua obra em mais ou menos três semanas, exatamente como minha mãe havia previsto. O que podemos aprender com essa história é que cada um de nós tem um sonho e que, para realizá-lo, precisamos mais do que querer, precisamos de ação, disposição, dedicação e perseverança. Se agirmos assim, conseguiremos o que muitos chamam de impossível. "Construir o futuro que idealizamos".

Existe uma necessidade latente no mundo da prestação de serviço, algo fácil de ser conseguido, mas que, ao mesmo tempo, parece estar longe do entendimento da maioria das pessoas que prestam serviços. Os exemplos do Sr. Joaquim, da Cátia e outros ci- tados anteriormente, estão cada vez mais raros e, portanto, devem ser exaltados por nos lembrarem que é possível, sim, fazer algo valioso apenas com a nossa dedicação e que é possível revelar o bem invisível residente em nós.

28

Uma reflexão estratégica sobre o ambiente competitivo atual e futuro. Como atingir resultados extraordinários?

Caos, palavra que define o atual ambiente de negócios mundial. O caos está relacionado a fatores como instabilidade e incerteza, gerando um cenário que exige, de quem quer se destacar, o uso da intuição, da organização e da disciplina. É uma boa combinação para uma reflexão sobre estratégia para pequenas e médias empresas. Qual a melhor estratégia para garantir o sucesso em um ambiente de caos?

Paulo Negrão Marim

Paulo Negrão Marim

Engenheiro de Produção pela Universidade Federal de São Carlos (UFSCAR), com Pós-graduação pela Fundação Instituto de Administração (FIA) em Consultoria Empresarial. Aluno atual da trigésima segunda turma do Curso Prandiano de Matemática Aplicada à Vida, ministrado pelo Professor Ricieri. Atua há mais de 15 anos como Consultor Independente em Empreendedorismo, Desenvolvimento de Novos Negócios e Reestruturação Empresarial. Líder em Eficiência Organizacional e Operacional.

Contatos
www.paulonegraomarim.com.br
paulo@paulonegraomarim.com.br
(11) 96305-8228

Paulo Negrão Marim

O objetivo e a paixão

O objetivo deste artigo, que eu prefiro chamar de conversa com empreendedores e empresários, é propor uma reflexão, uma pausa nas emergências da rotina, para observar com profundidade o ambiente competitivo, atual e futuro, com uma visão crítica que permita destacar aspectos de uma estratégia audaciosa e, ao mesmo tempo, prática e simples, voltada ao setor das Pequenas e Médias Empresas – PMEs. Esta reflexão é resultado de minha experiência profissional de mais de 15 anos em reestruturação empresarial, gestão de crises, empreendedorismo, inovação e desenvolvimento de novos negócios. Além disso, este artigo foi baseado em um recente trabalho de pesquisa de campo e intensa participação em eventos, durante o ano de 2013, ambos relacionados ao tema empreendedorismo e PMEs.

Quando penso em selecionar uma ou algumas estratégias empresariais para apresentar ao setor de PMEs, confesso que fico ansioso, e a vontade inicial é escrever um livro e não somente um artigo. Talvez seja exatamente esse o próximo passo, tão grande é o interesse e a determinação – paixão é a palavra exata – em contribuir para o desenvolvimento das pequenas e médias empresas.

Minha primeira experiência como empreendedor e empresário teve início ainda durante a universidade, exatamente em 17 de outubro de 1993, quando eu, com mais quatros sócios, amigos de infância, fundamos em Brotas, Estado de São Paulo, a Mata´dentro Ecoturismo. Na época, jamais imaginávamos que Brotas se tornaria a capital nacional dos esportes de aventura. A Mata´dentro foi a primeira agência operadora de turismo de aventura da cidade e a precursora de um processo que transformou positiva e radicalmente a realidade social e econômica da cidade; ela serviu também de *benchmarking* para inúmeros estudos regionais e nacionais na área de ecoturismo e turismo de aventura.

A estratégia e os aspectos internos e externos

O papel de qualquer estratégia empresarial é estabelecer um caminho, um roteiro organizado para que um objetivo específico seja atingido e, com isso, a empresa cresça, consolide sua posição e amplie

Estratégias Empresariais

sua condição de competitividade no mercado. Exatamente por estar relacionada a objetivos, é fundamental para a definição de qualquer estratégia que a empresa tenha claramente estabelecido aonde ela quer chegar. Não há como traçar estratégias coerentemente relacionadas e integradas se a empresa não define a direção que deseja seguir. Uma estratégia bem elaborada e, vale ressaltar, devidamente compartilhada com todos os níveis hierárquicos, é ponto fundamental para que as empresas parem de agir de forma reativa aos problemas e emergências da rotina e passem a controlar melhor suas decisões, agindo de forma proativa e focada em soluções de alto nível.

O foco desta reflexão estratégica sobre ambiente competitivo é contribuir para maximizar a competitividade das empresas, pois toda estratégia, seja ela comercial, de controle de custos, de projeto de produto ou serviço, de relacionamento com o cliente, de inovação tecnológica ou qualquer outra, tem sempre como objetivo final perpetuar a existência da empresa, maximizando seus lucros, e atualmente tudo isso tem que se inserir no contexto de sustentabilidade econômica, social e ambiental. Para viabilizar esses objetivos, é imprescindível garantir a condição de competitividade da empresa. Além disso, uma estratégia bem estabelecida auxilia em pontos críticos, tais como definir o destino de recursos de forma eficaz, administrar melhor as incertezas e riscos, esclarecer as prioridades da empresa, entre outros.

A elaboração de um planejamento estratégico de alto nível deve sempre levar em conta tanto o ambiente interno da empresa quanto o externo, ou seja, o mercado no qual a empresa está inserida. Dentro dos aspectos internos estão todas as características organizacionais da empresa, tais como gestão, produto, políticas de recursos humanos, engajamento da equipe, relacionamento com os clientes etc. Com relação aos aspectos externos, estão incluídas as condições políticas, econômicas, sociais, legais, tecnológicas, ambientais e regulatórias do país, região ou cidade na qual se encontra o negócio.

O ambiente competitivo

O mercado, ou seja, o ambiente no qual ocorrem todas as trocas entre empresas, fornecedores e clientes e também onde competem todos os respectivos concorrentes, hoje em dia não é, definitivamente, o mercado no qual as empresas competiam há dez

Paulo Negrão Marim

anos. Para aumentar a complexidade desse cenário, o mercado da atualidade não é também aquele no qual as empresas competirão daqui a dez, ou mesmo daqui a cinco anos, pois o mercado do futuro será muito pouco semelhante ao atual. Diante disso, a primeira impressão pode, erroneamente, levar a crer que as perspectivas de mercado para as PMEs são ruins, pois a instabilidade, a incerteza e a competitividade são enormes. Posso garantir a você, prezado leitor, que a realidade é outra e, na verdade, muito otimista. Em especial para os empresários e empreendedores motivados pelos desafios, que invariavelmente se traduzem em oportunidades e que são parte da rotina diária no mundo dos negócios.

O mercado é a arena de negócios onde todas as estratégias, sem exceção, são colocadas à prova. Não há melhor teste, para toda e qualquer estratégia, do que o teste do mercado consumidor. O dinamismo do mercado atual, ao qual as empresas estão expostas, é fortíssimo. A palavra mudança nunca foi tão pertinente e presente no dia a dia das PMEs. A economia mundial nunca esteve tão interligada e interdependente, de forma que os empresários precisam de uma visão global, integrada e sistêmica quando pensam em estratégias. Esse novo contexto mundial, em um mercado consumidor de sete bilhões de potenciais clientes, exige um olhar crítico e constante no estudo das tendências de negócios, que, por sua vez, estão relacionadas ao comportamento do público, ou seja, das pessoas e suas necessidades.

Com um mercado e condições econômicas como as citadas, pode-se destacar que um dos pontos-chave de qualquer estratégia de negócio atual e diferenciada é a organização, que, por sua vez, está intrinsecamente ligada à disciplina. Não há, definitivamente, mais espaço para o amadorismo, em qualquer área ou intensidade, na gestão empresarial. Ao mesmo tempo em que o mercado apresenta uma infinidade de oportunidades, ele exige um alto nível de profissionalismo em gestão e planejamento. Um dos fatores que comprova essa necessidade é o altíssimo índice de mortalidade das PMEs no Brasil.

A globalização, a importância das PMEs e a tecnologia

A globalização da economia mundial é hoje um fenômeno consolidado, ainda assim em evolução e que atinge a todos nós como

Estratégias Empresariais

consumidores. À medida que a globalização se intensifica, e isso é irreversível, ocorre o aumento da interdependência e do inter-relacionamento das economias mundiais e, consequentemente, das empresas do mundo todo, inclusive das PMEs. A oportunidade de expansão dos mercados de atuação não está mais limitada às fronteiras regionais ou nacionais. O mundo é o limite.

As iniciativas públicas e privadas, nacionais e mundiais, focadas na capacitação e profissionalização do segmento de empreendedorismo e PMEs são inúmeras e continuam a crescer vertiginosamente, tamanha é a importância econômica e social desses dois segmentos de negócio. A comprovação da importância desses segmentos para a movimentação da economia mundial é reforçada quando se observam algumas das ações de incentivo do governo, como a criação de linhas de crédito específicas, incubadoras de empresas em universidades, programas de fomento para a inovação tecnológica. Quanto à iniciativa privada, há vários produtos e negócios desenvolvidos com exclusividade para o mercado das PMEs; algumas dessas iniciativas de destaque são a Endeavor, o crescente portifólio do Sebrae e do número de feiras de negócios, empresas de consultoria, bancos públicos e privados que hoje possuem uma área de negócios dedicada ao empreendedorismo e ao setor de PMEs. Na área educacional, a variedade de cursos, em todos os níveis, também é enorme, todos voltados à administração, gestão, marketing, finanças, direcionados a modelos aplicáveis em empreendedorismo, inovação e negócios de família.

As políticas governamentais dirigidas e o crescente interesse do setor privado nas PMEs ocorrem em especial porque estas são a melhor, se não a única, saída para uma retomada do crescimento da economia mundial de uma forma sustentável, com criação de empregos e maior distribuição de renda, ao contrário do modelo de negócio operado pelas grandes corporações, desde a revolução industrial. E ainda há que se reforçar o gigantesco papel social das PMEs, e aqui se incluem também as organizações do terceiro setor. É válido ressaltar que esse papel social já há muito tempo os governos não são capazes de desempenhar. Com base no exposto até o momento, pode-se afirmar que as PMEs são o novo motor da economia e do desenvolvimento futuro.

Ainda como fator de auxílio imprescindível ao desenvolvimento das PMEs, temos a tecnologia como aliada crítica. Destaco que o

Paulo Negrão Marim

termo tecnologia, sempre que mencionado neste artigo, refere-se mais precisamente à tecnologia da informação e a todos os recursos de software, hardware, comunicação e integração disponíveis nos dias atuais. E mais ainda, destaco que me refiro à tecnologia que está verdadeiramente a serviço das pessoas, sejam os clientes ou a equipe de colaboradores. É inaceitável permitir que qualquer software ou ferramenta de tecnologia complique a forma de se realizar uma tarefa e, por consequência, dificulte o dia a dia dos colaboradores e dos clientes. Não há como competir atualmente e se destacar dos concorrentes sem a utilização inteligente dos inúmeros recursos tecnológicos que existem e que já fazem parte da vida de todos nós. Deve-se lembrar que a grande maioria desses recursos e ferramentas, em especial os softwares, é de uso livre e gratuito.

Conclusão

Após esta reflexão, é preciso extrair algo consistente e que se apresente como uma estratégia de excelência para as PMEs. Além da excelência, deve-se prezar pela relevância, objetividade e fácil aplicabilidade dessa estratégia. Ainda antes da conclusão do artigo, faço um convite para um breve e simples questionamento, que, infelizmente, mesmo sendo óbvio, é constantemente esquecido pela maioria dos empresários e empreendedores.

Qual a razão da existência de qualquer empresa? São os clientes, certo!

Dessa forma, a conclusão desta reflexão não será a apresentação de uma única estratégia, e sim a sugestão de elementos direcionadores para a elaboração de toda e qualquer estratégia. Elementos que nortearam e se consolidaram como fatores críticos de sucesso em todos os projetos em que atuei e por meio dos quais obtive resultados extraordinários de transformação empresarial.

O centro de qualquer estratégia deve ser eternamente o cliente. Se você discorda, tente sobreviver sem ele. Além de seus clientes, lembre-se de quem os atende, ou seja, de sua equipe. Não interessa o quão informatizado é o seu processo, sempre haverá uma pessoa envolvida. Com isso, reforço que as duas pontas críticas de sua estratégia serão sempre as pessoas. Cuide da sua equipe como se cuida de pessoas e não de cargos. Todo o restante são recursos e ferramentas.

O verdadeiro diferencial, cada vez mais valorizado e, ironicamente, o mais frequentemente esquecido é justamente este, as pessoas. Portanto, foque sua estratégia nas pessoas!

Como resumo desta reflexão, fica o roteiro abaixo:

- Tenha um objetivo e uma paixão alinhados.
- Compreenda os ambientes interno e externo.
- Estude muito o mercado no qual vai competir.
- Lembre-se da globalização e do poder das PMEs.
- Só aceite e utilize tecnologias a serviço das pessoas.
- Nunca esqueça: o cliente é a razão de existir do negócio.
- Foque sempre em soluções de excelência.
- Preze por uma comunicação clara e objetiva.
- Organização e disciplina são fundamentais.
- Tão importante quanto a estratégia é a execução.

29

O *coaching* como estratégia de desenvolvimento humano nas pequenas e médias empresas

Este artigo mostra os benefícios do *coaching* aplicado a profissionais de pequenas e médias empresas como uma estratégia de RH, a fim de aliviar o estresse, motivá-los no trabalho e melhorar sua qualidade de vida. O trabalho está estruturado nas modernas teorias de *coaching*, administração, RH, psicologia positiva e organizacional, e programação neurolinguística

Pedro Prado Custódio

Pedro Prado Custódio

Doutor em História, MBA Executivo em Liderança e Desenvolvimento de Pessoas, *Personal & Professional Coach* pela Sociedade Brasileira de Coaching, palestrante, pesquisador e professor. É autor do livro "Alexandre Magno, aspectos de um mito de longa duração" (Editora Annablume).

Contatos
hiperioncoaching@hotmail.com
(11) 99262-0090

Pedro Prado Custódio

Introdução

A nalisando os desafios da maioria das profissões à luz das modernas abordagens de RH, fica claro que elas estão ausentes do cotidiano sobretudo das pequenas e médias empresas. Se estivessem presentes, representariam uma forma de melhorar o preparo emocional do profissional, bem como de capacitá-lo com metodologias para o seu autodesenvolvimento. Assim, a aplicação de teorias de RH e de técnicas de *personal coaching* podem lhe trazer motivação e perspectivas de futuro, com o estabelecimento de objetivos, cronograma e mensuração de resultados.

O cotidiano do profissional e seus desafios

Os motivos de estresse e frustração no trabalho são vários: clima organizacional desagradável; falta de preparo dos níveis hierárquicos superiores no tocante à motivação e liderança inspiradora; burocracia "engessada"; ausência de um plano de carreira digno; baixos salários; falta de segurança; excesso de trabalho; desrespeito.

Percebe-se, em geral, que o desejo de uma remuneração mais alta não é o único fator de descontentamento, pois existem as chamadas recompensas interpessoais, propostas por Ivancevich e Konopaske (apud TADEUCCI, 2009, p. 64). Conforme a teoria da equidade de Adams, pautada em insumos e resultados, a carreira geralmente deixa muito a desejar, não sendo, portanto, equitativa. Por uma outra abordagem, a de Victor Vroom, a expectativa de recompensa é que motiva o indivíduo a prosseguir e se empenhar mais; todavia, muitas empresas atualmente não oferecem essa expectativa. Pergunta Moreira (2008, p. 5): "como gerir de maneira estratégica as condições envolvidas com o processo produtivo para que este se torne algo não meramente voltado para a lucratividade, mas também para o bem-estar do homem no trabalho?".

Como o *coaching* pode ajudar

Alguém contrata um *coach* quando está no ponto A e quer chegar ao ponto B, e, para isso, precisa estabelecer um plano de ação

Estratégias Empresariais

com um cronograma e formas de mensurar o que será alcançado até o resultado final. Como o *coaching* age de forma sistêmica, além do objetivo estipulado, promove uma melhoria da percepção que o indivíduo tem da realidade, combatendo as crenças limitantes que ele porventura tenha acerca da sua capacidade de atingir objetivos audaciosos. O processo de *coaching* também contribui para a melhoria da qualidade de vida e dos relacionamentos pessoais e profissionais, na medida em que promove uma ressignificação daquilo que pensamos e sentimos.

O papel do *coach* é "motivar, inspirar, levar pessoas a alturas maiores, impulsioná-las e encorajá-las a atingirem o mais alto patamar de desempenho" (HOLLIDAY, 2001, p. 1-2). O cliente deve acalentar sonhos audaciosos e, a partir deles, elaborar projetos sem intimidar-se diante dos enormes desafios e incertezas, nem perder o senso da realidade, optando assim por objetivos realizáveis, embora ousados. Assim, "uma visão claramente definida permite organizar bem os recursos, concentrar esforços e usar melhor as estratégias, antecipando riscos e minimizando o impacto das incertezas (...)" (ARAÚJO, 1999, p. 109-112).

Em seguida, é necessário elaborar a missão de vida do cliente. Ela precisa estar de acordo com seus mais profundos valores, já que eles dão sentido à vida e contrariá-los é criar um indivíduo incongruente, frustrado e infeliz (DINSMORE, SOARES, 2007, p. 3-4). Quando se tem uma missão de vida, a existência ganha um significado maior, a pessoa se motiva diariamente e os obstáculos parecem pequenos diante de tão sublime propósito!

Depois da missão, é preciso determinar a visão, ou seja, aonde o cliente quer chegar e em quanto tempo. Assim, finalmente, os objetivos podem ser fixados, sempre com "características definidas, precisas e mensuráveis" (DINSMORE, SOARES, 2007, p. 4-5).

Outra característica que o cliente precisa ter é a determinação de realizar seus sonhos. Para tal, ele precisa ter foco nos resultados, visualizar o futuro como se fosse presente e filtrar pensamentos que possam atrapalhar suas conquistas (DINSMORE, SOARES, 2007, p. 18-19).

O *coaching* também é eficaz no combate à visão distorcida que se tem da realidade, pautada em filtros que criamos ao longo da vida, responsáveis por generalizações, estereótipos, paradigmas

Pedro Prado Custódio

errôneos, efeito halo, projeções, contraste e percepção seletiva, que prejudicam as relações interpessoais e causam desgaste e sofrimento tanto para o indivíduo quanto para o grupo no qual se insere (COELHO JR., 2009, p. 95). "Temos diferentes perspectivas acerca de um mesmo fato e isso é assim porque nossa experiência é filtrada pelos nossos sistemas de crenças e por nossos modelos mentais" (WOLK, 2008, p. 32). Infelizmente, são comuns as explicações tranquilizadoras ou reativas, por meio das quais o indivíduo se exime da responsabilidade pela própria vida, culpando sempre agentes externos pelo seu fracasso, portanto, fora do seu controle. Isso acaba sendo uma justificativa para não sair da zona de conforto, por pior que ela seja (WOLK, 2008, p. 24).

Frequentemente as pessoas têm uma autoimagem ruim e, por consequência, uma autoestima baixa, seja por traumas da vida, seja pela cultura, educação ou valores assimilados, o que as leva à postura de vítimas das circunstâncias, impedindo sua iniciativa. Cabe ao *coach* fazer com que o cliente reveja esses conceitos sobre si mesmo, mude-os e passe a acreditar mais no próprio potencial, pois geralmente as pessoas abortam seus sonhos em nome do bom senso de manter os pés no chão para não enfrentar a frustração, porque também têm uma forte autocrítica e não se permitem errar no caminho que conduz ao êxito (ZAHAROV, 2010, p. 24-29).

As crenças limitantes ou fortalecedoras atuam como profecias autorrealizáveis, e isso nada tem a ver com sobrenatural ou pensamento positivo, mas com a teoria do sociólogo americano Robert K. Merton, segundo a qual um evento acaba acontecendo porque se espera que ele aconteça. Assim, as atitudes das pessoas, baseadas em suas crenças, é que desencadeiam o evento; é o efeito Pigmalião, em uma referência ao personagem da mitologia grega que se apaixonou pela escultura que fizera da mulher perfeita, à qual a deusa Vênus, então, deu vida, segundo a vontade de seu escultor (MAXIMIANO, 2000, p. 366-367).

Todos precisamos ter metas, pois a vida só muda quando fazemos um esforço para tal, e elas agem como uma bússola, dando sentido aos valores e permitindo alcançar o objetivo. A contrapartida é pensar em problemas e entrar num labirinto em busca de causas ou de culpados, sem encontrar a saída, prolongando o sofrimento e a frustração

Estratégias Empresariais

(LAGES, O'CONNOR, 2004, p. 31). Toda meta envolve um aumento de performance e não se pode melhorá-la sem saber exatamente o que isso significa ou como se consegue (FORSYTH, 2008, p. 31). Quando o *coachee* começa a trabalhar em função das metas estabelecidas, o seu cérebro age no sentido de viabilizar a abertura dos caminhos, removendo os filtros que impedem sua realização. Para Brian Tracy (2005, p. 11), nosso cérebro é como um mecanismo cibernético de orientação de metas, assim como um pombo correio, que tem um GPS interno que o habilita a retornar ao pombal mesmo sendo levado milhares de quilômetros longe de casa.

Ao começar sessões de *coaching* com um profissional estressado, revoltado ou desmotivado, primeiramente, ele preenche a roda da vida, indicando o nível de satisfação com a vida profissional, financeira, os relacionamentos, estudos, saúde etc. Daí é tirada a alavanca, ou seja, o setor da vida que precisa de maior ênfase e que, se melhorado, terá impacto maior sobre a vida como um todo. Depois, por meio de perguntas estratégicas, o cliente acaba definindo seus objetivos prioritários, ações para atingi-los, e estabelece um cronograma e critérios para mensurar o que será conquistado em cada etapa até chegar ao objetivo final.

Para ajudar o cliente a se organizar, é muito útil o procedimento conhecido pela sigla *SMART*. Em inglês, *smart* significa esperto, mas, no *coaching*, é um acrônimo com cinco elementos que um objetivo bem formulado precisa ter para ser alcançado: *Specific, Measurable, Attainable, Relevant, Time-bound*, ou seja, o objetivo precisa ser Específico, Mensurável, Atingível, Relevante e Temporal (com prazo). Se o objetivo não tem algum desses elementos, fica frágil e difícil de ser alcançado. Se ele não for específico, como a pessoa irá se organizar, motivar-se e agir para atingir algo que nem está claro na sua própria mente? Se não for mensurável, como irá avaliar etapas (metas) que significam a aproximação do resultado final? Se não for atingível, por que gastar tempo, energia e recursos com algo impossível? Da mesma forma, se não for relevante, por que se esforçar, se não trará nenhum benefício significativo para a sua vida? Se não tiver um prazo final e cronograma de atividades, como entrar em ação de modo eficaz? Objetivos se tornam mais facilmente atingíveis quando nos organizamos, otimizamos nossos recursos, sabemos bem o que queremos e como proceder.

É muito importante cultivar também o otimismo. De acordo com a psicologia positiva, ele é uma das forças ou virtudes da personalidade, capazes de auxiliar na superação de problemas e aumentar a sensação de bem-estar, pois "os otimistas tendem a considerar seus problemas passageiros, controláveis e específicos de uma determinada situação" (SELIGMAN, 2009, p. 29). Isso evita que problemas no trabalho afetem a vida pessoal.

Conclusões

O processo de *coaching* pode efetivamente ajudar o profissional a se conhecer melhor, lidar com desafios e estabelecer objetivos motivadores. Isso pode levá-lo a querer redefinir sua vida profissional e pessoal radicalmente, a ponto de, em alguns casos, abandonar o emprego. Se decidir permanecer, poderá empreender mudanças para motivar-se continuamente no trabalho e atingir a excelência ao desempenhá-lo, administrar melhor as próprias emoções para que o cotidiano não seja penoso, mas recompensador, conhecer melhor as emoções alheias, tendo assim mais êxito ao lidar com clientes, fornecedores, colegas e superiores, encontrando, enfim, um sentido para a vida. A empresa, por seu turno, ganha em produtividade, reduz o *turnover* e os conflitos.

Referências

ARAÚJO, A. *Coach: um parceiro para o seu sucesso. São Paulo: Gente*, 1999.

CARTER, E.; McMAHON, F. *Improving Employee Performance through Workplace Coaching*. London: Kogan Page, 2005.

CAXITO, F. de A. *Recrutamento e seleção de pessoas. Curitiba: Iesde*, 2008.

CHIAVENATO, I. *Introdução à teoria geral da administração*. Rio de Janeiro: Elsevier, 2004.

CORTELLA, M. S.; MUSSAK, E. *Liderança em foco. Campinas: Papirus*, 2009.

DAFT, R. L. Administração. São Paulo: *Thomson Learning*, 2006.

DA MATTA, V.; VICTORIA, F. *Livro de metodologia do personal & professional coaching*. Rio de Janeiro: Publit, 2012.

DINSMORE, P.; SOARES, M. *Coaching prático: o caminho para o sucesso*. Rio de Janeiro: Qualitymark, 2007.

FONSECA, R. C. V. da. *Metodologia do trabalho científico*. Curitiba: Iesde, 2009.

FORSYTH, P. *Improve Your Coaching and Training Skills*. London: Kogan Page, 2008.

FRANCO, J. de O. *Fundamentos de recursos humano*s. Curitiba: Iesde, 2010.

GNOATO, G.; SPINA, A. C.; SPINA, M. I. A. P. *Psicologia das organizações*. Curitiba: IESDE, 2009.

HEICHEL, H. *Treinamento e desenvolvimento*. Curitiba: Iesde, 2008.

HOFMEISTER, D. L. F. *Planejamento e desenvolvimento de carreira*. Curitiba: Iesde, 2009.

HOLLIDAY, M. *Coaching, Mentoring and Managing. Franklin Lakes: The Career Press*, 2001.

LAGES, A.; O'CONNOR, J. *Coaching com PNL. Rio de Janeiro*: Qualitymark, 2004.

MAXIMIANO, A. C. A. Introdução à administração. São Paulo: Atlas, 2000.

MOREIRA, E. G. *Incentivos e recompensas*. Curitiba: Iesde, 2009.

NASCIMENTO, E. *Comportamento organizacional*. Curitiba: Iesde, 2008.

SELIGMAN, M. *Felicidade autêntica*. Rio de Janeiro: Objetiva, 2009.

TRACY, B. *Metas: como conquistar tudo o que você deseja mais rápido do que jamais imaginou*. Rio de Janeiro: Best Seller, 2005.

WOLK, L. *Coaching: a arte de soprar brasas*. Rio de Janeiro: Qualitymark, 2008.

ZAHAROV, A. *Coaching: caminhos para a transformação da carreira e da vida pessoal*. Rio de Janeiro: Brasport, 2010.

30

Competências pessoais: determinantes do sucesso empresarial

A formação acadêmica, a graduação, pós-graduações e cursos de especialização, somados à experiência prática adquirida, são conhecimentos úteis e necessários ao desempenho das atividades do indivíduo como empresário, mas são secundários para a obtenção do sucesso empresarial e pessoal. O importante para o sucesso são suas competências pessoais

Plínio Sombrio

Plínio Sombrio

Técnico e Engenheiro eletrônico (ETE - Santa Rita do Sapucaí, MG e Universidade Santa Úrsula - RJ, respectivamente), com especializações em telecomunicações, eletrotécnica e em diversas outras áreas e instituições como administração, engenharia econômica e marketing. Mais recentemente, em 2013, concluiu pós-graduação em psicologia (especialização em Ontopsicologia), onde defendeu a tese: Competências Pessoais, Prática Existencial E Desenvolvimento Do Perfil De Liderança Empresarial, na Universidade Estatal de San Petersburgo, RU. Nos primeiros 16 anos de atividade profissional, iniciados em 1970, trabalhou na Standard Electrica-ITT, Gerdau (Cosigua), Telletra do Brasil, GTE/Multitel e Telefunken (Siteltra). Em 1986 deixou a atividade de executivo e criou a IONICS Informática e Automação com uma solução para a gestão e operação dos processos de abastecimento de combustível. Posteriormente a IONICS Tecnology, IONICS Service e ComFrutas Agroindustrial. Todas em atividade atualmente.

Contatos
www.ionics.com.br
plinio@ionics.com.br
(48) 3333-8666
(48) 3333-7764 (fax)

Plínio Sombrio

Existem muitos profissionais que fazem parte do mundo dos negócios, mas há uma figura em particular que garante espaço e desenvolvimento a todos esses outros: o empreendedor. Para que os profissionais trabalhem, é preciso que exista um negócio, um produto a ser fabricado e comercializado. E é justamente este o papel do empreendedor. É ele quem cria, inova e modifica o mundo dos negócios por meio de suas ideias, de seus empreendimentos. Nesse sentido, o objetivo aqui é identificar quais são as competências que fazem com que um indivíduo se torne um empreendedor. Além do aprendizado acadêmico e das experiências adquiridas ao longo dos anos de trabalho, a atitude empreendedora implica uma série de competências pessoais. As características peculiares do empreendedor são o seu grande diferencial. Mas o que significa ser um empreendedor atualmente? Qual o seu papel social? Quais são as atitudes e características de um empreendedor?

Vive-se hoje em um tempo onde os costumes e hábitos das pessoas de todo o mundo estão caminhando cada vez mais para uma conformidade. As informações hoje levam segundos para percorrerem toda a extensão do globo. As pessoas não querem mais estar de acordo com a sociedade local, mas com um estilo de vida ditado pela mídia, cinema, música e outros fatores que estão em conformidade em todo o globo.

Portanto, para compreender o papel do empreendedor no mercado atual, é preciso entender o fenômeno da globalização onde todos os povos, os modos de agir e pensar, as preferências e os gostos se aproximam. Disso se extraem duas importantes consequências para o empreendedor. Por um lado, seu nicho de mercado e o impacto do produto podem aumentar muito mais do que seria possível no passado. Por outro, é preciso um maior preparo do empreendedor. Ele precisa saber falar outras línguas, conhecer as várias culturas, concepções e ideologias. E isso é importante principalmente para que as pessoas encontrem familiaridade naquele discurso, naquele modo de pensar e agir do empreendedor. É por isso que o empreendedor precisa ter contato direto com os clientes, com o produto, com o nicho de mercado. Não basta colher as informações pelas estatísticas, pelos números, pelas notícias de jornal ou televisão. Compreendido isso, o empreendedor está

Estratégias Empresariais

um passo a frente. Assim, o empenho se direciona mais a encontrar o lugar certo e o modo correto de vender. Quando se compra um produto, se compra todo um imaginário que este carrega. E o grande responsável pela criação do imaginário é o empreendedor. O que segura as pessoas em determinada concepção não é mais o território ou uma ideologia, mas uma estratégia de marketing pensada pelos grandes que dominam o mercado e impõem os gostos, os comportamentos e as preferências.

Não é tarefa fácil se impor no mercado, pois se de um lado os governos fomentam iniciativas empreendedoras, por outro a concorrência não poupa esforços para não dividir o mercado. Um equívoco que vários estudiosos cometem é fundamentar suas obras sobre o estudo de exemplos do passado e a partir daí gerarem diretrizes de ação, criando modelos e padrões. Uma trajetória bem-sucedida não é repetível, tendo em vista que os fatos que se apresentam são outros. Um empresário capaz, rotineiramente aplica e inventa novas fórmulas, e as faz com base na urgência da situação e tendo em vista os fatores históricos. A ciência encontra dificuldades para explicar o que determina o sucesso econômico e profissional, pois deixa de observar que por trás de comportamentos está um homem, e é ele que tem que ser o ponto de partida da análise.

Embora no atual sistema capitalista e globalizado a população corra o risco de ser iludida por um sistema de mídia tendencioso, o mesmo sistema não é nada restritivo à ascensão de empreendedores no mercado. O fomento a empreendedores acontece por meio de medidas governamentais amparadas em leis com escopo de desenvolver a economia. Mesmo usufruindo de benefícios do Estado, o empreendedor se responsabiliza por suas ações. Portanto, não culpa o externo, as organizações, o mercado, quando existe o insucesso em suas empreitadas. Enquanto a grande maioria busca as explicações em fatores externos, o empreendedor busca em si mesmo a causa e a solução de seus problemas. E não é somente na resolução dos problemas que o empreendedor se responsabiliza, mas em todas as estratégias de evolução de seu *business*. É somente o líder que pode dar o direcionamento adequado ao seu negócio. A responsabilidade total por suas ações e pela solução dos problemas que lhe são apresentados é uma importante característica do empreendedor.

Plínio Sombrio

Muitas vezes, o produto que o empreendedor lança no mercado nem mesmo existia, e logo, não havia como o cliente almejá-lo. Assim, é preciso ter um conhecimento geral sobre a cultura daquele local em que o empreendedor está inserido, pois é o passo inicial para identificar as necessidades daquele lugar. E a cultura específica é imprescindível para ter o domínio do conhecimento técnico sobre aquele produto. Quanto aos clientes, é preciso saber identificar o que eles realmente querem. O verdadeiro empreendedor precisa ser capaz de enxergar aquilo que nem o próprio cliente foi capaz de visualizar.

Hoje, praticamente ninguém escapa da vida em sociedade. Assim, se o objetivo é criar um negócio, obviamente este existirá dentro de uma sociedade. E a sociedade possui suas próprias regras. O empreendedor precisa compreender que as suas ideias, os seus projetos, não poderão se tornar realidade histórica se não souber como incorporá-los nas regras sociais. E isso implica em saber se relacionar com aqueles responsáveis por fazer cumprir as regras sociais.

Até agora foi observado que é necessário um conhecimento de cultura geral, cultura específica, e saber se relacionar de forma diplomática com a sociedade. A partir do momento que o escopo é o lucro, o líder deve ter a capacidade de organizar diversas coisas, ideias, situações, ideologias, não se enrijecendo em uma moral, em uma cultura, em uma tradição fixa que o pré-orienta. Mas é preciso também se ater às suas características enquanto sujeito, pois um grande empreendedor possui exigências particulares que precisam ser respeitadas e correspondidas, para que se garanta o sucesso de seu negócio. Cada um tem o seu próprio nível de exigências para se realizar. Algumas pessoas viverão uma vida simples e serão realizadas. Para outras, a liderança e o empreendedorismo são metas a serem obrigatoriamente alcançadas.

Devido a esse critério, aquele indivíduo que nasce com potencial de liderança nota que precisa ser mais, nota que é mais capaz do que os demais. Mas o mesmo critério não identificará de forma precisa como corresponder *historicamente* a esse apelo. É tarefa do empreendedor descobrir como irá desenvolver o seu potencial de natureza.

Pode-se ter um grande sucesso dentro de alguma empresa, ao se trabalhar como gerente, diretor, presidente, acionista, e colher

Estratégias Empresariais

bons resultados. Além disso, existe o reconhecimento social por seu trabalho. Mas o verdadeiro líder identifica se a posição que ele ocupa realiza o seu potencial de natureza ou não. Em caso negativo, é necessária a coragem de mudar, e se for preciso, abandonar tudo o que se tem, para sair em busca da verdadeira realização. Somente o líder pode buscar em seu íntimo o que deve fazer a cada momento para se realizar historicamente. Precisa saber identificar o seu potencial de natureza. Precisa aprender a especificá-lo diante das inúmeras possibilidades profissionais existentes no mercado. Não basta apenas compreender que tem uma maior capacidade que os demais em realizar. É necessário verificar qual é essa sua peculiar capacidade. O potencial de natureza não é algo padrão. Deve ter uma adequada evolução racional sobre o potencial natural que possui. É preciso unir o estudo, a experiência, a coerência, o sacrifício. Por isso, é essencial que o empreendedor tenha a capacidade de olhar para si: esteja na sociedade, mas não seja consumido por ela. Entenda os anseios da sociedade, mas não os tome como seus próprios. O contato com o seu íntimo é fundamental para que venha a ter o êxito em seus negócios.

Para colocar em ação tudo aquilo que se estuda na academia, se aprende nas experiências do cotidiano, é preciso ter vontade para fazê-lo. É impossível corresponder ao apelo ontológico da existência e se tornar um grande empreendedor, quando não se busca constantemente a própria evolução e a de seu negócio. É pela vontade e ambição que o empreendedor se move, se instiga a conhecer mais. Sendo ambicioso, não lhe falta coragem de encontrar novas estratégias, novos rumos a serem tomados por sua organização para que esta evolua. Quem tem ambição não se acomodará acreditando já ter chegado a um nível máximo de produção. O ambicioso buscará novas formas de otimizar a produção, para cada vez produzir mais com menos custo. Para o empreendedor ambicioso, são praticamente infinitas as possibilidades de crescimento. Ele tem a coragem de pagar um preço diferente pelo fato de ser diferente. Não havendo ambição, a inteligência é inútil.

Frequentemente atribui-se à ambição um tom pejorativo, como se fosse algo prejudicial à sociedade, em que um indivíduo movido por sua ambição não mede esforços para adquirir mais riquezas,

Plínio Sombrio

mesmo que isso implique colocar em desvantagem outro indivíduo ou a própria sociedade. O que realmente conta é compreender o quanto o seu negócio já contribui para a sociedade, pelo simples fato de existir. A ambição é muito importante para que haja a constante evolução do negócio, mas existe outra impostação necessária ao empreendedor diante de seu *business*: deve amar o que faz. Sem amor pelo trabalho desempenhado, não há como ter um grande sucesso no mundo do *business*.

O amor pelo objeto que produz, que vende, transmitirá a sua semântica de sucesso aos outros. Por ser um indivíduo capaz e realizado, transmite realização e capacidade àqueles que compram na sua empresa.

Juntamente com a ambição de crescer, o amor pela empresa é motivador à constante evolução desta. Então o empreendedor não se cansa em encontrar novas estratégias, novas formas de venda, melhorias em seu produto, pois o carinho que sente pelo que faz o coloca em uma exigência de tornar aquilo melhor. A cada dia que passa, novas situações são apresentadas, novos problemas aparecem, e amando o que faz o empreendedor estará sempre preparado para enfrentar o dia a dia do mundo corporativo.

Portanto, foi observado que o líder deve ter um conhecimento profundo sobre a teoria e a técnica que envolve a comercialização e produção de seu produto. O saber específico se mostrou essencial ao sucesso do líder. Adicionalmente, não basta somente ter o conhecimento superior, é preciso ser insuperável naquele produto. E essa é uma construção diária, constante. Ser o melhor não é tarefa simples. O empreendedor compete não somente com aqueles que fazem parte de sua localidade, mas com todo o mundo. Dessa forma, basta uma distração para que seu negócio deixe de ser uma novidade, se tornando uma cópia incompleta de outro produto disponível no mercado. Somente o fato de ter descoberto uma nova tecnologia não dá a garantia do sucesso no mundo do *business*. É preciso aprimorar aquele produto com uma nova tecnologia para que se mantenha atualizado. Diante de todas essas ações que o empreendedor deve ter, não são raros os momentos em que ele precisa tomar decisões e agir contra os interesses sociais e as expectativas daqueles que lhe são próximos. Muitas vezes o em-

Estratégias Empresariais

preendedor se verá sozinho, contando apenas com sua convicção subjetiva de estar no caminho certo. O importante é que ele tenha a certeza sobre aquilo que está fazendo. Mesmo se os outros não o compreendem, a família não o aprova, o líder deve ter a coragem de ser só. É preciso ser transcendente para estar de acordo com aquilo que a situação pede e criar o produto antes dos outros, ser o primeiro a inovar. Antes de a sociedade demandar aquele objeto, o empreendedor já o está fabricando.

Aqueles que conseguem ter sucesso foram capazes da transcendência solitária, em que o único objetivo resguardado é a correspondência ao próprio projeto de natureza. Todo o resto se torna circunstancial, podendo ou não ser incorporado à vida. Chega um momento em que se compreende o mercado, a lógica das relações, como aprimorar o produto, como vender mais, como mudar de negócio, como construir um novo.

Nesse ponto, questões técnicas não mais derrubam o empreendedor de sua posição privilegiada. As questões pessoais são as únicas capazes de cegar o indivíduo diante de seu apelo ontológico. Evidenciam-se, então, de forma muito clara, o peso e a indiscutível importância das competências pessoais para o sucesso do empreendedor.

31

Estratégia do comportamento humano

Estratégia do comportamento humano é a interação de recursos humanos/gestão de pessoas com o negócio da empresa. É a ação planejada a partir da estratégia de negócio

Raquel Kussama

Raquel Kussama

Atualmente é Coordenadora do NJE CIESP – Indaiatuba. Participante do COSAG - FIESP. Membro do Comitê Científico do CRIARH - Recife. Graduada em Serviço Social, com especialização em Recursos Humanos e cursos em Antropologia e Desenvolvimento Organizacional. Atua há 30 anos em empresas nacionais e multinacionais de pequeno, médio e grande porte na aplicação do conceito de Estratégias de Pessoas & Negócios; na implantação de processos e ferramentas de RH. Premiada pela Certificação em Gestão de Pessoas, pela FIESP em 2004, quando Coordenadora do DHO/CIESP Campinas. Foi Vice-Presidente da APARH - Campinas. Diretora da LEXDUS Projetos em Gestão de Pessoas e Recursos Humanos e Grupo RK - Gestão Empresarial e Intermediação de Negócios.

Contatos
www.raquelkussama.com.br
redesocial@raquelkussama.com.br

Raquel Kussama

Estratégia é a definição da visão a longo prazo. É a visão do futuro, definida pela missão, visão, valores, e pela formulação do crescimento do negócio a médio e longo prazo.

Estratégia do comportamento humano é a formulação do planejamento nos subsistemas de recursos humanos, baseado numa política social que define um processo mental, visando homogeneização de pensamentos dos funcionários da empresa. Isso é importante na formação da equipe com valores homogêneos. É a diretriz da cultura organizacional integrada à estratégia do negócio.

A estratégia do comportamento humano facilita o processo de mudança organizacional em razão da definição de metas comportamentais alinhadas com as metas do negócio. A transparência da visão de futuro permite aos profissionais atuarem com o seu talento em prol do resultado da mesma. Essa é uma forma para se criar a cultura de comprometimento e valorização do profissional.

Para a implantação do conceito de estratégia do comportamento humano é preciso respeitar o potencial humano. O potencial é aquilo que o profissional traz intrinsecamente por suas competências. Respeitar o potencial humano colabora na busca do resultado positivo da empresa.

O processo de maturidade pessoal e profissional pode estar alinhado ou desalinhado. É possível ter alta maturidade profissional e baixa maturidade pessoal ou vice-versa. A maturidade pessoal é a consolidação de valores e princípios que determinam a história da vida, criam objetivos e ideais, sonhos e projetos de vida. Já a maturidade profissional é a forma de condução dos aspectos relativos ao trabalho: postura, posicionamento, interação com outros profissionais. É adquirida pela experiência no mundo do trabalho.

A evolução das organizações é construída pela história de profissionais que, se bem constituída, traz o rápido crescimento humano e organizacional. Ter traçado o perfil dos profissionais individualmente e da equipe, são fatores que colaboram na identificação do potencial humano e facilitam o desenvolvimento de empresas saudáveis.

A mão de obra qualificada é necessária, mas a empresa precisa saber traçar e definir esse perfil por meio das competências: técnica, comportamental, emocional, humana e de transcendência.

Cada fase da nossa vida é marcada por tomada de decisões que influenciam o próximo passo da história. Qualquer decisão, ou a ausência desta, muda o curso do ser humano ou da organização. Agir assertivamente significa tomar decisão sempre, mesmo em situações de dúvida ou receios.

> *Há tempo de plantar e tempo de colher, tempo para treinar e tempo para agir, tempo para fazer o salto da organização e tempo para manter o crescimento suave ou agressivo.*

Estratégias Empresariais

Os cenários social e econômico determinam a velocidade da ação de empresas e profissionais. Analisar o macro e micro cenário é fundamental para que os profissionais tenham como objetivo o sucesso e a felicidade. Encarar os fatos com otimismo, visão de futuro e raciocínio, gera o resultado positivo da organização e da sua carreira profissional. Isto é, aproveitar o melhor do potencial humano para o resultado da empresa.

Mas nem tudo é perfeito e o profissional tem o seu limite. É preciso saber administrar o processo de mudança, em que negação, autojustificação, exploração e implementação, são etapas presentes no processo. Cada profissional tem a sua forma própria de agir, de enfrentar o obstáculo. O diferencial é a forma como o ser humano pensa e racionaliza.

Pessoas fortes são capazes de enxergar perigos, conflitos e ameaças de frente, tendo consciência de suas reações, pessoas fracas fantasiam pelo medo de tomar decisões e criam obstáculos que atrasam os processos e rotina de trabalho.

Cada dia mais a abrangência de atribuições e responsabilidades tiram o tempo para lidar com frustrações, ansiedades e medos. Profissionais de sucesso são fortes, tendem a agir prontamente a cada nova situação com sabedoria, serenidade, ponderação e análise do contexto interno e externo, sem criar conflitos, buscando a valorização dos profissionais envolvidos no processo.

A facilidade de adaptação traz o diferencial competitivo aos profissionais, resultando em lucro à empresa. Reter talento humano e eliminar pessoas inadequadas passa a ser fundamental às empresas que desejam o sucesso.

O limite do ser humano é a incapacidade de agir, é a dificuldade de superar a si mesmo em questões do dia a dia. O líder precisa saber colaborar com os profissionais a romperem os limites, ou seja, fazer as pessoas acreditarem que podem vencer os pontos fracos para o seu crescimento. O verdadeiro líder traz os membros da equipe no crescimento organizacional.

A superação ocorre quando o profissional tem consciência e respeita a empresa em que está trabalhando: o que é esperado, qual a sua missão e a do seu cargo, quando respeita e analisa o seu talento, o seu potencial e traça o seu caminho.

Para a implantação do conceito de estratégia do comportamento humano é preciso entender dois aspectos da motivação humana:

1. **Automotivação:** a energia interna da pessoa, que é própria e sem intervenção de outras pessoas.
2. **Motivação do outro:** é provocada por reações externas. São estímulos (positivos ou negativos) que o líder ou a equipe causam em outra pessoa.

A motivação interfere no desenvolvimento humano organizacional, em razão da interdependência dos valores pessoais e organizacionais. É preciso criar a sinergia da equipe, por meio do respeito ao outro, do conceito de cooperação, visando o crescimento humano organizacional. Estar motivado é uma competência essencial às empresas de sucesso. Assim o sucesso está:

- Nos profissionais que entendem que comprometimento e envolvimento são a chave do sucesso das pessoas e da organização;
- Nos líderes que motivam e estimulam o grupo de trabalho para a alavancagem das pessoas e organizações criando ou melhor estabelecendo um ambiente saudável com sinergia. É o líder que monitora os membros da equipe. Este tem a responsabilidade na administração de conflitos e interesses, tendo que ter a capacidade de interagir e integrar os interesses criando coesão. A motivação do grupo é gerada sempre por líderes que traçam diretrizes sadias e de acordo com as necessidades da equipe.
- Nas organizações voltadas à valorização do espírito empreendedor e do estabelecimento de metas, objetivos e habilidades necessárias ao alcance do sucesso.

Quando abordamos o assunto estratégia é necessário evidenciar a importância da visão de negócio.

Visão de negócio é a contextualização da cadeia produtiva e a identificação no segmento específico. A estratégia do comportamento humano deve servir ao resultado social e financeiro da empresa, a partir do valor agregado, seja no cenário nacional como internacional.

Isso implica em atenção à visão do investidor/acionista, logística na distribuição da produção e do produto, serviços envolvidos, capacidade de produção, mão de obra, ou seja, uma empresa terá valor agregado, quando houver tecnologia, processos e pessoas num formato estruturado.

Tecnologia são máquinas, ferramentas e fórmulas. Processos são a forma de condução das atividades na produção e na administração, que definem o funcionamento interno e externo, que concretizam a realização com eficiência e eficácia. Pessoas realizam a operação.

A visão do negócio é que define o horizonte da gestão de pessoas para que a empresa obtenha os resultados econômico e financeiro adequados.

A operacionalização de RH com foco na estratégia do comportamento humano

Conceito
1. **Departamento pessoal:** executa as rotinas de pagamento, encargos sociais e obrigações trabalhistas.

Estratégias Empresariais

2. **Recursos humanos (RH):** administra os processos e procedimentos nos subsistemas, abaixo descritos.
3. **Gestão de pessoas:** cria ações para o desenvolvimento de pessoas e profissionais com foco no desenvolvimento humano organizacional.
4. **Estratégia do comportamento humano:** realiza a *interface* de RH e gestão de pessoas para criar ações lógicas que permitam a ação do profissional, tendo como meta o crescimento sustentável do negócio da empresa.

Ao RH cabe o papel de orientar e capacitar os gestores a exercerem o papel de líder de pessoas e processos. Isso significa ensinar técnicas de gerenciamento de pessoas, transmitindo conhecimento de como funciona o comportamento humano. Para isso é necessário que o profissional de RH tenha capacidade de comunicação, relacionamento interpessoal, abertura à mudança, tomada de decisão, empatia e visão organizacional.

Processos de RH são o conjunto de procedimentos operacionais no cumprimento de metas e legislações vigentes:

1. **Remuneração:**
   - Plano de cargos e salários.
   - Variável / bônus.
   - Participação nos resultados.

   Departamento pessoal:
   - Admissão / desligamento.
   - Avaliação do período de experiência.
   - Contrato de trabalho e demais instrumentos jurídicos.
   - Pagamentos.
   - Controle por meio de relatório mensal: número de admissões e demissões do mês, índices de *turn-over,* de absenteísmo, acidentes de trabalho com e sem afastamento, número de exames médicos admissionais, periódicos e demissionais, número de inclusão e exclusão nos diferentes benefícios; de estagiário na empresa; de inclusões no SESI, relatório de apontamento dos riscos com as empresas prestadoras de serviço com funcionários alocados na empresa e operacionalização e acompanhamento do PAT.

   Benefícios:
   - Assistência médica e odontológica.
   - Benefícios previdenciários público e privado / seguro de vida.
   - Benefícios definidos em acordo coletivo: creche, material escolar, empréstimo consignado.
   - Alimentação: cesta básica, ajuda refeição e ajuda alimentação, restaurante da empresa.
   - Transporte fretado / vale transporte.

Raquel Kussama

2. **Jurídico trabalhista:**
   - Rotinas trabalhistas no sentido de prevenção de ações.
   - Acordos coletivos e movimentação sindical.
3. **Medicina e segurança do trabalho:**
   - Legislações da CLT e da convenção sindical.
   - Prevenção de absenteísmo, acidente de trabalho, doenças ocupacionais, aposentadoria, pela realização de campanhas sobre a importância da saúde e prevenção às doenças, dando ênfase as possíveis pelo tipo de trabalho existente na empresa.
4. **Segurança patrimonial:** prevenção e ação nos riscos do empresário, do maquinário e ferramentas e do prédio.

Gestão de pessoas inclui ações de:
1. Integração do grupo gerencial.
2. Tomada de decisão por prioridade no foco do negócio.
3. Do estabelecimento do planejamento estratégico respeitando os limites das pessoas e criando alternativas de superação das barreiras por meio do crescimento e comprometimento dos profissionais.

Ao gestor de pessoas fica reservada a arte de ensinar ao líder organizacional como influenciar pessoas em prol do crescimento de ambas as partes envolvidas. Isso exige maturidade pessoal, emocional, profissional e, acima de tudo, ética. O profissional deve entender de pessoas, de como os profissionais agem e reagem frente aos desafios, às barreiras, aos conflitos. Deve conhecer teorias das ciências sociais e aplicadas do comportamento humano (psicologia, serviço social, administração de empresas, sociologia, antropologia, dentre outras) para ser o facilitador de gestão de pessoas.

Principais ações:
1. Recrutamento e seleção dos profissionais.
2. Treinamento de pessoas e capacitação de profissionais.
3. Comunicação interna.
4. Responsabilidade social: elaboração e desenvolvimento de projetos que colaborem com a comunidade local e que envolvam o funcionário e a empresa em obras sociais.
5. Serviço social: atendimento individual de situações-problemas pessoal e familiar, com foco na orientação, sem terapia.
6. Planejamento de carreira: por meio de programas de estágio e avaliação de desempenho / da pessoa no cargo.

A estratégia do comportamento humano é a realização da interface dos subsistemas de recursos humanos e gestão de pessoas visando alinhar o desenvolvimento humano organizacional, ou seja, criar ações

Estratégias Empresariais

lógicas que permitam a ação profissional para o crescimento sustentável do negócio da empresa. Ocorre pela participação em reuniões estratégicas de negócio e pela assessoria e consultoria aos líderes da organização, para que os processos de recursos humanos e gestão de pessoas se realizem em conformidade com o planejamento estratégico da empresa.

As ações mais relevantes ocorrem pela coparticipação em: políticas e procedimentos em gestão de pessoas, cargos e salários, cultura organizacional, seleção profissional.

A gestão de pessoas integrada ao planejamento estratégico se dá por meio da compreensão das políticas que permitam o entendimento, pela qual a empresa pode crescer e ter melhores resultados em produtividade e rentabilidade em razão da maturidade e do comprometimento das pessoas que a compõem:

1. **Cultura organizacional:** regras claras por meio de direitos, deveres possibilitam o entendimento do que se espera do funcionário.
   - Política social da empresa.
   - Regulamento interno.
   - Política e procedimento em gestão de pessoas.
   - Código de ética.
   - Perfil do profissional.
   - Reunião mensal da equipe de líderes: sob o comando do gerente geral.

2. **Clima organizacional:** controlar o grau de satisfação dos profissionais e das pessoas na empresa. Facilita a integração e a busca em conjunto dos resultados positivos da organização.
   - Integração do novo funcionário: levar informação e novos procedimentos da empresa.
   - Avaliação bianual do nível de maturidade e satisfação do funcionário.
   - Reuniões periódicas para ouvir as necessidades dos funcionários, por meio da Comissão Interna de Prevenção de Acidentes (CIPA), treinamentos específicos.

3. **Gestão do conhecimento:** avaliar e ponderar a evolução dos profissionais frente às necessidades da empresa.
   - Treinamento comportamental: preparação do aprender a ouvir, interpretar e negociar os desejos e limites do profissional.
   - Reunião entre departamentos para a melhoria dos processos internos.

4. **Manutenção do talento e empregabilidade:** promoção da mobilidade, criando desafios aos profissionais, mantendo a sustentabilidade do negócio.

32

Sinergia
O vínculo que
traz sucesso!

Quando uma empresa cria produtos em sinergia às necessidades do mercado, dá o primeiro passo para o sucesso! O segundo passo é construir equipes de alto desempenho para realizar sua criação! O ser humano nasceu com a necessidade cognitiva de estar e participar de grupos, portanto conhecê-los de perto e influenciá-los na direção de objetivos é o trabalho de um empresário que pensa em sucesso!

Regina Vera Dias

Regina Vera Dias

Com mais de 29 anos de experiência em Psicologia Organizacional e Clínica, foi uma das pioneiras a introduzir práticas de *Coaching* no mercado corporativo, integrando conceitos e métodos da Psicologia Clínica, Organizacional e metodologias cognitivas de processamento cerebral - voltadas ao Desenvolvimento Humano em organizações como: Bank Boston, Cargill, Honda, Pfizer, Voith Hydro, Voith Paper, Voith Turbo, Voith Industrial Services do Brasil, Symantec, SMC, Mondial Assistance, CNH, Fiat Industrial, Tegma, Banco Mercedes-Benz, dentre outras.

Contatos
www.reginavera.com.br
reginavera@rvbio.com.br
br.linkedin.com/pub/regina-vera-dias/52/81b/b19/

Regina Vera Dias

"Gerenciamento é substituir músculos por pensamentos, folclore e superstição por conhecimento, e força por cooperação. Um bom chefe faz com que homens comuns façam coisas incomuns"
Peter Drucker

Como ter sucesso em um mercado dinâmico, as vezes incerto, outras vezes positivo? Positivo e eufórico?

Adaptar-se rapidamente seguindo o movimento e adotar um estado de abertura que permita questionar algumas crenças, quebrar alguns paradigmas. Em momentos de incerteza, isso exige mudanças administrativas e um olhar estratégico que nos permite transformar, inovar e prevenir, resistindo a tempos ruins, criando sinergias que possibilitem criar um futuro sustentável.

A força da empresa está na sinergia encontrada entre os funcionários e o mercado. A resiliência e a flexibilidade são competências necessárias para a criatividade e ousadia na melhoria de processos, renovação de pessoas e reinvenção do produto para responder rapidamente às intempéries do mercado.

A flexibilidade e a resiliência são propriedades observadas no bambu que, de acordo com o vento, chega a envergar até o chão, mas nunca quebra. Quando o vento cessa, volta rapidamente a sua posição original, mantendo sua essência.

Empresas longevas: são empresas que constroem culturas empresariais onde o lucro e a individualidade não são objetivos únicos, abandonam o interesse próprio e incentivam o bem comum. Tornam-se longevas por carregarem em seu princípio o propósito de proteger, amparar o meio ambiente, tratar pessoas e comunidades com respeito, gerando "forças sistêmicas" criando assim sinergias que apoiam as gerações futuras. Portanto, não basta colocar apenas um bom produto ou serviço no mercado, é necessário criar sinergia entre os valores da empresa e os da sociedade.

Em minha experiência profissional, usando o conhecimento da psicologia organizacional, deparei-me diversas vezes ao ajudar meus clientes, empresas pequenas e até mesmo as multinacionais, nos mesmos erros, a falta de sinergia entre funcionários, áreas e a própria liderança.

Administrar uma empresa e construir o sucesso vai muito além de uma grande ideia, boa gestão financeira, *networking*, etc... é conhecer muito bem as pessoas que trabalham em sua organização e

Estratégias Empresariais

quem são seus colaboradores. Saber como lidar com elas é o grande segredo para o sucesso.

O capital humano constrói o sucesso de sua empresa!

O que atrapalha o sucesso das empresas, muitas vezes, está relacionado ao individualismo, próprio de sociedades capitalistas, onde a competitividade e lucro fazem parte da cultura como forma de sobrevivência. Pouco se fala em generosidade, bondade, compartilhar, cooperar e ajudar. A regra é aniquilar, competir de forma não ética, se mostrar melhor do que o outro usando muitas vezes de estratégias de guerra, maledicência e "puxadas de tapete". Esses comportamentos não têm mais espaço no mundo de hoje!

Para contribuir com você empresário, que quer fazer de sua empresa um modelo de performance, siga minha sugestão: comece olhando para você mesmo e se pergunte, qual é meu papel no negócio e na sociedade?

Depois de responder a essa pergunta, siga com essa reflexão pensando: como posso transformar funcionários em colaboradores? Objetivos em resultados?

Como quero ser lembrado no futuro?

Quem são as pessoas que trabalham para mim? Que sonhos, que habilidades, que realizações elas têm?

As grandes e pequenas empresas precisam olhar para "pessoas".

Aquele profissional que todos os dias deixa a família para estar na sua empresa e passa a maior parte de sua vida ajudando e apoiando seu negócio. Pergunte-se:

Como ele realiza o resultado? Entrega com qualidade, com energia? Tem as habilidades competitivas que você precisa? Comunica-se bem? Está estressado?

Chegue perto, conheça suas forças e fraquezas, vá além de um "simples oi".

Lembre-se: com o aumento da concorrência, a produtividade passa a ter papel fundamental na vantagem competitiva das empresas, exigindo níveis mais profundos de conhecimento e criatividade, resultantes de mais investimentos no capital humano.

Em momentos de crise o clima organizacional tende a se contaminar pelo medo e desmotivação, onde a busca pelo resultado passa a gerar estresse ao invés de satisfação.

Regina Vera Dias

O que fazer?

Criar vínculos de sucesso!
Cuidar para que seus colaboradores se sintam comprometidos, engajados com o resultado, formando uma aliança onde a sinergia dê espaço à cooperação e as diferenças se completem no todo. Que a flexibilidade e a resiliência do bambu sejam o lema de suas equipes de trabalho!

Estratégias para empresas de sucesso:

1. **Saiba contratar:** a seleção é a base da sua equipe, se acertar terá sucesso, mas se errar desperdiçará tempo e dinheiro. Às vezes não se tem nem um, nem outro, portanto não desperdice. Busque ajuda de um profissional ou empresa competente e dê preferência a psicólogos, pois você deve conhecer não só competências, mas a mente de quem está contratando. Perfil emocional, comportamental e técnico devem fazer parte do seu cardápio. Busque por competências como: resiliência, pró-atividade, senso de prioridade, objetividade, habilidade em negociar, facilidade em se comunicar, flexibilidade e habilidades técnicas específicas para seu produto. Mas não se esqueça, procure sempre por referências, converse com os chefes anteriores. O passado é muito importante para construção do futuro.

2. **Assessment - Pessoa certa no lugar certo:** persiga essa meta! Conheça muito bem o perfil do cargo que você precisa e a pessoa que ocupará a posição. Esse trabalho muitas vezes é para um especialista em *assessment*. Se tiver dificuldade, invista em um consultor. É importante que você não erre nessa etapa pois, lembre-se, a sinergia é resultado da interação das pessoas, se você estiver com a pessoa errada, é como uma laranja podre numa fruteira, contaminará as outras.

3. **Avaliação de desempenho:** coloque sempre metas, elas são importantes a fim de garantir os objetivos e estimular o indi-

Estratégias Empresariais

víduo a buscá-las. Mas lembre-se, metas são pontos próximos para que se possa alcançar, é melhor pequenas metas do que metas intangíveis. Temos que usá-las como estímulos emocionais e não para criarmos um mar de lamentações e baixa autoestima. Tenha bom senso e visão realista para que possa incentivar ao invés de desmotivar.

4. **Seja justo:** reconheça quem merece e traz resultados. Demita o bajulador que para agradá-lo se apodera das ideias alheias e se esconde atrás do sucesso dos outros. Olhe sem medo e exclua os que enganam e, sem medo, tome decisões não populares: demita!

5. **Use ferramentas para ouvir a todos:** pesquisa 360 graus, pesquisa de percepção de liderança, pesquisa de clima e outras. – Ouça a todos, equipe, pares e líderes de seus liderados. Para essa ferramenta, convide parceiros confiáveis no mercado a fim de garantir a privacidade e ética das respostas.

6. **Crie ambientes produtivos:** para mudarmos a mente das pessoas, precisamos começar pelo ambiente. Autoestima, reconhecimento e desafios devem fazer parte desse clima que promoverá tomada de decisões compartilhadas, onde o resultado será responsabilidade de todos e a sinergia de forças para conquistar!

7. **Compartilhe informações:** muitos líderes pensam que o funcionário não deve ter acesso às estratégias da empresa, isso muitas vezes é um erro, pois quando não existe informação compartilhada não há sinergia e engajamento.

8. **Propósito e valores:** as empresas devem incentivar a participação dos funcionários, proporcionar um trabalho que dê significado à vida deles, alinhando com a missão da empresa.

9. **Dê *feedback* e construa *feedforward*:** organizações não se transformam. Pessoas sim. Use a conversa individual como forma de elevar o padrão de desempenho, confronte suas metas com as habilidades de seus colaboradores e construa junto

com eles o plano futuro. Acredite, sua responsabilidade nesse momento será incentivá-los ao invés de criticá-los.

10. **Construa times:** execução em grupo cria alianças e gera força, aqui começa seu melhor papel. Para termos sinergia, todos têm que praticar: união, cooperação e ação.

Esse é um fenômeno de generosidade. *Compartilho o que sei e faço por um objetivo coletivo? Sem medo de perder o poder? Tenho segurança de que ninguém vai se apoderar do que sei e me "passar a perna"? Quanto vou ganhar a mais por isso? E aquele colega que não faz nada, atrapalha a equipe e mesmo assim não é mandado embora?*

Essas são as perguntas mais comuns que se não tem respostas como forma de atitude do empresário, tira a credibilidade na equipe e constrói universos isolados criando a concorrência interna e impedindo que a sinergia aconteça.

11. **Brainstorming:** faça essa atividade com suas equipes de trabalho, promova muitos encontros como este. Nesses momentos conhecerá as pessoas que trabalham para você, quem são, como se comportam em grupo, quais são suas ideias e habilidades. Se despeça do chapéu de chefe, seja um deles e construa junto! Seja até um pouco mais ousado e coloque um olhar de psicólogo, mas sem julgar, heim! Apenas SINTA-SE MAIS PRÓXIMO E ABRA SEUS RECURSOS INTUITIVOS PARA ESTAR PRESENTE E PERCEBER. Lembre-se, tudo isso é a sua empresa!

12. **Mentoring:** crie esse programa dentro de sua empresa. Serve para transferir conhecimento e treinar os mais jovens. Sugira alguns nomes de pessoas seniores e programe almoços entre eles com um tema preestabelecido. Isso ajudará muito as áreas a se relacionarem criando sinergia enquanto você economiza dinheiro com cursos. Nada melhor do que o treinamento ser feito por pessoas que conhecem de perto sua a empresa e o seu produto, não acha?

13. **Coaching:** Ofereça *coaching* a seus liderados diretos, quando identificar problemas comportamentais e de relacionamento

Estratégias Empresariais

em pessoas de resultado, não perca tempo, procure um *coach* no mercado que tenha boas referências e que de preferência conheça bem o ser humano e seja psicólogo. Assim colherá resultados mais consistentes e rápidos.

14. **Momentos de descontração:** crie vínculos com seus funcionários. A cada seis meses, chame as famílias para participarem de alguma atividade dentro da sua empresa, como: dia das crianças, permita a elas trabalharem com os pais, afinal é por elas que os pais trabalham; festas; enfim, crie ocasiões para que você esteja próximo das pessoas que você não conhece e não vê, mas fazem parte da vida de seus colaboradores e, portanto, o apoiam a favor ou contra sua empresa. Quem cria vínculos e confiança produz sinergia e é assim que colhemos os melhores resultados!

15. **Conheça a si mesmo e a seus líderes!** Se você quer transformar sua empresa, primeiro deve começar a conhecer e transformar a si mesmo, depois a conhecer o comportamento das pessoas em nível hierárquico mais elevado da sua empresa, pois os formadores da cultura da sua empresa são vocês! Se a equipe administrativa não conseguir moldar os valores e comportamentos que levarão ao alto desempenho, a sinergia organizacional não ocorrerá.

16. **Seja ser humano e faça parte do seu time! Boa sorte!**

A união faz a força.
Quando damos as mãos e unimos nossas forças, olhamos para o mesmo objetivo, a sinergia se faz presente e impulsiona qualquer empreendimento rumo ao sucesso.

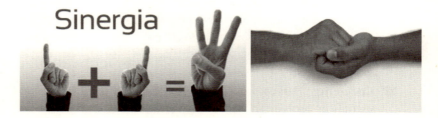

33

Estratégias para a boa convivência profissional

Aprenda neste artigo como afinar a relação entre trabalhadores e empregadores

Reginaldo Sena

Reginaldo Sena

Dirigente há 29 anos do Sindicato dos Trabalhadores nas Indústrias Químicas, Farmacêuticas, Abrasivos, Material Plástico, Tintas e Vernizes de Guarulhos, Mairiporã, Franco da Rocha, Francisco Morato e Perdoes, atualmente ocupa o cargo de Secretário Geral. Pós-Graduação em Gestão de Pessoas. Larga experiência em relações coletivas e individual do Trabalho e relacionamento Sindical. Advogado com especialização em Defesa do Consumidor Presidente do IDECON - Instituto Nacional de Defesa do Consumidor.

Contatos
www.rsena.com.br
www.ideconbrasil.org.br
atendimento@ideconbrasil.org.br
(11) 3428-1166

Reginaldo Sena

Minha participação neste capítulo tem como objetivo socializar a experiência que possuo profissionalmente na relação capital e trabalho, primeiro como dirigente sindical e depois como advogado.

Após minha formação jurídica comecei a conviver com uma visão mais aguçada como mediador de conflitos trabalhistas. Tive e tenho uma oportunidade muito rara de aprender com os erros e acertos dentro dessa relação. Trabalhadores e empregadores convivendo numa realidade que se assemelha de empresa para empresa de trabalhadores para trabalhadores. Encontro a cada dia situações jamais idênticas e sempre são um aprendizado. A conversa com você aqui não tem origem em pensamentos ideológicos, mas sim em pessoas.

Você pode ser um empresário de pequeno, médio ou grande porte ou então um trabalhador que por força do destino teve acesso a este conteúdo. Parabéns, pois de alguma forma você vai se beneficiar do que tenho para compartilhar.

Venha comigo!

Produção e produtividade

A definição abaixo foi o mais próximo que cheguei após pesquisas e aprendi convivendo com pessoas, processos e empresas:

A produção é um processo dentro de uma estrutura construída para obter o resultado esperado baseado no investimento colocado.

Produtividade é a eficiência colocada no processo de produção, ou seja, está intrinsecamente ligada à eficiência humana, ao comprometimento humano em fazer cada vez mais o melhor.

Tenho presenciado muitas empresas passarem por dificuldades no resultado do que se busca para atingir a sua eficiência. Uma engenharia produtiva bem elaborada, máquinas e todos os instrumentos à disposição de todos, com manutenção periódica em dia. Mas vivem com o monstro da ineficiência, é algo invisível, os tamanhos dos obstáculos são mensurados pela capacidade que temos de enfrentá-los.

Muita hora extra, muito retrabalho, rotatividade de empregados intensa, insatisfação do cliente, peças fora de conformidade. É a confusão do contrata e demite, treina o empregado, que quer ir embora.

As coisas não são como vemos, mas como interpretamos

Vivemos interpretando o tempo todo, tudo aquilo que os nossos olhos veem, cada um de nós faz a leitura da sua maneira, ou seja, de modo diferente. Durante toda minha vida profissional presenciei essa verdade. Por isso, dificilmente conseguimos uma união perfeita entre as pessoas, o interesse pode ser idêntico, mas a forma como as pessoas interpretam aquela situação é totalmente diferente.

Acompanho as empresas e os pensamentos dos empresários, sobre o seu negócio e o que pensam a respeito de seus emprega-

Estratégias Empresariais

dos, as metas e objetivos traçados. Converso com os empregados, faço perguntas com base no pensamento do patrão e percebo que, drasticamente, falam e pensam coisas distintas.

O trabalhador percebe os movimentos no ambiente de trabalho sofrendo alterações constantemente e sempre acha que é em função dele; uma nova máquina que chega, um novo gerente contratado, o péssimo humor do patrão.

É preciso criar instrumentos para desconstruir a percepção negativa, não pode ser algo fictício para resolver uma situação momentânea. O ambiente é feito de pessoas e estas necessitam de referências construtivas de pessoas positivas. Líderes que tragam uma visão inovadora de valorização da capacidade de cada um. O problema é que exigem que todos façam as mesmas coisas com as mesmas perfeições, como se fôssemos um computador.

As empresas estão perdendo uma grande oportunidade de valorizar os dons individuais, o dom não é aquilo que aprendemos a fazer dentro de um padrão preestabelecido. Há duas perguntas que deveriam ser feitas a todo aspirante a um novo emprego – o que você gosta de fazer? Ou, o que você gostaria de fazer? Se a resposta é gostaria de ser mecânico de aviões, ora! O setor ideal é na manutenção de máquinas da empresa e não atrás de uma mesa de escritório, se o empregado tem o sonho de ser professor, ele pode ser um líder, ou seja, gosta de ensinar.

A mesmice sem um propósito se torna uma conduta improdutiva

Somos fadados a nos acostumar com o mesmo, ou seja, sempre fiz assim, nunca me falaram para fazer diferente, estou cumprindo ordem. A queda da produtividade está ligada à forma como a empresa impõe suas regras, condutas e formatos aos empregados.

A liderança no chão de fábrica, encarregados, supervisores, gerentes e qualquer outra forma de comando é ensinada a produzir o resultado com base na estrutura de produção. Observo que a estrutura de produção é diferente da estrutura do ser humano. Uma máquina quebrada não gera obstáculo para o seu conserto, ela é estática, um bom técnico a desmonta inteira e se deixá-la desmontada ela não se mexe, vai ficar ali cheia de poeira, depois, basta consertá-la e volta a produzir. Gente desmontada em função das suas percepções e ordens direcionadas de forma equivocada e negativas, faz muito barulho, não entendo nada de máquina, mas a minha convivência com gente me deu algumas dicas:

- O pensamento que orienta a inteligência é muito mais importante do que o quão inteligente se é.
- Poucos podem alterar a capacidade intelectual com que nascemos, mas não há dúvida de que podemos mudar a maneira de utilizá-la.

Reginaldo Sena

A maioria das empresas construiu um ambiente que separa os seus trabalhadores delas, as ordens são:

- Cumpra o seu horário de trabalho.
- A sua produção caiu, são tantas peças por minuto.
- Você chegou atrasado, não vai entrar.
- Entregue o seu atestado na portaria.
- Para falar no RH é preciso pedir saída.
- O local de atendimento no RH é um guichê que mais parece uma bilheteria de circo.
- Sem o uniforme você não entra.
- Faltou dois dias e não justificou, é da portaria para fora.
- O refeitório é dividido. De um lado almoça o chão de fábrica e do outro a administração, a gerência e o patrão.

Uma empresa não cresce sem empregados visionários, a visão dela não pode ficar num quadro bonito na parede. Ou seja, o discurso é diferente da prática. Quando isso acontece, se instala uma crise e, por mais que se esforce, a empresa passa a viver na administração de problemas em vez de conviver com a solução.

A ideia de ver o empregado como colaborador é equivocada e parece mais uma demagogia filantrópica do que uma busca de resultado e de comprometimento.

O trabalhador forma juízo de valor a respeito da conduta da empresa, quando vê como os seus colegas são tratados, se comete uma falha, como todos nós estamos sujeitos. A repreensão, muitas vezes, é abusiva e desrespeitosa, as pessoas se retraem e ficam na defensiva.

Certo dia estava na porta de uma indústria aguardando os trabalhadores chegarem. Estava ali meia hora antes do horário, quando um trabalhador saiu do interior da fábrica, com uma vassoura e uma pá e começou a varrer a calçada. Percebi que ele fazia o serviço, ou seja, varrendo a calçada de forma displicente e desinteressado. Perguntei a ele se gostava do que fazia, imediatamente respondeu – não senhor, e continuou dizendo, sempre trabalhei como pedreiro, estou trabalhando por que preciso, fazendo o que não gosto. Perguntei se havia algo dentro da empresa que ele gostaria de fazer. Prontamente respondeu – há uma grande obra aqui, pedi ao meu chefe que me coloque no trabalho, mas não me deu uma resposta.

Dentro das empresas encontrei trabalhadores com os seguintes sonhos, desejos e decepções.

- Otimistas
Trabalho aqui há dois anos, a empresa é legal, o meu patrão é gente boa, só o salário que não ajuda muito, mas vai melhorar.
- Um sonho
Trabalho nas máquinas e estou aguardando uma promoção, o meu chefe já me prometeu.

Estratégias Empresariais

- O desejo
O meu desejo é que um dia eu possa chegar ao cargo de chefia, se eu pudesse, iria mudar muita coisa.
- A decepção
Trabalho aqui há quase cinco anos, fiz vários cursos, me preparei para ter alguma promoção, mas aqui quem se prepara não é valorizado.

Muitas empresas não conseguem reter os seus talentos, até tentam e acham que reajustar salário e lembrar sempre dos benefícios oferecidos é o bastante. Comparam uma empresa com a outra e sempre se colocam como as melhores, no começo são perfeitas, tempos depois, tudo volta a ser como era antes.

Percebi em muitos casos que os trabalhadores querem estar mais próximos da organização, entender como funciona, o que produzem, como e para quem se vende a produção.

A síndrome do ser produtivo

Os trabalhadores anseiam por desafios e sabem o que querem, necessitam também melhorar de vida, ter um bom salário e, acima de tudo, a perspectiva de que as coisas vão melhorar, além de sempre serem lembrados como provedores de soluções e não de produtos.

O problema é que muitos empresários acham que os trabalhadores devem se limitar a tão somente cumprir as suas "obrigações", não devem ser questionadores, trabalhar legal é o que importa. Essa conduta está gerando uma legião de pessoas que não quer mais trabalhar nessas condições.

É bem verdade que muitos querem sair do emprego por descontentamentos não muito bem definidos, e se perguntarmos por que querem largar aquele trabalho, não saberão responder ao certo.

Já passei por situações de conversar com grupos de trabalhadores de várias empresas, eles queriam pedir demissão. Em uma assembleia perguntei por que desejavam ir embora. A resposta da maioria, aqui não há oportunidade, não se evolui. Percebi que os instrumentos usados para a promoção do empregado têm mais ligação aos resultados de seu trabalho do que ao que ele tem como características necessárias ao cargo.

Meu relacionamento com patrões e empregados me fez ver uma triste realidade. O empregado vale mais pelo o que ele faz e não pelo o que ele é. Isso pode ser facilmente percebido, e é um erro. Basta verificar a quantidade de produtos fabricados e devolvidos pelo cliente. Às vezes são promovidas pessoas que não possuem valores morais bem definidos, como a honestidade, em detrimento daquelas que querem aprender, desejam se aprimorar e têm a honestidade em seu DNA, que não deixariam um produto com defeito ir para o cliente.

O trabalhador não vende mão de obra, vende conhecimento, a empresa não vende produto vende conhecimento.

Reginaldo Sena

Os tempos mudaram muito, a produtividade nas empresas tem despencado, basta ver pelo noticiário, especialistas comparando a produtividade do trabalhador europeu com o americano e o brasileiro. Alguns chegam a chamar as pessoas de preguiçosas, já ouvi muito isso, mas vamos olhar essa situação de outra forma?

O trabalhador americano é humilhado nas filas dos hospitais? O trabalhador europeu é humilhado pelo poder público quando achaca o cidadão com os impostos? O trabalhador americano é mal atendido em bancos? O trabalhador europeu é demitido por justa causa? O trabalhador americano tem uma justiça lenta e cara? O trabalhador americano é maltratado pelo seu patrão, o trabalhador europeu é expulso da empresa por que faltou ao dia de trabalho e não apresentou o atestado?

A queda ou o aumento da produtividade no Brasil está intrinsicamente ligado à cultura empresarial ao tratar os trabalhadores como meros produtores de resultados, objetos que produzem objetos. Essa não é uma constatação com base em dados ou pesquisas ou então algo que ouvi falar, é a prática, presencio isso todos os dias, converso com empresas e trabalhadores.

A queda de produção e produtividade tem assustado muitos empregadores. Um dia desses perguntei a um empresário – dentro do universo de problemas que a sua empresa tem – o percentual relacionado aos trabalhadores – sem pestanejar ele respondeu – 50%, ou seja, as dificuldades ligadas às pessoas representam a metade de todos os seus problemas. Verifico que o ambiente é construído pelos donos, a fábrica é o espelho da conduta do seu proprietário, por ação ou omissão.

O poder paralelo

Há uma ação invisível que toda empresa tem, às vezes é identificável, só às vezes, pois o padrão costuma ser o seguinte: líderes de pessoas que as empresas denominam de encarregado, chefe, supervisor e até facilitador, pessoas que "comandam" pessoas constroem um muro entre a visão do empregador e a conduta dos empregados.

Vários trabalhadores me contam que fazer bem feito é muito relativo perante o superior. O melhor empregado é aquele que não dá problema, não pode faltar, mas não importa se trabalha mais ou menos, não pode chegar atrasado, mas não tem problema se a produção gerada for inferior às expectativas. Isso está gerando uma legião de pessoas infelizes. Os audaciosos querem mais e sempre ser colocados em desafios, mas essa oportunidade não lhes é oferecida, muito pelo contrário. Empresas estão criando normas, exigências, padrões, conformidades e qualidades que na verdade engessam as pessoas.

Trabalhadores estão sendo colocados e induzidos a um ambiente de só fazer aquilo, até as inovações são limitadas, pode até ser criativo, desde que se limite a essa situação. Trabalhadores são contratados e jogados no chão de fábrica para produzir e pronto.

Estratégias Empresariais

São obrigados a fazer duas coisas. Sozinhos a desaprenderem o que sabem e aprenderem o que não sabem. A empresa contrata gente e como tal deve ser respeitada. Minha experiência me ajudou a construir as 21 Leis de boa convivência profissional.

1. Contrate pessoas e não mão de obra.
2. Contrate inteligência e não experiência.
3. Integre as pessoas à empresa.
4. Mostre ao seu empregado até onde ele poderá chegar.
5. Coloque as pessoas no centro das decisões da empresa.
6. Plano de crescimento pessoal em vez de carreira profissional.
7. O empregado precisa conhecer o que produz, qual é a finalidade do produto.
8. Permita o livre pensamento.
9. A pessoa pertence ao lugar para o qual pretende ir, toda empresa tem uma boa equipe, que conhece o caminho proposto, mas, às vezes, está presa à vaidade de quem lidera.
10. Troque a obrigação por compromisso, quando se faz por obrigação, o resultado se limita ao ambiente mediano.
11. Ouça também a equipe.
12. O que prometer, cumpra.
13. A eficácia dos trabalhadores é diretamente proporcional ao respeito a eles dispensado.
14. Peça e não mande.
15. Converse e não grite.
16. Faça da sua empresa um laboratório de talentos, descubra vocações, quem sabe o que você como empresário precisa está ao seu lado.
17. Dê oportunidade para quem já trabalha na empresa.
18. Empresa em boa situação compartilha com seus empregados, valorizando-os e quando a situação for ruim, compartilha, pedindo ajuda.
19. Pessoas são contratadas pelo que sabem e são demitidas pelo que são, será que você está contratando as pessoas certas?
20. Manual de conduta de uma empresa é como um livro de capa bonita, porém, sem conteúdo, valores morais não se impõem, são construídos permanentemente por meio de exemplos.
21. As pessoas não fazem bem feito quando devem, fazem bem feito quando querem fazer.

Pessoas tratadas com respeito fazem toda a diferença. É bem verdade que há empregado com a essência de enganar, que pensa no hoje e amanhã é outro dia. No começo é bonzinho e depois se transforma num poço de problemas. Mas também é igualmente verdadeiro que a maioria é comprometida, e não é valorizada como deveria. O fortalecimento de uma empresa não está numa máquina de última geração, está em pessoas acreditadas, valorizadas e motivadas.

34

Método: VIOLÃO

Fiz uma analogia entre o violão e a empresa.
O violão é um instrumento excelente que tem suas partes em harmonia, são elas: caixa, braço, cordas, etc., como também a empresa precisa estar em harmonia com seus colaboradores, setores, espaço físico, etc. As letras da palavra VIOLÃO nos remetem a princípios que toda empresa deve ter como base para o seu sucesso

Rodrigo Machado

Rodrigo Machado

Administrador graduado pela UnB-Universidade de Brasília, fez especialização em gestão em logística pela LTI em Ribeirão Preto-SP e técnico contábil em Franca-SP. Participou de programas de implantação de ERP em empresas, gestor pela empresa PREMIX na implantação do PSQT-Programa SESI de Qualidade no Trabalho no Tocantins, alcançando o posto de segunda melhor empresa para trabalhar no Estado, gestor de implantação de BPF-Boas Práticas de Fabricação e certificação perante o Ministério da Agricultura e palestrante motivacional nas empresas que trabalhou. Atualmente atua como supervisor de vendas no interior de SP pela empresa BOLAMEL.

Contatos
om-rod@hotmail.com
(16) 99392-2888

Rodrigo Machado

Fiz uma analogia entre o violão e a empresa, organização ou companhia. O violão é um instrumento excelente, que tem suas partes em harmonia, caixa, braço, cordas, etc., como a empresa tem seu espaço físico, setores, colaboradores e diretoria.

Tanto o violão quanto a empresa só irão funcionar corretamente se suas partes estiverem bem alinhadas, afinadas e tirando a nota correta, buscando a perfeição nas funções exercidas por seus envolvidos.

A empresa tem seu administrador, como o violão também. O administrador da empresa tem a função de gerir o funcionamento da mesma, tanto como área física, quanto setores e colaboradores. O administrador do violão é a pessoa que faz uso dele. Tem a função de zelar, limpar, conservar e cuidar de seus setores, fazendo manutenção periódica e fazendo trabalharem em harmonia de sons, tirando as notas corretas buscando a perfeição.

Podemos correlacionar o violão e a empresa: para o violão funcionar corretamente, necessita de um bom administrador, que tenha a sabedoria e conhecimento para afinar as cordas e tirar as notas corretas, produzindo uma boa música para os clientes. Da mesma forma acontece na empresa, o administrador tem que dominar conceitos básicos de administração, alinhando os setores em prol de que a empresa produza um produto de qualidade para ter uma boa aceitação perante seus clientes finais.

As cordas podem representar cada setor da empresa, exemplos: contabilidade, financeiro, logística, faturamento, compras e produção. Esses setores têm que estar alinhados com o administrador, para que tudo corra bem e falem a mesma língua. Esses setores têm que estar alinhados também entre si, cada um na sua função, um respeitando o outro e juntos produzindo bons serviços.

Definimos assim o violão como uma empresa: Administrador – quem o toca; Setores – as cordas, braço, etc.; Funções – as notas; Produto final – são as músicas.

O violão e a empresa têm tudo a ver, trabalham de forma parecida em prol do resultado final, seja ele uma boa música com aplausos em pé da plateia ou um produto de qualidade inspirando elogios sem fim do consumidor final.

O Método Violão não traz nada de novo ou milagroso, consiste em trazer a memória, princípios básicos para se administrar um negócio, seja ele qual for, pequeno, médio ou grande.

Estratégias Empresariais

As letras da palavra V. I. O. L. Ã. O nos remetem a estudarmos os conceitos básicos para a administração de um negócio, que levará uma empresa ao sucesso, as quais estudaremos a seguir.

A letra V nos leva ao início de tudo, à VISÃO do negócio, do empreendimento proposto a ser desenvolvido. Qual a visão da sua empresa? Aonde você quer chegar? O que você enxerga para seu negócio? Qual sua ideia para o futuro?

O professor Hélvio T. Cury Prazeres, 2007, nos diz que a visão "é o estado desejável projetado pela empresa no momento futuro. A visão ou visão estratégica é algo que pode ser pensado como um cenário, uma intuição, um sonho ou uma vivência, acima dos objetivos específicos de uma organização e que lhe serve de guia". Ele ainda diz que "ter visão não significa conhecer tendências ou desdobramentos da realidade, mas significa ver o que ainda não existe".

Você precisa ter uma visão concreta do seu negócio. Saber aonde quer chegar, qual objetivo a atingir com o seu produto, qual posicionamento quer dar ao seu produto no mercado, em que lugar quer ver sua empresa posicionada. Como diz o professor Hélvio, "ver o que ainda não existe".

Para Kevin Murray, 2012, a visão "é o conceito do líder do futuro, descrita tanto em números como em termos da qualidade dos relacionamentos-chave, se todas as metas da organização tiverem de ser atingidas".

Kevin Murray vai além, a sua visão tem que estar relacionada com os números que sua empresa queira alcançar e conquistar, quanto com a qualidade dos relacionamentos-chave, entendo que temos que criar relacionamentos dentro da nossa visão, criar um ambiente propício para o cumprimento da nossa visão, colaboradores alinhados na mesma visão, focados no objetivo principal da empresa para que todas as metas sejam atingidas. Fantástico isso!

Qual a visão da sua empresa? Faça conhecida de todos os colaboradores sua visão, a escreva, transfira a um papel, *banner*, quadro, etc. Torne-a conhecida de todos! Se possível programe um evento para falar sobre ela com todo quadro de funcionários presente, faça oficinas, dinâmicas, debata sobre a visão, alinhe todos nela.

A letra V também nos remete a valores. Não tem como ficar sem falar dos valores de uma empresa, pois são eles que vão deixar uma mar-

Rodrigo Machado

ca da organização perante o mercado. Quais valores buscamos para nossa empresa? Quais pregamos a nossos profissionais, colaboradores, liderados, que vão fazê-los falar a mesma língua que nós líderes?

Precisamos ser conhecidos pelos conceitos e valores que pregamos no dia a dia. Valores que farão a diferença e mostraram o tipo de empresa ou profissionais que somos. Valores dão identidade à empresa e para que tenha sucesso no seu empreendimento, procure profissionais que tenham a mesma ideia de valores, que se alinhem com o seu pensamento e falem a mesma linguagem onde quer que estejam perante os próprios colegas de trabalho ou diante dos clientes e quaisquer públicos que representem a organização.

Valores envolvem nossa essência, moral e ética, que produziram um resultado final mostrando quem somos e quais organizações representamos.

A letra I nos remete à inovação, atitude que falta em muitas empresas. Inovar é sair do comodismo, deixar o velho, traçar novos planos, novas estratégias, buscar o novo, fazer diferente, melhorar, ampliar, renovar e assim vai. São muitas as formas de inovar, basta ter a boa vontade, querer, ser arrojado, não temer mudanças, não ter medo do novo, de galgar novos horizontes, definir novas metas, um novo plano de ação.

Kenneth E. KNIGHT, 1967, diz que inovação "é a adoção de uma mudança que é uma novidade para uma organização e relevante para o ambiente".

Há momentos na empresa em que somos forçados a ter uma atitude de mudança e inovação ou não cresceremos, regrediremos ou até mesmo fecharemos as portas se não dermos uma guinada de 360° no nosso negócio.

Temos que inovar, mudar a estratégia, tirar produtos de linha, mudar nosso mix incorporando novos itens mostrando novidades ao mercado que já está estagnado e saturado.

Seja criativo, corajoso, inove seu negócio e colherá bons frutos.

A letra O nos remete à organização, necessária em todos os passos da empresa. Todos os processos necessitam ser organizados, estruturados, planejados, de forma que facilite a execução e operação dos mesmos.

Quando temos setores bem estruturados e organizados, os processos funcionam melhor, com tudo bem definido, funções estabe-

Estratégias Empresariais

lecidas, cada liderado sabendo qual sua função e seu papel dentro da organização dos processos vigentes.

Lembro-vos que organização vem antes de execução, não adianta sair executando e ir organizando no caminho, primeiro se organiza para depois executar.

Organizar tem a ver com planejar e o Roberto Shinyashiki, 2012, diz que planejar "é uma ação organizada, que permite a você determinar seu ponto de partida e de chegada, construir uma estratégia para fazer esse caminho, avaliar os rumos que podem ser tomados, estabelecer referenciais e definir a melhor maneira de executar todo o processo".

A letra L nos remete à palavra liderança e esse papel é do administrador que precisa influenciar seus liderados e fazê-los segui-lo. Primeiramente, líder é aquele que tem liderados e um líder existe de fato e não por imposição, ou seja, os liderados têm que reconhecer o gestor como um líder e autoridade sobre eles, cumprindo assim com boa vontade, ânimo e motivação as determinações passadas por ele no dia a dia, para desempenho das funções e tarefas propostas.

Antonio Cesar Amaru Maximiano, 2006, nos dá algumas definições sobre liderança:

. "Alguém tem liderança quando consegue conduzir as ações ou influenciar o comportamento de outros".

. "A liderança ocorre quando há líderes que induzem seguidores a realizar certos objetivos que representam os valores e as motivações tanto dos líderes quanto dos seguidores".

Liderar não é para qualquer um, o líder não pode impor seus conceitos e pensamentos querendo empurrar pela "goela" abaixo aos seus liderados, exige-se conhecer seus liderados e saber como agir com cada um deles, conquistando-os e trazendo-os para o negócio, de forma que eles deem seu melhor para o negócio, e sempre estarão dispostos a contribuir em tudo que lhes for proposto.

A letra A nos leva à palavra ação, atitude que faz uma diferença enorme no negócio! Porque muitos têm uma ótima visão, são inovadores, organizados, exercem liderança, mas não agem!

Vocês devem estar perguntando, como isso é possível? Mas é. Existem administradores que sabem toda teoria de cor e salteado, mas têm dificuldades para colocar em prática, para se moverem e executar tudo o que foi planejado.

Rodrigo Machado

E no mundo atual onde tudo é muito prático, que quando se pensa já existe alguém executando, onde tudo acontece muito de forma instantânea, temos que agir rápido. A ação ágil, rápida, é um diferencial de mercado nos dias atuais.

A letra O nos traz a palavra amor, nossa última letra e princípio para o bom andamento da empresa. Vocês podem me perguntar o que o amor tem a ver com a empresa? Digo-vos que o amor é o princípio de tudo! Tudo foi criado pelo amor, tudo se inicia por amor. Quando se põe amor no que faz, tudo se torna mais fácil e simples de fazer. Amar é uma atitude, uma decisão e um princípio. Todo negócio que se inicia tem que iniciar com amor, colocar o coração, alma e espírito no seu empreendimento, no seu trabalho, na sua atividade.

Esse princípio vale para todos, sejam eles diretor diretores, gestores, supervisores, coordenadores, assistentes, auxiliares e quem mais existir, para desempenhar bem sua função precisa amar o que faz!

Quem não ama o que faz não é feliz, não faz direito, não se realiza e engana-se a si mesmo!

Voltando ao instrumento violão, depois de tudo que falamos, vemos que o administrador do violão, ou seja, o instrumentista, antes de começar suas atividades com o violão, tem uma visão do trabalho a ser realizado, do que sonhou fazer, realizar, com a arte de tocar violão, qual linha musical quer seguir, que público espera atingir e que valores ele expressará, valores esses que pregados por meio de sua música, deixará sua marca perante aqueles que acompanharão seu trabalho.

Mas como em toda empresa, ele precisa de inovação, quebrar paradigmas, trazer algo novo para o público, inovando o jeito de tocar, de cantar as melodias, e até mesmo o seu violão, para sair da rotina e não ficar esquecido no mercado por faltar-lhe um repertório novo, um cenário novo, enfim, inovação.

Ele também precisa ter organização, aprender as notas corretamente, aprender a tocar as melodias, montar um repertório e ensaiá-lo bastante antes de se apresentar ao público, além de ter que organizar o cenário onde irá se apresentar.

Precisa exercer a liderança sobre as cordas, notas e ritmo que irá tocar ao público e mostrar que tem domínio sobre o violão, fazendo seus liderados emitirem um som bonito, que encha os olhos de quem o ouve tocar.

Estratégias Empresariais

Necessita também agir, pois o violão não vai tocar sozinho, as cordas não vão emitir notas sozinhas, não vai sair música nenhuma se ele não tiver a ação de começar a tocar e fizer a plateia feliz.

Por fim, sabemos que nada se pode fazer sem amor! O administrador do violão tem que colocar amor no que faz! Quanto mais ele tocar demonstrando dedicação e amor, mais sucesso fará, pois esse amor contagiará seus liderados e todo público admirador do seu trabalho.

Referências

RAMOS, Rogério. Definições sobre inovação. Disponível em: http://www.infoescola.com/administracao_/definicoes-de-inovacao. Acesso em 26 de agosto de 2014.

MAXIMIANO, *Antonio César Amaru. Introdução à administração*. Ed. Compacta – São Paulo: Atlas, 2006, páginas 192 e 193.

PRAZERES, Hélvio Tadeu Cury, *Como administrar pequenas empresas*. Viçosa-MG, CPT, 2007, página 106.

MURRAY, Kevin, *A linguagem dos líderes: como os principais CEOs, se comunicam para inspirar, influenciar e obter resultados*. São Paulo: Clio Editora, 2012, página 97.

SHINYASHIKI, Roberto. Os segredos das apresentações poderosas: pessoas de sucesso sabem vender suas idéias, projetos e produtos para qualquer plateia. São Paulo: Editora Gente, 2012, página 67.

35

Transformando o patrão em líder

Muito se fala no mundo corporativo sobre a necessidade de capacitação de líderes e uma humanização das relações profissionais, mas levar estas inovações para os pequenos e médios empreendimentos sempre foi um desafio. O relacionamento entre o proprietário e os colaboradores sempre foi tratado e visto como um tabu, está na hora de fazer uma "DR" desta relação

Rodrigo Rodrigues Del Papa

Rodrigo Rodrigues Del Papa

Bacharel em Direito com ênfase na área Empresarial pela UNIVALE, Universidade Vale do Rio Doce em Minas Gerais, atua com gerenciamento de equipes, Gestão de Pessoas, organização de eventos, treinamentos e palestras desde 1995. Foi Professor, Coordenador dos cursos de Direito e Administração, na Faculdade de Ciências Sociais em Guarantã do Norte/MT e um dos fundadores do Curso de Direito na FACIDER – Faculdade de Colíder em Mato Grosso. *Personal & Professional Coach* com habilitação pela Sociedade Brasileira de Coaching, estudioso do comportamento e das relações humanas.

Contatos
blogdodelpapa.blogspot.com.br
rrdelpapa@gmail.com
Twiter: @rrdelpapa
(66) 9912-8569

Rodrigo Rodrigues Del Papa

Falar de estratégia é sempre um assunto intrigante e delicado, pois, nos vem à cabeça aquelas reuniões infindáveis, e planos mirabolantes articulações sem fim e projetos muitas vezes impossíveis.

No Brasil não temos costume de traçar estratégias ou mesmo de planejar estrategicamente nossos projetos, isso muitas vezes nos parece algo inalcançável, que não pertence ao mundo dos pequenos empreendedores e sim de grandes corporações, pois sempre achamos que o jeitinho resolve.

Em nosso país, as micro, pequenas e médias empresas são responsáveis por quase 2/3 das ocupações profissionais formais do mercado de trabalho, e já respondem por quase 3/5 da receita gerada no país.

Trinta por cento dos brasileiros, em idade produtiva, fazem parte de uma empresa ou têm um projeto em fase de execução para montar seu próprio negócio, somos conhecidos como o país dos empreendedores.

Todavia, é preocupante o índice de sobrevivência destes empreendimentos ao longo de sua existência, grande parte sequer sai da prancheta, e os que passam à fase de execução, muitas vezes sobrevivem por um ou dois anos e entram em colapso antes mesmo de estabilizarem.

Portanto, tratar de aspectos estratégicos para pequenas e médias empresas é tratar de um assunto que tem repercussão não só para a economia do país, mas que impacta a sociedade brasileira como um todo, uma vez que este segmento é responsável por um dos pilares de sustentação da nossa economia.

Precisamos encarar esse tabu do planejamento estratégico e tirar essa ideia das salas de aula e laboratórios de *"startups"*, pois, mais do que nunca, necessitamos de programações específicas, e suporte gerencial para os nossos empreendimentos e essa pode ser a diferença entre a "vida" e a "morte" da sua empresa.

No amplo e fascinante universo do planejamento estratégico encontramos na qualificação e no gerenciamento de equipes uma área de extrema importância, uma vez que o patrimônio principal de uma empresa são as pessoas que a compõem, e subestimar este ativo é entregar à própria sorte o futuro de seu empreendimento.

Estratégias Empresariais

Quando falamos de empreendedorismo sempre lembramos daquele fascínio que temos de ser donos do nosso negócio, não responder mais a ninguém, ser nosso próprio "patrão". Neste primeiro momento entre o sonho e o projeto nem de longe pensamos no tamanho da caminhada que estamos prestes a empreender.

A possibilidade de ser "o patrão" ou dono de seu próprio negócio é um sonho de muitos brasileiros, todavia esse sonho, muitas vezes, acaba se tornando um verdadeiro pesadelo, e assombrando não só o empresário, mas, também, toda a sua equipe e demais pessoas envolvidas.

Infelizmente no Brasil ainda se trabalha com o sistema de tentativas e falhas, ou seja, primeiro fazemos para ver se dá certo, depois durante a execução vamos realizando os ajustes e reparos necessários.

Por isso, vemos tantos "puxadinhos" de empreendimentos, parafraseando o jargão utilizado na construção civil, que nascem com um futuro promissor e de repente "desabam" em ruínas.

Neste ponto, a utilização de ferramentas de planejamento estratégico é uma das armas que o futuro empreendedor pode e deve utilizar para garantir o sucesso de seu empreendimento. Entre elas estão:

1) Pesquisas de mercado
2) Contato com possíveis fornecedores
3) Pesquisa de demanda e oferta
4) Qualificação e capacitação pessoal

Vamos tratar mais especificamente da capacitação pessoal, pois ainda é uma área meio esquecida, principalmente nos pequenos e médios empreendimentos, mais ainda no tocante a gerenciamento de equipes.

Quando falamos de capacitação pessoal, a grande maioria dos pequenos e médios empreendedores torce o nariz, pois encara como um investimento perdido ou, ainda, desnecessário.

Entretanto, levando-se em consideração a grande fatia de mercado ocupada por estes empreendimentos, a capacitação de sua equipe pode ser um fator primordial para o sucesso de sua empresa.

Rodrigo Rodrigues Del Papa

A coesão e unidade da equipe de trabalho é uma ferramenta que leva empreendimentos ao sucesso e pode alavancar sua empresa aos mais altos padrões de atendimento e faturamento, além de elevar a qualidade de vida profissional, diminuir a rotatividade e melhorar a lucratividade de seu negócio, afinal de contas não são estes seus objetivos?

O ser humano é um ser social, e a necessidade de fazer parte de algo que transcende o indivíduo é uma busca natural do ser.

Por anos os grandes estudiosos da administração se preocuparam muito com estratégias de mercado, engenharia de produção, redução de gastos e aprimoramento da qualidade de produtos. Entretanto, foram se desgastando as relações humanas dentro do ambiente profissional.

O indivíduo era tratado como uma peça na linha de fabricação e produção em série, uma simples etapa que, em caso de defeito, poderia ser substituída.

No mundo atual, as grandes empresas do futuro já perceberam a importância das relações interpessoais e vêm investindo cada vez mais em qualidade de vida não só profissional, mas fora do ambiente de trabalho, muitas vezes o ambiente de trabalho é transformado de tal maneira que o trabalhador nem nota que está trabalhando.

As grandes corporações já perceberam a importância de fazer o trabalhador se sentir parte da empresa, pois esse sentimento de integração faz o indivíduo sentir-se seguro, uma vez que o mesmo vê seu trabalho como parte de algo muito maior que a simples troca de força de trabalho por dinheiro, cria-se neste colaborador a visão de integração, de cooperação, um valor, um orgulho por ser parte daquela empresa, ele não é um funcionário, ele é parte daquela corporação.

Agora, quando partimos para o universo das pequenas e médias empresas, essa integração parece perder um pouco a importância, por mais divergente que isso possa parecer, é nas empresas menores que o trabalhador se sente mais marginalizado ou desintegrado do ambiente corporativo, não existe aquele sentimento de integração.

No afã de profissionalizar a sua empresa ou de não deixar o emocional tomar conta do ambiente profissional, os empresários e gerentes das pequenas e médias empresas acabam por dilacerar o relacionamento interpessoal de suas equipes.

Estratégias Empresariais

Primeiro devemos entender que o profissional e o emocional podem muito bem conviver em harmonia, e nem sempre o racionalismo é sinônimo de profissionalismo.

Ademais, o ser humano é um ser complexo, e as dimensões emocionais e racionais coexistem em um mesmo organismo, e devem ser harmonizadas para que este esteja saudável, e para que produza relacionamentos saudáveis.

Um relacionamento baseado somente em uma dimensão, qual seja racional ou emocional, será um relacionamento desequilibrado, superficial e fundamentado na desconfiança e insegurança.

Nenhum relacionamento estável, duradouro e seguro pode originar de uma relação baseada na insegurança e desconfiança, uma vez que a antítese destes sentimentos são o pilar de um relacionamento interpessoal saudável.

Um relacionamento interpessoal originado com base na desconfiança e insegurança somente pode gerar a competição e a disputa que, por sua vez, origina sentimentos altamente destrutivos como a inveja, o egoísmo e a desonestidade.

Neste panorama, uma empresa ou qualquer outra instituição que se desenvolva por meio de recursos humanos está fadada ao fracasso.

Este ideal de relacionamento profissional, pautado no racionalismo puro e insensível, foi construído por anos a fio, por um pensamento de que no ambiente profissional devem prevalecer relações impessoais e profissionais e que não há lugar para emoções dentro do local de trabalho.

Por tempos foi patrocinada a ideia de que a seriedade e a sisudez eram sinônimas de sobriedade e profissionalismo, e que o racionalismo puro deveria prevalecer no ambiente profissional.

Ledo engano, com base nesse estereótipo deturpado de profissionalismo austero, as relações interpessoais foram perdidas, e o trabalhador se sentia subjugado, muitas vezes até mesmo discriminado e explorado pelo empresário.

Este padrão de relacionamento impera até hoje nas pequenas empresas, porque infelizmente a grande maioria de nossos pequenos e médios empresários se preocupa mais com aspectos técnicos financeiros do que com o capital humano de seus empreendimentos, até mesmo por julgar, erroneamente, ser este um fator não determinante de lucratividade de seu empreendimento.

Quando falamos de mudar padrões de comportamento estamos falando em uma movimentação hercúlea para o ser humano, pois toda mudança gera desconforto, e deixar essa confortável situação é muito desgastante no início, e as mudanças neste campo geram pouca importância de imediato, pois se tratam de melhoras de médio a longo prazo, mudanças e resultados lentos e sutis que, muitas vezes, entram em conflito com nossa característica imediatista.

Tal como qualquer outro relacionamento interpessoal, a relação "empresário x trabalhador" também deve ser fundada na harmonia de propósitos e na identificação de ideais, admiração, respeito e, porque não dizer, amor.

Precisamos nos lembrar, é no ambiente de trabalho que passamos a maior parte do dia, e a construção de um clima agradável no local influencia e muito a produtividade e, porque não dizer, a nossa própria qualidade de vida.

Como seres humanos, dotados de uma complexidade até hoje inexplicável pela ciência, devemos compreender que um relacionamento profissional bem fundamentado é primordial para a saúde e sobrevivência de um empreendimento.

Portanto, os empresários, gerentes e gestores de pequenos e médios empreendimentos precisam urgentemente reavaliar seus conceitos e investir um pouco mais na qualidade do relacionamento entre a administração dos negócios e o corpo produtivo da empresa.

O tabu da qualificação deve ser afastado de imediato, e o empreendedor deve se qualificar, e muito, para que tenha domínio total e absoluto de seus negócios, e tem o dever de ser um especialista no relacionamento e gerenciamento de equipes, afinal de contas ele é um gestor de equipes por excelência, e precisa ser um ponto de referência para a sua equipe.

O patrão precisa ser "o líder" a ser seguido, e não invejado, precisa ser respeitado e não temido, precisa ser firme e não carrasco.

A inveja, a cobiça e a prepotência são sentimentos que não devem ter lugar em uma equipe bem estruturada e que busca o sucesso de um empreendimento.

Estratégias Empresariais

O empreendedor necessita fazer que sua equipe se sinta parte do projeto de sucesso de seu empreendimento, pois só assim ele será bem-sucedido.

Essa capacitação deve ser repassada aos trabalhadores da empresa como os antigos mestres artesãos passavam a seus aprendizes. Necessitamos que os empresários valorizem seus trabalhadores e que estes valorizem seu empregador e seu local de trabalho.

Em um ambiente profissional saudável não há lugar para mesquinharia e inveja, estes sentimentos somente farão mal ao ambiente da sua empresa, e trarão um clima de competição e disputas insensatas.

É necessário criar um clima de inclusão de bom senso, de cooperação, onde cada qual reconheça o seu lugar e a importância de seu trabalho.

Os pequenos e médios empresários precisam reinventar o relacionamento com seus clientes internos, pois continuando a agir desta forma em nome de falso profissionalismo vazio baseado no racionalismo puro vai transformar sua equipe em adversários.

Muito se tem falado sobre inteligência emocional, psicologia positiva, estado de *"flow"*, mas todos estes conceitos necessitam de uma integração de um senso real de cooperação, no ambiente interno de uma corporação empresarial ou cooperamos, ou nos devoramos por dentro.

36

Excelência com pessoas

"Tudo é loucura ou sonho no começo. Nada do que o homem fez no mundo teve início de outra maneira, mas já tantos sonhos se realizaram que não temos o direito de duvidar de nenhum..." (Monteiro Lobato)

Rosangela Mícoli

Rosangela Mícoli

Rosangela Mícoli, psicóloga clínica e organizacional, *practitioner* em Neurolinguística, com Certificado Internacional de Coaching pelo ICI (Integrated Coaching Institute), desenvolvendo trabalhos em diversas empresas, desde o vale do Paraíba até o Alto Tietê, São Paulo (capital) e Grande ABC.

Contatos
www.micolitreinamentos.com.br
rosangela@micolitreinamentos.com.br
(12) 99712-3348

Rosangela Mícoli

Uma estratégia fundamental para quem almeja o sucesso é fazer tudo com o máximo de qualidade, com vontade de ir além, de vencer, de ficar feliz.

É preciso gostar do que se faz, e também aprender a gostar do que se faz.

Para tanto, deve-se a cada dia querer se superar e lançar novos desafios, lembrando sempre que quando se termina um, o outro já está na fila. O lado positivo dos obstáculos difíceis é que eles tornam nossos dias cada vez mais emocionantes.

Dentro de uma empresa, precisamos cuidar muito das pessoas, essa é a grande estratégia! É importante montar um perfil de acordo com cada setor, para saber exatamente que profissional atende às necessidades, elaborar um processo seletivo focado no perfil desejado e envolver o gestor do setor nesse processo. Quando falo de um processo, refiro-me a primeiramente selecionar bem os currículos e, em um segundo momento, desenvolver algumas dinâmicas, submeter os candidatos a provas de interpretação de textos e redação e fazer entrevistas.

Os candidatos aprovados precisam também de uma excelente integração, acompanhada. A empresa precisa investir em treinamentos, ouvir mais as pessoas, orientá-las verdadeiramente, bem como desenvolver com esses colaboradores o seguinte tripé:

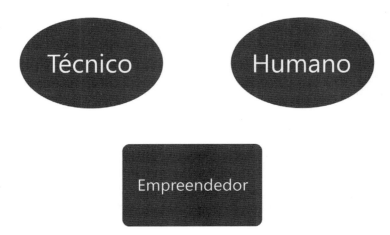

Estratégias Empresariais

Como funciona esse tripé:

Técnico: visa a aperfeiçoar constantemente o desenvolvimento técnico, incentivar a leitura nas empresas, montar grupos para discutir matérias, filmes, livros etc.

Humano: procura desenvolver nos colaboradores o seu lado humano, a beleza do bom humor, do sorriso, a alegria, o entusiasmo. É impressionante como muitas vezes, em algumas empresas, me deparo com pessoas que são incapazes de dar um bom dia com brilho no olhar – aliás, busco muito nas empresas pessoas com brilho nos olhos.

Empreendedor: tem o objetivo de despertar nas pessoas o querer mais, não se contentando com a rotina, mostrando a importância de se ter sonhos verdadeiros e de buscar a excelência.

Mas atenção! Precisamos quebrar um paradigma: toda vez que falamos do ser empreendedor, a maioria das pessoas já faz uma conexão com ser o dono do próprio negócio, e na verdade ser empreendedor é querer conquistar cada vez mais, é não ficar parado no tempo. Dentro das empresas, principalmente nas pequenas e médias, esses empreendedores tornarão o ambiente melhor, porque a felicidade é contagiante! Um time que está em busca de crescimento e que sabe que a empresa acredita nele e vai lhe possibilitar isso trabalha focado e forma uma corrente empreendedora, e isso é maravilhoso.

A excelência enquanto estratégia também precisa estar presente no respeito aos liderados por parte dos gestores, que não podem jamais se esquecer da qualidade de vida, porque o equilíbrio da vida profissional com a pessoal resulta em pessoas felizes e traz resultados surpreendentes. Ainda considerando a excelência, quero destacar a importância de desenvolvermos os gestores, porque tenho visto que eles querem colaboradores treinados, mas eles... precisam de treinamentos, precisam estar entusiasmados com a vida, com pessoas, trabalho, projetos inovadores. Ao longo de todos esses anos de trabalho, tenho visto que existem muitos profissionais em busca de crescimen-

Rosangela Mícoli

to, porém eles precisam também de pessoas que lhes deem oportunidade, principalmente a oportunidade de crescer. O que quero dizer com isso é o seguinte: entro nas empresas e a primeira coisa que verifico é como está o processo de recrutamento interno. Ele existe ou é só pró-forma? Sim, porque infelizmente me deparo às vezes com empresas que dizem fazer processo seletivo interno, porém já estão com o candidato escolhido. Isso não funciona! Hoje, com os meios de comunicação de que dispomos, a notícia corre muito, portanto o processo deve ser verdadeiro, para que, dessa forma, possamos encontrar muitos talentos e dar a eles a oportunidade de crescer. Essa é uma grande estratégia para as empresas, porque esses talentos se transformam em duplicadores de atitudes, de ideias, de clima interno saudável e, com tudo isso, as empresas crescem muito e equilibradamente. Toda tecnologia só é possível se tivermos excelentes pessoas – por isso a importância da excelência em pessoas.

Que haja excelência também na visão, missão e valores da empresa. Os colaboradores precisam fazer parte disso também, porque devemos lembrar sempre que as decisões humanas estão baseadas em valores, e estes influenciam nossos pensamentos, sentimentos, ações. Gosto muito de fazer certas perguntas quando estou com colaboradores de uma empresa, de todos os níveis, liderados e líderes: O que o faz levantar da cama todos os dias? O que o move? Você tem motivos para que isso aconteça?

A vida é maravilhosa e não vale a pena arrastarmos nossos dias. Estou feliz porque percebo que as pessoas já descobriram isso e começam a ter atitudes diferenciadas nas empresas e também em seus lares. Quero compartilhar um exemplo para comprovar essa afirmação.

Certo dia fui a um estabelecimento muito bonito, moderno, bairro nobre, entrei e me deparei com duas recepcionistas muito bem vestidas, uniformes impecáveis, modernos, maquiagem bem feita.

Entrei, nem bom dia me falaram, estavam no computador, recepção vazia, pasmem! Minha vontade foi de virar as costas e ir embora, mas, como trabalho com comportamento humano, esperei. Aguardei uns dez minutos de pé em frente às recepcionistas e, por fim, disse: Bom dia, alguém pode me atender? Totalmente perdidas, até parecia que as moças estavam em outro planeta... Com certeza

Estratégias Empresariais

elas nem de longe sabem por que levantaram da cama, já imaginaram quantos clientes e quanto da vida elas perdem diariamente?

É importante ter em mente que contratar, treinar, ter encantamento são elementos fundamentais para fazer um negócio decolar. Dentro da excelência precisa estar a satisfação de fazer a diferença na vida das pessoas, isso é um grande tesouro, pois, afinal, somos recrutados e selecionados o tempo todo, não é?

Pense nisso e comece hoje a fazer tudo diferente! Muitos de nós nos preocupamos com vitaminas, proteínas, carboidratos, em malhar e estar em forma etc. Mas não aprendemos a elaborar nossos nutrientes emocionais, curtir, examinar o dia a dia, apreciar o sol, a lua, o mar, as estações do ano. Queremos sempre buscar algo e nem sabemos o quê. Não observamos mais as pessoas que verdadeiramente estão ao nosso lado, que nos estendem a mão. Não percebemos que pouco a pouco estamos ficando mais frios, e não vemos a distância aumentar dia após dia e, consequentemente, nos esquecemos de viver.

Para você, empresário, gestor, colaborador, enfim, você, pessoa, minhas perguntas: qual a marca que você quer deixar? Como quer ser reconhecido? Nossa marca é nossa identidade, que é única!

Se você me permitir um conselho, levante todas as manhãs com uma nova página em branco do seu livro, cujo título é Minha vida com excelência. Preencha-a diariamente com atitudes diferenciadas, realizações, sonhos, oportunidades de crescer e acrescente nutrientes emocionais: seja feliz, ame a vida, faça a diferença na sua vida e na vida de pessoas que estão ao seu lado. Nada é por acaso; se esse capítulo desse livro chegou até você, com certeza é a grande estratégia, portanto, mãos à obra! Seja diferente, aja diferente, não passe somente pela vida, deixe sua marca, vá além, transforme seu dia a dia numa grande corrente de cooperação, amizade, amor, entusiasmo e imagine como tudo será diferente! Comece já! Está em suas mãos! Sonhe e execute muito.

37

Estratégias para acelerar os resultados nos negócios

Um plano estratégico oferece uma visão de futuro. Independentemente do porte ou segmento de atuação da organização, o plano estratégico indica a direção certa. Isso eleva o nível de confiança do empresário e aumenta suas chances reais de sucesso

Rosina Franco

Rosina Franco

Master Coach com certificação pela BCI – Behavioral Coaching Institute e ICC – International Coaching Council, especialista em coaching corporativo com formação em MBA em Coaching pela FAPPES, com formação nos Assessment Quantum como Analista Quântica pela Universidade Quantum, em Alpha Assessment e ViaME pela SBCoaching. Especialista e pós-graduada em Gestão de Pessoas e Gestão da Qualidade com Graduação em Administração de Empresas. Atuou mais de 15 anos como Consultora de Empresas (mais de 30.000 horas) em desenvolvimento organizacional, com ênfase em gestão estratégica de negócios. Atuou como diretora de RH em empresa de médio e grande porte, como gestora da qualidade em processos de certificação de gestão da qualidade, gestão ambiental e sustentabilidade em empresas de diversos segmentos. Docente, instrutora e palestrante (mais de 12.500 horas) para milhares de pessoas em todo o Brasil nas áreas comportamentais e técnicas como: gestão administrativa, qualidade, recursos humanos, liderança, motivação de equipes e desenvolvimento pessoal. Atua como executive coach para executivos e organizações, com team coaching e na formação de líderes coaches (com aproximadamente 5000 horas de prática).

Contatos
www.iccdobrasil.com.br
rosina.franco@iccdobrasil.com.br
(11) 2277-6899 / (11) 99684-6122

Rosina Franco

Foi-se o tempo em que apenas as grandes organizações podiam contar com as melhores técnicas e ferramentas de gestão do mercado. Hoje com a globalização e acesso à informação toda empresa independentemente do seu porte pode fazer uso do que existe de melhor no mundo dos negócios. Especialistas e pesquisadores dedicam suas vidas desenvolvendo pesquisas e validando metodologias práticas e simples que pessoas comuns podem aplicar em seus negócios ou empresas.

Em 20 anos atuando na geração de melhores resultados no mundo corporativo, depois de atender 326 empresas, sendo 75% médias e pequenas empresas e 25% de grandes organizações, concluo que os problemas normalmente são similares, o que muda são as proporções, portanto, as ferramentas que são úteis e geram valor para as grandes empresas também são valiosas para as soluções de problemas e para melhor gestão de pequenos e médios negócios.

A grande dificuldade está no entendimento e na disposição dos pequenos e médios empresários em dedicar tempo e energia necessária para a aplicação dessas ferramentas.

A falta de estrutura, o conhecimento limitado, o acúmulo de tarefas do dia a dia remete o empresário de pequenas e médias empresas à execução operacional do negócio e assim falta-lhe tempo para focar a gestão e as questões estratégicas.

O papel do *coach* na pequena e média empresa é essencial, pois pode contribuir eliminando esses *gaps* existentes e levar orientação técnica e conhecimento prático para o empresário.

Sua primeira tarefa é a de contribuir com o desenvolvimento do planejamento estratégico do negócio. A elaboração de um planejamento estratégico aumenta a probabilidade de que, no futuro, a organização esteja no local certo, na hora certa.

Para Peter Drucker "Planejamento estratégico é um processo contínuo, sistemático para com o maior conhecimento possível do futuro contido, tomar decisões atuais que envolvam riscos; organizar sistematicamente as atividades necessárias à execução dessas decisões e, através de uma retroalimentação organizada e sistemática, medir o resultado dessas decisões em confronto com as expectativas alimentadas".

Um plano estratégico oferece uma visão de futuro. Independentemente do porte ou segmento de atuação da organização, o plano

Estratégias Empresariais

estratégico indica a direção certa. Isso eleva o nível de confiança do empresário e aumenta suas chances reais de sucesso.

Existem ferramentas e técnicas de gestão avançadas que são extremamente aplicáveis em estruturas enxutas como normalmente as pequenas e médias empresas possuem. Ferramentas que não requerem softwares e nem especialistas dedicados para serem implantadas. Dentre os principais instrumentos que o *coach* pode utilizar para assessorar o empresário na elaboração do planejamento estratégico pode-se citar: PDCA, SWOT, Matriz BCG, Matriz GE, As forças de Porter, Análise das Estratégias Competitivas, Análise Macroambiental / Fatores Externos, Análise Microambiental / Fatores Internos, Matriz BSC, Mapa Estratégico, Gestão de Indicadores, Matriz 5W2H ou Plano de Ação.

O papel do *coach* é selecionar as ferramentas de acordo com o perfil do empresário ou do negócio. Para simplificar e tornar ainda mais possível a aplicação de ferramentas para a elaboração do planejamento estratégico, o *coach* pode selecionar apenas três ferramentas-chave: a análise de SWOT, BSC e Gestão de Indicadores. Essas ferramentas são suficientes para desenhar e estabelecer as diretrizes principais do negócio e que vão nortear as ações no dia a dia.

A utilização das ferramentas traz segurança ao empresário e demais envolvidos com o planejamento estratégico, propicia a clareza de visão, gera foco e melhor entendimento dos potenciais do negócio, facilita a identificação das forças e oportunidades, das fraquezas e riscos inerentes e, com tudo isso em mãos, as decisões são tomadas de forma mais consciente.

Depois de concluído e validado o planejamento estratégico do negócio, a segunda tarefa é a de contribuir com o empresário na definição da identidade organizacional por meio da declaração da missão, visão e valores do seu negócio de forma clara e consistente. É essencial disseminar a todos os envolvidos e transformar essa declaração em ação contínua no dia a dia da empresa.

Com a definição da identidade organizacional, a empresa fica conectada com todos os seus *stakeholders*, ou seja, com clientes, fornecedores, colaboradores, acionistas e comunidade gerando valor organizacional.

A terceira tarefa é a administração estratégica. O desafio então agora é colocar em prática de forma eficaz e assertiva o que foi pla-

Rosina Franco

nejado, conduzir os comportamentos e atitudes de forma congruente ao propósito do negócio.

A administração estratégica consiste na implementação do planejamento estratégico, é a disseminação do planejamento aos demais líderes, gestores e profissionais que atuam no processo, é a gestão das atividades diárias com foco nos objetivos traçados.

Estudos recentes sobre a psicologia positiva trazem uma contribuição enorme nessa etapa do processo, por se tratar de alinhar comportamentos, motivar e manter o time focado em resultados de forma saudável e sustentável. O *coach* pode utilizar as técnicas desenvolvidas pós-conclusão desses estudos que são o *wellness coaching*, o *flow* e a comunicação positiva para gerar um clima altamente favorável ao desenvolvimento e conquista dos objetivos desejados.

O alinhamento do time, a firmeza de propósito, estabelecer crenças fortalecedoras que impulsionem as pessoas para agir e sejam fontes inspiradoras para a superação dos desafios e obstáculos diários são plenamente aplicáveis e importantes na administração estratégica de pequenas e médias empresas. Muitas vezes, esse é o grande diferencial para o sucesso do empresário.

Com as técnicas da psicologia positiva é possível manter um clima organizacional desafiador, porém saudável e minimizar o nível de conflitos nos relacionamentos e os ruídos na comunicação.

A quarta tarefa é a definição do modelo de gestão. Uma vez o planejamento estratégico estabelecido e validado, a declaração de missão, visão e valores estarem consolidadas, para que a administração estratégica seja eficaz é recomendada a estruturação do modelo de gestão, que implica na definição das estratégias de medição, análise e tomada de decisão sobre os resultados obtidos.

Faz parte do modelo de gestão a definição de uma agenda de reuniões entre diretores, principais líderes e demais colaboradores. Normalmente essas reuniões são estabelecidas com foco bem específico, pautas previamente estabelecidas, e hierarquizadas. Por exemplo: uma reunião mensal com direção para análise dos indicadores, reunião semanal com gestores para elaboração de plano de ação para melhorias de resultados e *follow up*, reunião periódica com todos os envolvidos para *feedback* dos resultados e direciona-

Estratégias Empresariais

mentos necessários. Para análise e monitoramento do planejamento estratégico são indicadas no mínimo duas ou três reuniões por ano.

Estabelecer os critérios e métodos para levantamento dos dados para a composição dos indicadores é uma atividade importantíssima no processo de gestão. Identificar meios mais rápidos e automatizados de gerar relatórios, para que sejam feitas as análises, otimiza e facilita o processo de gestão do negócio.

É necessário conduzir para que cada membro da reunião se prepare para participar da reunião, leve os dados coletados, analisados e apresente as conclusões. Tais necessidades fazem parte das técnicas de reunião eficaz. Novamente o *coach* exerce um papel importante quando orienta e contribui para que as reuniões transcorram de forma altamente produtiva.

Como as pequenas e médias empresas são bastante enxutas, quanto mais simples e práticas forem as técnicas, mais fáceis de serem implementadas. O aprendizado gerado nos times é muito maior e mais rápido, propiciando a obtenção de resultados mais imediatos.

A intermediação ou condução das reuniões se faz necessária para o aproveitamento dos recursos de forma otimizada. Além do tempo, a experiência dos envolvidos, a presença de pessoas-chave do processo, a interação entre processos, o *brainstorming*, as tomadas de decisões compartilhadas geram aprendizados contínuos ao time.

Na implantação da administração estratégica, uma prática interessante e válida também é o registro das reuniões em forma de atas, visando manter as decisões tomadas documentadas, evitar desvios de assuntos, retrocesso em temas antes tratados e definidos, bem como evitar esquecimentos.

A quinta tarefa é a de estabelecer um programa de incentivos internos, pois ajuda a manter o foco no objetivo e no desenvolvimento das pessoas. Os incentivos podem estar diretamente ligados ao crescimento dentro da empresa, por meio de um plano de carreira, de desenvolvimento de competências, por um plano de treinamento, apoio e orientação pelo programa de *coaching*, prêmios variados desde viagens, jantares com a família, que promovem o reconhecimento, encontros para confraternização do time ou comemoração de datas festivas para a integração e relacionamento social, entre outros.

Rosina Franco

Uma prática cada vez mais constante nas pequenas e médias empresas é a participação nos resultados do negócio. A partir dos indicadores gerenciais, o empresário tem um grau de certeza maior sobre a gestão dos seus negócios, tendências e dos resultados realmente obtidos e isso permite definir critérios para retribuir aos colaboradores parte dos ganhos ou lucros obtidos. A partir da premissa quanto mais eu ganho, mais eu quero ganhar, o pequeno e médio empresário com essa prática de gestão vai conseguir estimular continuamente o profissional a buscar as melhores soluções e dar o melhor de si no trabalho.

A sexta tarefa trata-se do fortalecimento da liderança. Em muitos casos, as médias e pequenas empresas possuem uma estrutura que, para facilitar a administração estratégica, requer uma liderança presente e forte. Encontrar esses profissionais prontos no mercado e dispostos a receber a remuneração que esse perfil de negócio paga nem sempre é viável e possível. A opção na maioria das vezes é a de escolher as pratas da casa e treinar. Selecionar dentre os colaboradores internos aqueles com melhor perfil para liderar ou buscar no mercado profissionais que possam ser desenvolvidos internamente para assumir a liderança num futuro próximo. Uma das principais ações do *coach* é a de contribuir com o desenvolvimento de competências de liderança, preparar profissionais comuns, mas com potencial para a liderança, tornando-os líderes de excelência. Essa ação é importantíssima, pois além de gerar novas possibilidades de crescimento e de carreira para o profissional, dá a ele destaque e maior visibilidade, melhora o seu status quo, aumenta a confiança e credibilidade na empresa e o desafia a mudar sua postura e comportamento diante dos colegas de trabalho. Isso gera muito aprendizado pessoal e profissional, pois o conhecimento adquirido será usado por ele nos diversos campos da vida.

Uma das principais dificuldades do pequeno ou médio empresário é a de conduzir suas lideranças de forma eficaz, comunicar de forma clara aquilo que deseja e que é importante para o sucesso do negócio.

Por vezes, quando o profissional já é da casa e tem uma certa intimidade com o empresário, a dificuldade aumenta, falta o discernimento entre assuntos pessoais e os profissionais, não há uma linha

Estratégias Empresariais

que separe essas questões no dia a dia causando conflitos desnecessários e improdutivos para o negócio. A ausência dessa disciplina compromete o andamento do trabalho, metas e objetivos a serem alcançados. E, muitas vezes, a liderança ou o desenvolvimento da liderança fica impraticável.

A contribuição do *coach* é essencial nessa situação, pois pode corrigir desvios e orientar ambos os lados quanto a postura saudável a ser adotada para alavancar os negócios. Quando cada um sabe o seu papel e a melhor forma de se comportar para atingir os resultados propostos, principalmente quando há ganhos claramente definidos para todos, o negócio flui e os resultados aparecem.

A essa altura o *coach* já fez toda a diferença no negócio por contribuir com o empresário em todo o processo desde a organização das ideias, colocar no papel de forma clara e assertiva as metas e objetivos, traduzir aos colaboradores os ganhos e perdas e orientar para os comportamentos saudáveis alinhados aos propósitos do negócio. É um processo completo de assessoria, abrangente no escopo e rico em técnicas e ferramentas de gestão que geram para o empresário um aprendizado excepcional e a todos os que participam desse processo chamado de *business coaching*.

No passado essas práticas eram muito conhecidas pelos consultores de empresas. Hoje, o *coaching* vem como uma avalanche, invade e transforma o método tradicional de consultoria para o que chamamos de *business coaching*. A grande inovação é a metodologia para gerar transformações intensas nas estruturas e no comportamento das pessoas envolvidas, inclusive do próprio empresário.

Para conduzir o processo de *business coaching*, o *coach* deve ter uma formação específica para negócios além de conhecer as principais práticas do mundo corporativo. A experiência também faz a diferença na atuação do *executive coach*.

Os impactos dessas seis tarefas, bem cumpridas, na vida e nos resultados da empresa são surpreendentes. A mudança de cultura, o foco em resultados, a motivação e engajamento das pessoas para atingirem resultados são alguns dos principais ganhos.